幼儿园学习活动丛书

幼儿园学习活动支持体系建设研究

YOU'ERYUAN XUEXI HUODONG
ZHICHI TIXI JIANSHE YANJIU

彭世华 杨莉君 路奇 / 著

U0645706

北京师范大学出版集团
BEIJING NORMAL UNIVERSITY PUBLISHING GROUP
北京师范大学出版社

图书在版编目(CIP)数据

幼儿园学习活动支持体系建设研究/彭世华,杨莉君,路奇著.
—北京:北京师范大学出版社,2022.3(2024.7重印)
 ISBN 978-7-303-27810-7

Ⅰ.①幼… Ⅱ.①彭…②杨…③路… Ⅲ.①幼儿园—建
设—研究 Ⅳ.①G612

中国版本图书馆 CIP 数据核字(2022)第 025892 号

图书意见反馈 gaozhifk@bnupg.com 010-58805079
营销中心电话 010-58802181 58805532

出版发行:北京师范大学出版社 www.bnupg.com
        北京市西城区新街口外大街 12-3 号
        邮政编码:100088
印　　刷:北京虎彩文化传播有限公司
经　　销:全国新华书店
开　　本:787 mm×1092 mm 1/16
印　　张:11.75
字　　数:249 千字
版　　次:2022 年 3 月第 1 版
印　　次:2024 年 7 月第 2 次印刷
定　　价:46.00 元

策划编辑:刘晟蓝　　　　　责任编辑:岳　蕾
美术编辑:焦　丽　　　　　装帧设计:焦　丽
责任校对:包冀萌　　　　　责任印制:陈　涛　赵　龙

前　言

　　2012 年 10 月，教育部颁布《3—6 岁儿童学习与发展指南》(以下简称《指南》)，并要求全国各地开展贯彻《指南》实验。如何结合本地实际进行贯彻《指南》实验，并通过实验大面积、大幅度提升幼儿园保教质量，促进区域内学前教育均衡发展，成为各地发展学前教育的一个重要课题。从湖南省的具体情况出发，湖南省教育厅制定了贯彻《指南》实验的方案，成立了"湖南省贯彻《指南》实验领导小组"和专家指导委员会，遴选和公布了实验区和实验幼儿园，并将实验的具体组织和指导任务委托给湖南省学前教育学会(以下简称省学会)。为了认真落实实验任务，省学会成立了专职的实验组(课题组)，筹措了实验经费，持续进行了长达十年(2012—2021 年)的不懈探索。

　　根据教育部关于探索《指南》"在幼儿园教育实践层面的具体实施方法"的要求，结合湖南省绝大多数幼儿园的实际，课题组确定湖南贯彻《指南》实验的具体目标是从省级责任出发，建设"湖南省幼儿园学习活动支持体系"，即研究、建设和实施具备"基本、保底、普适"性质的《湖南省幼儿园学习活动指导方案》及其配套的"湖南省幼儿园学习活动服务平台"，以指导幼儿园建设和实施园本学习活动体系，进而将《指南》精神全面贯彻落实于幼儿园保教工作实践。

　　本书是对湖南省贯彻《指南》实验，研究和建设"湖南省幼儿园学习活动支持体系"的过程进行的回顾和总结，并简要呈现了《湖南省幼儿园学习活动指导方案》的主要内容。其中：第一章是课题组对整个实验工作所做的研究报告，主要介绍了"湖南省幼儿园学习活动支持体系建设"研究的缘起、概念界定与意义，研究的理论基础、定位及依据，研究的方法与措施、过程与步骤，"湖南省幼儿园学习活动服务平台"的研究与建设，以及研究的检验、主要收获、创新、社会反响与后续设想等。第二章、第三章、第四章分别呈现了《湖南省幼儿园学习活动指导方案》中 3～4 岁、4～5 岁、5～6 岁三个年龄段学习活动指导方案的具体内容。

　　我们希望通过本书简要而又清晰地呈现湖南省贯彻《指南》实验的主要经验，为兄弟省市尤其是中西部省份提供参考。

"湖南省幼儿园学习活动支持体系建设研究"

(湖南省贯彻《指南》实验)课题组

2021 年 10 月

目 录

第一章

"湖南省幼儿园学习活动支持体系建设"研究报告

Chapter One

第一节 "湖南省幼儿园学习活动支持体系建设"研究概述

一、研究的缘起、概念界定与意义

(一)研究的缘起

2012 年 10 月教育部颁布幼儿园保教工作的纲领性文件——《3—6 岁儿童学习与发展指南》(以下简称《指南》),并要求各地进行实验,重点是探索"《指南》在幼儿园教育实践层面的具体实施方法"。湖南省学前教育学会(以下简称省学会)随即向省教育厅申请承担了具体组织和指导湖南省贯彻《指南》实验的任务,并成立课题组,围绕以下问题展开了十年探索。

第一,如何理解教育部要"探索《指南》在幼儿园教育实践层面的具体实施方法"? 2013 年,我们通过深入研究得出了结论,即指导幼儿园依据《指南》并结合实际建设和实施园本学习活动体系,整体解决幼儿学习与发展的目标、内容,幼儿园学习活动的计划、实施与评价等问题。这是因为:《指南》精神在幼儿园教育实践层面的落实,必须从幼儿园保教活动的顶层设计入手,依据《指南》,结合本地本园实际,以幼儿的学习为中心,整体安排幼儿园一切有助于幼儿学习与发展的活动。我们称其为园本学习活动体系。2013 年,我们对全省 14 个市州 280 所实验园进行调研发现:仅有 6.7% 的幼儿园具备一定的保教活动顶层设计意识,建设了近似园本学习活动体系的园本课程;68.7% 的幼儿园严重依赖各种参差不齐的"教材"(资源包),既无顶层设计意识,也无"园本化"观念。(如表 1 所示)而在建设了园本课程的幼儿园中,又存在不少背离《指南》精神、"为特色而特色"的现象。例如:片面重视某个领域,忽视幼儿学习与发展的全面性和整体性;片面迎合家长喜好,要么存在明显的"小学化"倾向,要么大搞所谓"读经特色""双语特色""国际课程"等,忽视幼儿园课程的科学性、时代性与民族性。由此可见,指导幼儿园依据《指南》、结合实际建设和实施园本学习活动体系势在必行。

表 1　2013 年湖南省幼儿园园本学习活动体系建设情况抽样调查①

幼儿园园本学习活动体系建设情况	幼儿园数	所占比例
完全没有,全部活动依赖"教材"	58	20.8%
基本没有,大部分活动依赖"教材"	134	47.9%
有,但不健全,小部分活动依赖"教材"	69	24.6%
有完整的园本学习活动体系	19	6.7%

第二,如何指导幼儿园建设和实施园本学习活动体系? 明确实验的核心目标

---

① 数据来源:湖南省贯彻《指南》实验课题组 2013 年调研报告。

后，我们建立了行政推动、科研引领、专家指导、典型示范"四轮驱动"的工作机制，发动实验园自主建设园本学习活动体系。然而半年后的调研结果却并不理想，大量实验园反映：尽管有培训支持和专家指导，但受制于师资力量水平低下，自主建设园本学习活动体系的工作困难重重。2014 年初的摸底调研显示：全省师生比为 1：26，明显低于全国平均师生比 1：22；园长和专任教师专业对口率仅 54.7% 和64.4%；园长和专任教师中专科及以上学历者仅有 57.2%。由此我们认识到：面对这种师资状况，要有效指导幼儿园建设园本学习活动体系，还需要提供普适性的参考工具或"拐杖"——《湖南省幼儿园学习活动指导方案》（以下简称《省指导方案》，该方案在不同阶段曾有不同称谓，现统一为此名）和配套的"湖南省幼儿园学习活动服务平台"（简称"省服务平台"），以及确保研究、建设、实践、推广工作有序进行和可持续发展的体制机制，合称"湖南省幼儿园学习活动支持体系"（简称"省支持体系"）。由此，湖南贯彻《指南》实验又可称为"湖南省幼儿园学习活动支持体系建设研究"。

第三，"省支持体系"在幼儿园园本学习活动体系的建设和实施中发挥什么作用？《省指导方案》是面向全省幼儿园提出的指导性意见，不是供幼儿园直接使用的课程方案。其主要作用是：提供参考性的园本学习活动体系框架；为幼儿学习与发展的合理期望提供参考性的湖南指标和水平；为幼儿的学习内容及幼儿园学习活动的计划、实施和评价提供参考性的样例和工具。《省指导方案》的主要特性是"基本、保底、普适"。"基本"，即把《指南》的基本精神和幼儿学习与发展的基本规律有机融入幼儿园保教实践。"保底"，即立足于幼儿园保教工作规范，对全省幼儿园保教质量提出底线要求。"普适"，即整体上反映《指南》精神和湖南实际的同时，给幼儿园留有充分的空间进一步进行本地化和园本化。"省服务平台"主要面向多数幼儿园特别是农村园和薄弱园，解决建设和实施园本学习活动体系中面临的师资培训、实践方法、典型经验、资源建设等问题。在此基础上，通过"科研引领、实践驱动、服务支撑"机制持续生成支持幼儿园自主建设和实施园本学习活动体系的外部牵引力、内部驱动力和落地支撑力。

（二）研究的概念界定

1. 幼儿园学习活动

"幼儿园学习活动"是幼儿园开展的有助于促进幼儿学习与发展的各类活动的总称，包括环境创设、游戏活动、区域活动、生活活动、集体教学活动、户外活动、家园社共育活动等各个实施途径下的各类活动。

2. 园本学习活动体系

"园本学习活动体系"是指幼儿园依据《指南》精神，结合本地本园实际，系统设计和整体安排的旨在促进幼儿学习与发展的各类活动的总和。

3. 湖南省幼儿园学习活动支持体系

"湖南省幼儿园学习活动支持体系"是指对湖南省幼儿园在各类学习活动和幼儿园保教工作安排上提出的顶层设计和总体安排的要求及配套服务平台，由《湖南省幼儿园学习活动指导方案》和"湖南省幼儿园学习活动服务平台"及配套的体制机制组成。其中：《省指导方案》分 3～4 岁、4～5 岁、5～6 岁三个年龄段，包括幼儿学习与发展的合理期望、幼儿学习的基本内容、幼儿园学习活动的计划、幼儿园学习活动的实施、幼儿园学习活动的评价五个方面，主要用于为湖南省幼儿园科学建设园本学习活动体系提供具体参照。"省服务平台"主要包括湖南省幼儿园教师培训平台、湖南省幼儿园教科研平台、湖南省幼儿园学习活动资源共建共享平台三个组成部分，主要用于为湖南省幼儿园有效实施园本学习活动体系提供全面支持。（如图 1 所示）

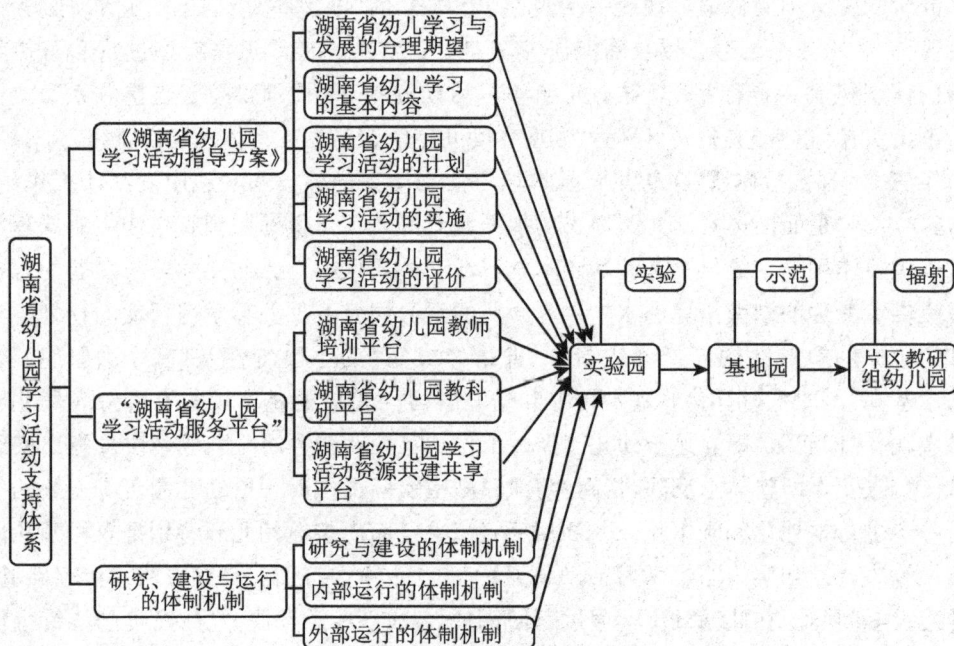

图 1　湖南省幼儿园学习活动支持体系

（三）研究的意义

首先，有利于在幼儿园迅速、全面、深入贯彻落实《指南》精神。依托"省支持体系"，支持幼儿园建设和实施园本学习活动体系，可以从根本上做好幼儿园保教工作的顶层设计，从而有效调动全园教职工及相关资源，把保教工作的各个环节乃至全园各方面工作有机协调起来，共同促进《指南》精神全面、深入贯彻落实。

其次，有利于大幅度提高保教质量。《指南》是为教师和家长了解幼儿身心发展水平与特点而提供的具体指导依据，集中反映了国家对幼儿园保教工作的基本要求和幼儿园保教活动的基本规律。依托"省支持体系"，可以从根本上促进幼儿园科学施教，从而能够大幅度提高保教质量。

再次，有利于大面积提高幼儿园保教质量，促进学前教育均衡发展。依托"省支持体系"，可以帮助城市薄弱园、农村园与优质园同步运用贯彻《指南》实验的成果，尽快提高教师业务素质，学习优质园的办园经验，加快本园发展，进而促进区域学前教育均衡发展。

二、研究的理论基础

(一)教育政策学

《指南》属于国家层面的教育政策,各省开展贯彻《指南》实验属于地方政府结合本地实际执行教育政策的过程。因此,教育政策学关于教育政策执行的相关理论,为我们贯彻《指南》实验、研究"省支持体系"的建设问题提供了基本的理论依据。

一是教育政策的执行是解决教育政策问题的根本性环节。政策制定主要是研究问题和提出对策,而政策执行才是直接地、实际地、具体地解决问题。美国学者艾利森指出:"在达到政策目标的过程中,政策方案的确定的功能只占10%,而其余的90%则取决于有效的执行。"

二是教育政策执行相关主体对教育政策目标的共识,对教育政策执行的成败具有重要影响。D.S. 范米特和 C.E. 范霍恩研究发现:无论政策变动是大还是小,对政策的目标共识越高,则政策执行的效果越好。为此,我们贯彻《指南》实验,组织了大量的研讨会、培训会,并持续开展舆论宣传,以求各方面对《指南》以及贯彻《指南》实验的目标达成一致。

三是采取适宜的教育政策执行模式,对教育政策执行的效果至关重要。根据贯彻《指南》实验的性质,我们借鉴了马丁·雷恩和弗兰西斯·拉宾诺维茨提出的政策执行的循环模式。该模式主张执行阶段的循环性,且每个阶段都有清晰的执行原则,强调了环境因素对政策执行的影响,这对各地幼儿园结合本地本园实际贯彻落实《指南》具有很强的借鉴意义。

四是教育政策执行的一般步骤及其启示。一般步骤可以分为政策理解、制订执行计划、组织落实、政策宣传、具体实施、监督检查、调整、总结、巩固提高等阶段,它们对贯彻《指南》实验具有有益启示:政策理解阶段要求政策执行者理解政策的目标、精神、含义和内容,并对政策形成共识。为此,我们聘请专家就《指南》精神与内容要求,教育部颁布《指南》的预期目标,以及实验中遇到的各种问题,系统开展培训和答疑解惑。制订执行计划阶段要求在教育政策指导下,结合实际情况,对总体目标进行分解,编制出具体的执行工作计划,将政策进一步具体化,具体解决做什么、怎么做、谁来做的问题。为此,我们研制的《省指导方案》就是这套执行计划的集中体现。组织落实阶段指建立一定的执行机构,将既定的教育政策和执行计划转化为具体的执行活动。为此,湖南贯彻《指南》实验一开始便建立了系统完善的组织体系。政策宣传阶段要求对政策进行宣传、学习和说明,宣传政策的目标、内容、要求以及政策的合法性、合理性、必要性。为此,我们不仅组织了大量的培训活动,还创办了《湖南学前教育》杂志和"幼学汇"网站(www.06yxh.com),以及利用电台、电视台、报纸等媒体,广泛宣传推广,为实验培育了良好的社会舆论环境。具体实施阶段要求按照政策执行计划的安排和要求,开展具体的行动,以保证政策执行计划的落实和政策目标的实现。为此，我们依托湖南省学前教育学会定期组织经验交流会，研讨实验过程中遇到的突出问题，宣传成功的典型案例和经验，广泛培训各类人员，不断提升其实施"省支持体系"的能力。监督检查阶段主要是及时发现并纠正偏离或违背政策目标的行为。为此，我们委派专家不定期到实验区和实验园调研和指导，确保实验顺利推进。调整阶段主要是针对督导检查中发现的问题，对教育政策和执行计划进行必要调整，使之得到完善。在建设和实施"省支持体系"的过程中，我们先后组织召开30多次座谈会、研讨会，发现和解决了实验中的许多问题。总结阶段的工作包括对政策执行情况进行全面检查，并做出实事求是的评定。为此，我们分阶段地开展了效果检验和总结工作，力求对建设和实施"省支持体系"的效果进行实事求是的评定。在后续的巩固提高阶段，我们打算把建设和实施"省支持体系"作为一项长期工作，持续开展下去。

（二）系统论

系统论是研究学前教育改革与发展这种"组织性、复杂性、非线性问题"的重要理论，为我们开展贯彻《指南》实验，研究、建设和实施"省支持体系"提供了全面的理论指导。

一是系统的整体性原理，要求我们从整体上研究、建设和实施"省支持体系"。系统的整体性指各个独立要素一旦组成系统整体，就具有了过去作为独立要素所不具备的性质和功能，从而使整体的性质和功能大大超越各个独立要素的性质和功能的简单之和。整体性原理启示我们：要从整体上研究、建设和实施"省支持体系"。在充分把握幼儿园、家庭、社区、小学、政府、专家组织等影响幼儿园保教质量的各个因素的基础上，还要让这些因素有机整合成一个整体，发挥协同合力；在充分重视健康、语言、社会、科学、艺术五大领域学习内容和环境创设、区域活动、游戏活动、生活活动、集体教学活动、家园共育六大途径各自独特价值的基础上，要通过科学适宜的活动设计，让五大领域、六大途径有机整合为一个整体，从而有效促进幼儿整体性的学习与发展。

二是系统的层次性原理，要求我们在建设和实施"省支持体系"时充分重视不同层次的"子系统"的建设，并加强不同层次"子系统"之间的协同与整合。既要重视幼儿园、家庭、社区、政府等各个要素之间的整合与协同，又要给予这些要素必要的独立性和自主性空间。为此，我们通过研究和建设《省指导方案》和"省服务平台"，在省级层面建立了全省幼儿园学习活动指导和支持系统，提倡市州县级层面建立实验区系统或基地县（市、区）系统，在片区园层面建立片区教研小组系统，在每所实验园建立园本学习活动体系的建设与实施系统。推动各层次系统之间适时进行有效互动，从而确保"省支持体系"的整体功能得到有效发挥。

三是系统的开放性原理，要求我们充分重视"省支持体系"内部各子系统或要素及其与外部环境之间的交流与协作。系统的发展过程是其有序程度不断提升的过程，而系统的开放性是确保系统自组织演化发展的必要条件。系统的开放包括对外部环境的开放，以及对内部要素的开放。对外开放，可以促进系统与环境之间的相互作用，从而推动系统发展；对内开放，有助于强化内部协同，从而更好地发挥系统的整体性功能。

四是系统的自组织原理，要求我们充分尊重"省支持体系"内部各要素或子系统的独立性与自主性，并通过创设有效的机制和资源，推动该体系自发地组织、运转和优化。为此，我们依托省内各级教育行政部门和湖南省学前教育学会，建设了一系列配套支持平台，让"省支持体系"自发地组织和运转起来，并在这一过程中不断进行迭代和优化。

五是系统的结构功能规律，要求我们科学设计实施"省支持体系"的相关组织机构，并指导和帮助这些机构不断优化内部结构。为此，我们不断优化实验指导专家委员会，不断修订完善《省指导方案》，不断建设"省服务平台"，持续引导和帮助实验幼儿园优化其内部结构，以确保各子系统正常发挥所承担的功能。

(三)幼儿园课程理论

从某种意义上讲，贯彻《指南》实验也可看作依据国家教育政策自上而下发起的幼儿园课程改革，因此须从课程理论中寻求充分的理论依据。20世纪中叶，现代课程理论之父、科学化课程开发理论集大成者——拉尔夫·泰勒，在《课程与教学的基本原理》一书中提出了课程开发的一般程序和基本原理，即任何课程开发都应解决如下四个问题：学校应该追求达成什么教育目标？提供什么教育经验最有可能达成这些目标？怎样有效组织这些教育经验？如何确认这些目标正在被实现？由此提出了课程设计的泰勒原理(或称泰勒模式)，即课程目标、课程内容、课程实施、课程评价。后续课程开发的理论与实践研究尽管日益丰富多彩，但基本上是围绕着这四个基本问题展开的。因此，在研究建设"省支持体系"时，我们充分借鉴了泰勒原理，把《省指导方案》分成学习与发展的合理期望(即课程目标)、学习的基本内容(即课程内容)、学习活动的计划与实施(即课程实施)、学习活动的评价(即课程评价)几个部分。为便于幼儿园理解和执行，又把学习活动的计划与实施分开，由此形成了学习活动指导方案的五个主要构成部分。

20世纪70年代以来，随着布鲁纳、施瓦布等学者的研究，课程理论获得了一系列发展：由强调学科内容转向强调学习者的经验和体验；由强调课程目标或计划转向强调课程实施过程本身的价值；由强调教材转向强调教师、学生、教材、环境四个要素的整合及持续的动态交互作用；由单纯强调显性课程转向强调显性课程与隐性课程并重；由强调"实际课程"转向强调"实际课程"与"空无课程"并重；由只强调学校课程到强调学校课程与校外课程的整合。受课程论研究发展的影响，20世纪80年代以来，幼儿园课程研究也经历了一系列变化：一是幼儿园课程中心的转变，从重视"学科"到重视"经验"，从重视"教育者"到重视"学习者"，突出了幼儿作为学习者的主体地位。二是幼儿园课程态性的转变，从把课程理解为静态的学科知识内容到把课程理解为动态的学习活动。三是幼儿园课程价值取向的确立与幼儿园课程范畴的拓展，将凡是有益于促进幼儿身心全面和谐发展的活动或经验都纳入幼儿园课程范畴。而通过梳理新中国成立以来幼儿园课程研究课题的发展历程，不难发现：无论是基于对幼儿园课程领域哪一方面的研究，无不体现出对幼儿园课程生活化、游戏化、整体化的强调与关注。

总体来看，课程论和幼儿园课程理论研究的这些发展不仅与《指南》精神高度吻合，也给我们开展贯彻《指南》实验带来诸多启发。一是要充分尊重幼儿的年龄特征、学习方式及其对学习过程的感受，尤其是要重视幼儿在学习方式等方面与小学生的明显差异，从而坚决推进"去小学化"。为此，我们坚持每个学习活动都从幼儿的兴趣与经验出发，采取"直接感知、实际操作、亲身体验"的学习方式。二是基于对课程态性变化的认识，我们直接使用了"学习活动"来替代"课程"一词，为的就是充分强调幼儿园课程的动态性，同时凸显对幼儿园教育去除"小学化"的重视。三是幼儿园学习活动支持体系应当是与幼儿的学习与发展有关的一切活动和相关因素的有机整合。因此，我们在用"体系"来承载"整合"理念，将一切与幼儿学习发展有关的活动整合成一个"学习活动支持体系"的同时，更强调教师、幼儿、家长、社区、专家、教研人员、教育行政部门等多方面相关主体在建设幼儿园学习活动支持体系中的作用发挥方式。四是幼儿园学习活动支持体系应当从幼儿的生活经验出发，以幼儿共同感兴趣的现象或问题为主题，将健康、语言、社会、科学、艺术五大领域的学习与发展目标及其内容有机整合到主题背景下的环境创设、区域活动、游戏活动、生活活动、集体教学活动、家园共育六大学习活动实施途径中，以全面落实幼儿园课程的生活化、游戏化和整体化的要求。

此外，施瓦布的实践性课程开发理论指出：课程是由教师、学生、教材、环境四个要素构成的，课程开发中要充分重视这四个要素之间的相互作用。施瓦布强调，理想中的课程开发应当是"学校本位的课程开发"，即"校本课程开发"，要充分重视学校当地环境因素，追求教师和学生的"实践兴趣"。基于此，湖南省贯彻《指南》实验结合湖南省情研究和建设幼儿园学习活动支持体系，目的就是指导和帮助广大实验幼儿园建设和实施园本化的学习活动体系，以解决结合本地本园实际，在幼儿园教育实践层面贯彻落实《指南》的问题。

三、研究的定位与依据

(一)研究的定位

"湖南省幼儿园学习活动支持体系建设"研究的定位问题，实质上就是研究和建设什么样的"省支持体系"，才能有效指导和帮助全省幼儿园建设高质量的园本学习活动体系的问题。经过调研，我们认为：首先，作为湖南省地方性幼儿园课程及其实施的载体，"省支持体系"要定位于"基本、保底、普适"。"基本"，即把《指南》的基本精神和幼儿学习与发展的基本规律有机融入幼儿园的学习活动之中，便于广大幼儿园教师理解和运用。"保底"，即立足幼儿园保教工作规范，反映对全省幼儿园保教质量的底线要求，所有合格幼儿园都应当达到。"普适"，即不仅整体上反映湖南全省实际，还给各地各园留有结合本地本园实际进行调整的充分空间。其次，鉴于要为幼儿园建设与实施园本学习活动体系提供系统的指导和服务,"省支持体系"既要为幼儿园提供全面的学习活动体系指导方案,又要为幼儿园提供实施园本学习活动体系所需的服务平台。最后,为满足指导幼儿园一线保教实践工作的需要,在"省支持体系"的研究和建设方法上要坚持:内容上,从幼儿园保教实践中来,又不断回到幼儿园保教实践中去检验和完善;形式上,用最通俗、最简洁的方式表达,力求绝大部分幼儿园教师容易看懂,便于使用;过程上,反复检验,特别是重视实践检验和专家鉴定,确保"省支持体系"的科学性和可行性。

(二)研究的依据

研究的依据主要有四个方面。一是党和国家关于教育的政策方针和总体要求,如党的十八大提出的社会主义核心价值观,习近平总书记在全国教育大会上提出的"坚持党对教育事业的全面领导""坚持把立德树人作为根本任务""坚持社会主义办学方向""坚持扎根中国大地办教育""坚持以人民为中心发展教育""坚持深化教育改革创新""坚持把服务中华民族伟大复兴作为教育的重要使命""坚持把教师队伍建设作为基础工作"等要求。必须将党和国家关于教育的根本方针与政策要求落实到"省支持体系"及其建设过程中。二是教育部关于学前教育的重要规范性文件,主要是《幼儿园工作规程》《幼儿园教育指导纲要(试行)》和《3—6岁儿童学习与发展指南》。尤其是要全面贯彻《指南》提出的科学理念和要求,坚持视幼儿为积极主动的学习者,珍视童年生活的独特价值,关注幼儿学习与发展的整体性,理解幼儿的学习方式和特点,尊重幼儿发展的个体差异,重视幼儿学习的品质,落实家园共育。遵循《指南》提出的五大领域的目标体系,参照各年龄段典型表现,落实各目标下的教育建议。三是湖南实际,即应该反映湖南省情。湖南的经济社会发展处于全国中等水平,对幼儿园保教工作的条件和水平既要讲求发展性要求,又不能过急过高;省内经济社会发展的地区差异较大,对幼儿园保教工作的条件和水平既要讲求基本要求,又要在发展速度上允许存在差别;在确定幼儿学习与发展的合理期望时,要结合湖南实际把握好三个年龄段的典型表现;湖南独特的自然和人文资源,如岳阳楼、桃花源等名胜古迹,岳麓山、洞庭湖等自然景观,毛泽东、刘少奇等历史名人,花鼓戏、湘绣、擂茶等文化风情,重型工程机械和轨道交通车辆等现代产业……在设计和组织幼儿园学习活动时都应予以充分关注。四是全国幼儿园课程改革的代表性经验,如上海以开展"个别化学习"为突破口的幼儿园课程改革经验,浙江省安吉县以户外自主游戏为抓手开展的幼儿园课程改革经验等,都是我们重点借鉴的对象。

第二节 "湖南省幼儿园学习活动支持体系建设"研究的
方法与措施、过程与步骤

一、研究的方法与措施

研究的方法主要是行动研究,具体做法包括四个方面。

一是按方案实验。即省教育厅确定实验的目的与内容、任务与方法等总体要求，课题组按照省教育厅要求研制实验方案——《省指导方案》，然后组织实验幼儿园试行（即参照《省指导方案》建设和实施园本学习活动体系），并在试行过程中根据需要研究建设"省服务平台"。在试行中反复检验与完善，最后以完善后的"省支持体系"（即《省指导方案》及其配套的"省服务平台"）作为实验的主体成果。

二是重视专家指导。课题组组建了三支专家队伍：省教育厅发文聘请的专家；省学会各专业委员会的高校专家、幼儿园骨干教师。湖南省学前教育学会（以下简称省学会）聘请的中国学前教育学会相关顶级专家，包括：时任理事长、南京师范大学虞永平教授，前任理事长、学术委员会主任、北京师范大学冯晓霞教授，现任理事长、广西师范大学侯莉敏教授，前任副理事长、华东师范大学朱家雄教授，《指南》的主要研制者、华东师范大学李季湄教授，以及华东师范大学周兢教授、周念丽教授，东北师范大学王小英教授，首都师范大学余珍有教授，西南大学杨晓萍教授、李静教授，华中师范大学蔡迎旗教授，西北师范大学郑名教授，华南师范大学杨宁教授，浙江师范大学王春燕教授、秦元东副教授，福建师范大学丁海东教授，中国教育科学研究院刘占兰研究员、易凌云研究员，浙江省安吉幼儿教育研究中心主任程学琴，上海市教育委员会教研室学前教育与特殊教育部主任黄琼研究员，宁夏回族自治区教育厅教研室张洁研究员等。专家的作用主要是培训实验队伍，研制、论证、修改或鉴定实验方案，入园指导。

三是重视专业培训。省教育厅邀请李季湄教授、冯晓霞教授等专家，对全省市州教育行政领导和省级示范园园长进行学习《指南》培训，省实验办公室对实验区和实验园进行实验培训与经验交流，省学会根据实施"省支持体系"的需要，对实验幼儿园教师进行系统培训。

四是反复实践检验，不断总结提高。"省支持体系"坚持按照"研制方案→实践检验→修订完善→专家鉴定→修订完善→实践检验→修订完善"的循环流程，在专家引领下，在实践检验中不断完善和提高。截至 2021 年 10 月，《省指导方案》历时 7 年，前后修订了 21 次，形成了 22 稿。其中：研制阶段大范围讨论、征求意见、论证 13 次，检验 2 次，形成了 15 稿；检验阶段大范围试行两轮共 7 年多，检验 3 次、修订 5 次，形成了 5 稿；总检验、总鉴定阶段修订 2 次，形成了 2 稿。伴随着《省指导方案》的试行、检验与修订完善，"省服务平台"也经过了长达 6 年的持续研究、建设和调整完善，基本形成了覆盖全省 14 个市州的幼儿园园本学习活动体系建设与实施的指导服务能力。

十年来，为保障贯彻《指南》实验的顺利进行，采取了一系列有力措施：一是省教育厅高度重视和支持。为贯彻《指南》实验印发了 12 份文件，召开了 7 次会议（厅领导 8 人次出席会议并做主旨讲话）；成立了省贯彻《指南》实验领导小组（以分管厅领导为组长，协管厅领导和省学会会长、长沙师范学院院长为副组长，省教育厅基教、教师、民教、财务和建设处处长为成员）；明确了实验的目的与内容、范围与任务、方法与步骤;遴选了长沙、郴州、常德三个省级实验区,18 个市州实验区,315 所县级实验幼儿园,240 所重点联系园;成立了省贯彻《指南》实验专家指导委员会,聘请了 60 余名专家(高校教师 28 人、幼儿园教师 29 人、其他人员 7 人)。二是省学会成立专职机构(课题组),并通过借调、聘用等方式组成了 5～6 人的专职队伍,专门负责课题研究,并承担湖南省贯彻《指南》实验领导小组办公室和专家指导委员会办公室的日常工作。同时,成立了幼儿园教师培训中心,承担实验的培训任务。三是筹措了 971.73 万元实验经费(省教育厅、省财政厅拨款 499.7 万元,省学会自筹 472.03 万元)。

二、研究的过程与步骤

研究持续了十年(2012—2021 年),大致经历了以下阶段:(1)"省支持体系"研究和建设阶段(2012 年 10 月—2015 年 5 月);(2)"省支持体系"试行和优化阶段(2015 年 5 月—2018 年 4 月);(3)"省支持体系"应用和总检验阶段(2018 年 5 月—2021 年 12 月)。具体步骤如下。

第一步,依据《指南》,研究提出湖南省幼儿学习与发展的合理期望。即按照《指南》五大领域 32 条目标及各年龄段典型表现的内容架构,从目标、典型表现、基本理解或举例三个层面,联系湖南实际,逐条分析三个年龄段末期幼儿大致可能且应该在哪些方面达到什么发展水平。"目标"沿袭《指南》的框架,指出了各领域中幼儿学习与发展的最基本、最重要的项目,大致反映了幼儿学习与发展的方向。"典型表现"对各年龄段幼儿在各个目标中学习与发展的具体期望,结合湖南实际,大致从范围、状态以及量值的角度,提出了对幼儿学习与发展的一般水平要求。"基本理解或举例"对一些比较模糊、抽象、难以把握的典型表现进行解释,以便幼儿园教师理解和操作。比如,3～4 岁幼儿健康领域第一条目标第二个典型表现"在提醒下能自然坐直、站直",究竟什么才叫"坐直",如何才叫"站直",为统一认识,给予了具体说明。

第二步,依据合理期望,研究提出湖南省幼儿学习的基本内容。主要是学习《指南》提出的幼儿学习与发展目标及其各年龄段的典型表现、教育建议,分析湖南省幼儿的实际生活和兴趣需要,分三个年龄段、五个领域,按照基本知识、基本技能与行为方式、基本态度与情感三个维度,提出幼儿应当学习的最基本、最重要的内容。幼儿学习的基本内容,是为了确保幼儿学习与发展的合理期望得以实现而必须创造条件让幼儿获得的"关键经验"或"核心素养",任何幼儿园都要结合实际完整加以落实,不能以所谓"园本特色"或办园条件不足为由,对其进行随意切割,或者抓住很小的一个方面无限放大,造成基本内容的流失。同样,幼儿园也不能任意添加明显超出合理期望范畴的学习内容,尤其是具有"小学化"倾向的内容,以免造成基本内容的超载。

第三步,在上述基础上,深入研究湖南省幼儿园学习活动的实施途径及组织方式，提出湖南省幼儿园学习活动的计划、实施与评价方案。主要是依据湖南省幼儿学习与发展的合理期望和幼儿学习的基本内容，对照《指南》提出的教育建议，从湖南各年龄段幼儿普遍熟悉的季节变化、典型事件和共同关注的事物与现象等生活经验出发，遴选一系列学习内容的主题，然后结合六大实施途径(环境创设、区域活动、游戏活动、生活活动、集体教学活动、家园共育)设计主题学习活动，并在此基础上系统地提出学习活动的计划、实施和评价工作指导方案。遴选和设计主题学习活动的总体标准是：反映幼儿兴趣与需要；来自幼儿生活，又能运用到幼儿生活中；体现幼儿的学习方式与特点，能满足幼儿通过直接感知、实际操作、亲身体验来获取感性经验的需要；能有机整合湖南省幼儿学习的基本内容；配套学习活动资源的搜集与开发利用具有可行性。

为确保真正把《指南》精神落到实处，同步贯彻"关注幼儿学习与发展的整体性""尊重幼儿发展的个体差异""理解幼儿的学习方式与特点""重视幼儿的学习品质"等要求，每个主题都从环境创设、区域活动、游戏活动、集体教学活动、生活活动、家园共育六个实施途径提出学习活动的设计与实施的具体建议。为落实教育部对"幼小衔接"工作的要求，对部分主题内容提出了幼小衔接活动的建议。

环境创设主要是围绕特定主题学习活动的开展，从基本场景的营造和基础材料的投放等方面为教师提供的建议，并强调环境创设是在幼儿的主动参与和教师的积极支持下，在主题学习活动的持续开展过程中逐渐生成，而不是在主题活动一开始就由教师单独完成的。

区域活动分为室内区域和户外区域。室内区域设置包括生活、语言区、角色区、科学区、建构区、表演区、美工区。户外区域设置包括运动区、自然野趣区、沙水区、种植区、养殖区，有条件的幼儿园还可以结合室内区域设置大型建构区、表演区、角色区等。结合园所建筑特点，鼓励幼儿园在室内走廊或大厅等地灵活设置相关运动器械和项目，以解决雨雪天难以开展户外活动的难题，确保幼儿每天都有足够的运动量；但同时倡导幼儿园在做好安全防护措施的前提下，鼓励幼儿在雨天正常进行户外活动。总的要求是确保每天 2 小时的户外活动时间，保证幼儿有足够的机会与自然环境接触，实现身心和谐发展。通过与材料、环境、同伴的交互作用，支持幼儿开展个性化的自主学习，实现整体性的全面发展。

作为区域活动的必要补充，"省支持体系"中的游戏活动主要是体育游戏、智力游戏和音乐游戏等具备一定组织性的规则性游戏，有些是需要教师组织的，幼儿熟悉后可以自主组织。提供这类游戏活动的主要目的是：建立融洽的师幼关系和同伴关系，促进幼儿集体归属感发展的集体活动机会；为幼儿自发的户外自主游戏活动提供经验参考；便于"小学化"严重的幼儿园作为改革过渡阶段的集体活动组织方式参考，即通过实施每天一次集体教学活动、一次区域活动和一次集体游戏活动，代替过去每天三节小学式的集体教学活动。这样的过渡阶段使得基础较薄弱的幼儿园教师不至于因为变化太大而感到困难重重，难以下手。

　　集体教学活动分健康、语言、社会、科学、艺术五大领域，提倡以某个领域为主、整合其他相关领域学习内容，进行综合性学习活动，并强调集体教学活动的游戏性、生成性。更重要的是，为确保幼儿学习与发展的整体性，特别重视围绕幼儿的兴趣与需要，将集体教学活动与区域活动、游戏活动、生活活动和家园共育等活动有机联系起来，确保为幼儿营造协调一致的学习生态。

　　生活活动包括入园、离园、进餐、饮水、盥洗、如厕、睡眠、过渡活动、自由活动以及散步等环节。结合各主题学习内容，对以上一日生活环节提出了保教结合的具体方法。

　　家园共育包括幼儿园内开展的集体亲子活动、幼儿园指导家长在家开展的亲子活动，以及幼儿园开展的旨在帮助家长掌握科学育儿理念和方法的讲座、沙龙、家长会等活动。此外，为彰显幼小衔接的重要性，除了在三年的学习活动中均渗透幼儿未来入学所需的生活、社交、学习等方面的能力准备，为强化入学准备教育，还在大班春季学期的相关主题中将幼小衔接相关活动单独列出，并分别就幼儿园、家庭、小学和县市区教育局等相关主体，提出了应该开展或配合的具体工作建议。

　　第四步，研究提出湖南省幼儿园学习活动的计划和湖南省幼儿学习与发展的评价。学习活动的计划突出与六大实施途径相匹配，克服过去的以集体教学活动为主导的倾向。为此，研究提供了参考性的各年龄班的学期工作计划，学习活动的月计划、周计划，以及一日活动计划和常规、作息时间样例。其中：学期工作计划依据园本学习活动体系，分析幼儿情况，研究提出了学期工作目标和重点，以及每月主题活动和大型活动安排。学习活动周计划依据学习活动月计划，研究提出了本周每天学习活动的安排。一日活动计划研究提出了幼儿每天的学习活动安排、一日学习活动的基本要求，以及一日活动中的时段划分和时量分配。一日活动计划是对全园一日活动的设计，体现一日活动皆课程和以游戏为基本活动的理念，重视区域活动和户外游戏活动，以集体教学活动为辅。动静交替，集体活动与自由活动交替，室内室外活动交替。每天安排不少于2小时的户外游戏活动时间，包括1小时的户外体育活动时间。活动之间的转换衔接自然，幼儿无消极等待现象，并保证幼儿每天有适当的自主选择和自由活动时间。根据幼儿的兴趣意愿和天气变化、突发事件等灵活安排，不刻板重复。

　　评价方面，主要依据湖南省幼儿学习与发展的合理期望，为帮助幼儿园教师了解幼儿园学习活动设计与实施的效果，提供了一套兼具专业性和操作性的过程性评价工具。其中：园本学习活动体系的评价主要评价幼儿园建设和实施的园本学习活动体系的科学性；幼儿园学习活动实施途径的评价主要分六大途径评价具体学习活动的设计与实施效果；幼儿发展评价主要评价幼儿实际获得发展的状况。

　　第五步，研究提出试行《省指导方案》、指导幼儿园建设园本学习活动体系的办法。一方面，要求各园：首先，在把握湖南省幼儿学习与发展合理期望的基础上，结合本园实际对各目标的典型表现进一步做必要的园本化处理，形成本园幼儿学习与发展的合理期望。其次，在把握湖南省幼儿学习的基本内容和本园幼儿学习与发展的合理期望的基础上，尽量在本地自然和人文资源中选取与合理期望配套的学习内容，形成本园幼儿的学习内容，并搜集和建设相关的学习资源；在此基础上，参考湖南省幼儿园学习活动的计划、实施、评价，形成本园学习活动的计划、实施与评价的具体方案和工具。另一方面，充分调动幼儿园教师的主动性和创造性，避免不顾本地本园实际的照抄照搬。我们不断强调《省指导方案》只是建设园本学习活动体系的指导性意见和支持工具，不是供全省幼儿园直接使用的通用课程。幼儿园最终的任务一定是在"省支持体系"的支持下，持续建设和实施自己的园本学习活动体系。

2015 年 12 月我们对 125 所实验园的园本学习活动体系进行分析，发现照搬照抄的现象比较多，部分实验园尝试着结合本地本园实际进行了一定的调整和修改，但对科学性又没有把握。为此，我们指导实验园把研究园本学习活动体系作为教研重点，按照"设计→实施→反思→改进"的流程，日积月累，尽快完成"模仿→改造→创新"的阶段跨越。同时，对合理期望的确定、教学内容的选择、实施途径的编排等都提出了具体的指导要求。此外，不断培养典型经验，召开经验交流会，帮助实验园解决如何结合本地本园实际的问题。

第六步，组织实验园试行《省指导方案》，并结合试行过程同步着手研究和建设配套的"省服务平台"。其中，《省指导方案》的试行工作前后共经过了两轮共六年的时间，"省服务平台"的研究与建设工作也与之同步开展了六年。但因"省服务平台"的研究与建设工作内容较多，故将其单列，在本章第三节中详细介绍。

第七步，开展专项课题研究，着重解决幼儿园依据《省指导方案》建设和实施园本学习活动体系过程中遇到的重点难点问题。为此，省学会立项了一系列课题，专门针对幼儿园区域活动、生活活动、户外活动等重点难点问题进行深入研究。特别是采取有力措施，直接组织了湖南省幼儿园区域活动研究，极大地解决了在全省幼儿园整体办园条件较差的情况下推广区域活动的难题。主要做法包括：一是明确树立"服务于湖南省绝大多数普通幼儿园"的研究定位。在系统全面梳理区域活动的理论体系和历史发展脉络、充分学习借鉴国内外区域活动实践经验的基础上，依据湖南省绝大多数普通幼儿园的实际条件和需要，建立切合湖南实际的区域活动组织实施模式、内容和配套材料体系，研究切实可行的系统解决方案，培育可复制推广的经验典型。二是遴选 150 所实验园（核心实验园 30 所），作为行动研究基地，并在课题组专家的持续指导下，打造区域活动的经验典型。省学会从各方面对实验园给予支持，如优先立项规划课题，参与教科研活动，免费派专家持续定期入园指导。同时要求实验园积极参加幼儿园区域活动研究，落实研究方案，深入开展区域活动园本教研。对核心园还要求配合课题组不断修订《湖南省幼儿园区域活动项目与材料》及其《实施办法》，参与研究区域活动材料，接待其他实验园的考察观摩。三是建设了"湖南省幼儿园区域活动研究基地"。该基地除承担区域活动的课题研究任务外，还面向幼儿园教师和在校学前教育专业学生，介绍区域活动的理论与实施模式，分年龄班展示区域活动项目与材料，每年定期征集和评选优秀的区域活动案例，为全省幼儿园科学、全面、深入开展区域活动培养师资队伍及后备力量。

第三节 "湖南省幼儿园学习活动服务平台"的研究与建设

参照《省指导方案》建设和实施园本学习活动体系，以全面彻底贯彻落实《指南》精神，从根本上革新保教工作面貌，提升保教质量，对幼儿园来说不仅是一项全新的课题，更是一项离不开外部支持的系统工程。为此，在《省指导方案》通过专家鉴定并由省教育厅发文开始试行后，我们便同步启动了三个省级支持平台的研究和建设工作。

一、湖南省幼儿园教师培训平台

对广大实验幼儿园来说，参照《省指导方案》建设和实施园本学习活动体系，遇到的首要问题就是教师的专业理念、知识和能力体系如何更新。为此，省学会设立专门的师资培训组织机构——幼儿园教师培训中心，作为省级师资培训平台，具体承担建设和实施园本学习活动体系所必需的师资培训活动的规划设计和组织工作。借助该平台，我们创新开展了多种形式的培训活动。

一是集中培训，主要帮助幼儿园教师解决园本学习活动体系的建设和实施过程中面临的带共性的理论与实践问题。

二是免费到示范园跟岗培训，主要帮助幼儿园教师解决建设和实施园本学习活动体系的方法、技巧和经验问题。即在长沙市培育一批建设和实施园本学习活动体系的示范园，有计划地组织全省农村园、城市薄弱园和偏远地区幼儿园教师到这些优秀园跟岗学习、观摩与交流。

三是免费入园指导和送培到县，主要解决幼儿园建设和实施园本学习活动体系的问题。即选派专家，到比较偏远的县市指导幼儿园在"省支持体系"的支持下建设和实施园本学习活动体系。同时，对所在县市部分幼儿园进行入园指导，帮助剖析保教工作情况，发现问题，提出改进措施。

四是建设基地园和基地县，培育建设和实施园本学习活动体系的典型。方法是签订协议，明确双方的权利与义务。省学会对基地园和基地县予以支持，如对基地园免费派专家入园指导，免费安排跟岗学习培训，实施学术年会计划；对基地县的幼儿园提供业务指导，提供较多学术会议和师资培训指标，免费派专家送培到县和入园指导。同时，要求基地园：积极配合省学会组织的专家入园指导，辐射其他幼儿园建设和实施园本学习活动体系；要求基地县：在全县幼儿园开展基于"省支持体系"的园本学习活动体系建设和实施工作，遴选有较强示范辐射作用的幼儿园作为基地园。为了使基地园和基地县建设工作落到实处，还明确了实行定期考核、动态认定等措施。

五是帮助幼儿园教师提高学历层次、夯实专业基础和报考《幼儿园教师资格证》（据不完全统计，湖南省有 20％以上的幼儿园教师没有取得该证）。省学会和有关单位合作，建设了"学前教师教育试题库"。例如，"《幼儿园教师资格证》考试复习试题库"分库对应《幼儿园教师资格证考试大纲》，设立了"综合素质""保教知识与能力""面试"三个子库和"真题"子库。"综合素质"子库（考试科目一）共 1976 道试题；"保教知识与能力"子库（考试科目二）共 2331 道试题；"面试"子库（考试科目三）共 311 道试题，分为三个模块：职业认知、技能与技巧。教师可以通过电脑或手机登录，随时组卷测试和做题复习。

为保障培训活动的可持续开展，我们多措并举，较好地解决培训经费问题。例如，通过申请免费的省计划、国家计划项目，省学会自筹经费等多种方式解决跟岗培训、送培到县和入园指导经费，通过受训幼儿园众筹的方式解决集中培训经费，较好解决了培训经费问题。

二、湖南省幼儿园教科研平台

《省指导方案》完成了，师资培训平台也搭好了，却并不意味着"省支持体系"就已经建好了。因为各地幼儿园在参照《省指导方案》建设园本学习活动体系的过程中，必然会面临许多需要进一步深入研究才能解决的具体问题。为此，省学会建立了六个教科研平台，以之为依托，组织学前教育专家，针对试行《省指导方案》、建设和实施园本学习活动体系过程中遇到的各种有待研究的问题，带动全省实验幼儿园有组织地开展教科研活动，以全面支持"省支持体系"的研究、建设和实施工作。具体包括：

一是"湖南省年度学前教育规划课题"研究平台。即每年评审立项课题一次，组织和指导幼儿园教师针对实施《省指导方案》过程中面临的突出问题，通过立项课题，在专家的指导下持续开展研究。

二是"湖南省年度学前教育教科研成果"评选平台。即每年遴选、表彰和推广在研究、建设和实施"省支持体系"及园本学习活动体系过程中形成的优质成果。评选工作由省学会与省社科联联合组织，一、二等奖由省社科联签章并认定为省级成果。

三是"湖南省年度学前教育学术年会"平台。根据"省支持体系"建设和实施的需要，每年确定主题，集中交流重要学术成果，并聘请省外著名专家有针对性地讲学。同时通过开设幼儿园观摩现场和分论坛的方式，为省内幼儿园研究和建设园本学习活动体系提供成果分享与交流的机会。

四是"幼儿园课程研发中心"平台。该中心由省学会安排 2~3 人、长聘 2~3 人作为专职研究员，另在幼儿园选聘若干人担任兼职研究员。每个星期召开工作会，确定近期研究任务及其分工，讨论研究方案，交流研究进展。会后按照分工分别进行研究。近些年，课程中心先后针对"湖南幼儿园学习活动支持体系研究""幼儿园游戏活动研究""幼儿故事教育研究""湖南幼儿园区域活动研究"等课题，分别遴选实验园开展专题行动研究，深受相关幼儿园好评。

五是省学会与长沙师范学院联合建设的"湖南省幼儿园区域活动研究基地"，主要供省学会及实验园开展幼儿园区域活动材料研究和教师培训，以及相关高校学生开展区域活动相关实训实验。

六是全省幼儿园保教活动教研平台。即依托省学会 18 个专业委员会及其分委会，分"五大领域""六大途径"等问题域，成立兼职教研组，在专委会顾问等专家的指导下，针对研究、建设和实施"省支持体系"的过程中遇到的具体问题，有组织地开展群众性教研活动。

三、湖南省幼儿园学习活动资源共建共享平台

一开始接触到《省指导方案》之后，实验园普遍反映：以《省指导方案》为蓝本建设园本学习活动体系是很好的策略，但真正加以实施，必须要有丰富多样的配套资源，而这是任何一所幼儿园都没有能力和精力独自建成的。为解决这个问题，我们经过多次激烈的讨论，最终决定：下大力气解决省级层面的幼儿园学习活动资源共建平台和共享平台的建设问题，发动全省学前教育专家和幼儿园的力量，共同解决所需的学习活动资源问题。

在资源共建平台方面，主要是依托省学会课程研发中心，组织专家和实验幼儿园持续研究和建设幼儿园学习活动所急需的各类重点和稀缺资源。主要包括：

第一，"省指导体系"所提倡的"主题背景下六大实施途径学习活动"的设计与实施指导资源。即组织湖南省贯彻《指南》实验各专题实验组专家，依托相应的专题实验园，研究撰写《主题背景下六大实施途径学习活动的设计与实施要点》，并在行动研究中不断打磨完善，以确保对幼儿园真正具有实践指导作用。

第二，"省指导体系"中列出的主题学习活动配套资源。即组织课题组专家，依托一批核心实验园，结合各自幼儿园实施《省指导方案》的过程，分工合作研究、设计每一个主题学习活动的整体设计方案及六大实施途径学习活动的具体实施方案，并在省学会支持下开发所需的配套课件、音频、视频、幼儿图书及操作材料，为幼儿园实施"省指导体系"提供充分的配套学习活动资源。

第三，实施"省指导体系"配套主题学习活动资源的优秀案例。主要包括两个方面：一是组织课题组专家依托核心实验园，在借助学习活动资源深入进行行动研究的过程中，一边不断优化完善主题学习活动方案和配套资源，一边打磨优秀的实施案例，供幼儿园教师学习和借鉴。二是每年在全省范围内组织幼儿园实施《省指导方案》的优秀学习活动案例评选，并对评选出来的优秀案例进行必要加工，供幼儿园教师学习和借鉴。

第四，课题组专家及实验园在整个行动研究过程中形成的一系列专项研究成

果。主要包括教科研论文、研究报告、专著、幼儿图书、幼儿玩教具等。其中：论文主要通过省学会会刊《湖南学前教育》进行发表，以及汇编成论文集的形式呈现；专著和幼儿图书主要通过公开出版或内部编印的形式呈现；幼儿玩教具主要通过设计图及活动实施案例的形式呈现。

在资源共享平台方面，对于上述资源中可以进行数字化处理并通过互联网共享的资源，通过省学会专门建设的 PC 端网站"幼学汇"学前教育资源库（www.06yxh.com）和移动端的"幼学汇"微信公众号免费共享给全省幼儿园。对于上述资源中难以通过互联网共享的资源，由省学会赠送给各地实验幼儿园及各级教育行政部门相关人员，以确保所有资源都能在全省实验园范围内得到共享。

第四节　"湖南省幼儿园学习活动支持体系建设"研究的检验

"湖南省幼儿园学习活动支持体系建设研究"的检验工作，主要借鉴了美国评价学家斯塔弗尔比姆的决策类型模式（CIPP 模式）。该模式分为背景检验、输入检验、过程检验、结果检验四个步骤。本课题的实施要点是：背景检验即对"湖南省幼儿园学习活动支持体系建设研究"的背景和必要性进行分析，采用专家评定法；输入检验是对《省指导方案》的科学性和可行性进行检验，采用专家评价法；过程检验是对"省支持体系"即《省指导方案》和"省服务平台"的试行过程进行检验；结果检验是对"省支持体系"的试行效果，即实验园教师的保教观念变化情况和班级质量变化情况进行检验。由于本课题检验中这些步骤前后交叉，下面按照课题研究的进程，分别对前期检验（2014—2015 年）、中期检验（2015—2020 年）、后期总检验（2021 年）进行说明。

一、研究的前期检验

前期检验主要通过问卷调查、第三方检测和专家组鉴定，检验《省指导方案》的科学性和可行性。由于内容比较多，以前各地各园关注的重点有所不同，现在统一到《省指导方案》里，征求意见时各方面反响十分热烈，提出的意见很多。经过 13 次大的修改，到第 14 稿时看法才趋于一致。然后我们组织了三轮大规模检验。

（一）向实验园教师和专家进行问卷调查

共发放调查表 280 份，收到有效答卷 258 份，其结论见表 2。根据检验情况，接着对《省指导方案（总第 14 稿）》进行完善，形成了总第 15 稿。

表 2　2014 年对《省指导方案（总第 14 稿）》问卷的检验统计

检验指标		合理期望	基本内容	实施途径
总体检验	科学性	92.4	92.7	91.6
	可行性	93.1	92.5	62.0

续表

检验指标		合理期望	基本内容	实施途径
小班	科学性	92.2	93.0	92.0
	可行性	92.2	93.1	91.2
中班	科学性	93.1	92.4	91.5
	可行性	93.1	91.6	92.3
大班	科学性	91.9	92.8	91.3
	可行性	92.2	91.6	92.4
需要做较大修改之处		主题及各途径下的学习活动项目数量过多,各主题及其实施途径之间有较多重复,有的含义比较模糊,有的实施难度较大,有的偏离了合理期望。		
需要重点补充之处		必须重视实施"省支持体系"师资培训,研制配套的资源。		

(二)聘请第三方进行检验

聘请第三方结合湖南实际和幼儿园教育实践,对《省指导方案》反映《指南》精神的情况进行检验。具体方法是:首先分析《省指导方案》中的合理期望对《指南》各年龄段典型表现的覆盖率以及"具体化、湖南化条目占比",然后分析《省指导方案》中学习内容和学习活动落实合理期望的比率,具体数据见表3、表4。由表3可知,"省支持体系"中的合理期望对《指南》各年龄段典型表现的覆盖率都达到了100%,忠实贯彻了《指南》要求。同时,为便于教师理解和运用,五大领域三个年龄段的合理期望均在表述上对《指南》的典型表现进行一定的具体化和湖南化处理,结合了湖南实际。由表4可知,《省指导方案》中提出的学习内容对合理期望的落实率达到100%,学习活动对合理期望的落实率达到99.6%,反映了"省支持体系"具有相当高的内部一致性。

表3　2015年对《省指导方案(总第14稿)》中的合理期望覆盖《指南》
各年龄段目标下"典型表现"情况的检验统计

年龄段	领域	《指南》的典型表现条目数	"省支持体系"的典型表现条目数	覆盖率(%)	具体化、湖南化条目占比(%)
3~4岁	健康	31	41	100	24
	语言	17	30	100	30
	社会	19	27	100	30
	科学	16	28	100	43
	艺术	10	13	100	23

续表

年龄段	领域	《指南》的典型表现条目数	"省支持体系"的典型表现条目数	覆盖率(%)	具体化、湖南化条目占比(%)
4～5 岁	健康	33	41	100	20
	语言	18	33	100	45
	社会	25	31	100	19
	科学	20	41	100	51
	艺术	10	11	100	9
5～6 岁	健康	34	35	100	2
	语言	21	37	100	43
	社会	28	32	100	13
	科学	22	47	100	53
	艺术	11	12	100	8

表 4　2015 年对《省指导方案(总第 14 稿)》中的合理期望、基本内容
与实施途径落实情况的检验统计

合理期望条目数	基本内容落实条目数	落实率(%)	实施途径落实条目数	落实率(%)
458	458	100	456	99.6

说明:实施途径对合理期望的落实比率没有达到100%,是因为健康领域幼儿身高和体重的合理期望,是通过多种活动的长期综合效应达成的,无法简单对应到具体的学习活动之中。

(三)第一轮专家组鉴定

《省指导方案》形成总第 15 稿之后,我们报请省教育厅聘请专家组进行鉴定和指导。目的是论证湖南省在幼儿园教育实践层面贯彻《指南》实验的思路,以及"省支持体系"的定位和结构,主要内容、观点与指标。专家鉴定组由省教育厅组建,组长是中国学前教育学会时任理事长虞永平教授。鉴定会由省教育厅基教处张晓春副处长主持,于 2015 年 2 月 11 日在省教育厅二楼会议室进行。经充分讨论,专家组认为:课题组以研究和建设"省支持体系"为抓手,指导幼儿园建设和实施园本学习活动体系,这是在幼儿园教育实践层面贯彻《指南》的最有效措施,符合教育部精神以及幼儿园和湖南实际;所研究提出的湖南省幼儿学习与发展的合理期望,幼儿学习的基本内容,幼儿园学习活动的实施,对指导幼儿园贯彻《指南》精神、建设和实施园本学习活动体系、有效提高保教质量具有重要意义,可行性强,建议通过试行进一步完善。根据鉴定专家组的意见,我们随之完善《省指导方案》。主要完善合理期望和基本内容的部分条目,调整幼儿园实施的部分主题及各实施途径之下的学

习活动项目，形成了总第16稿。

二、研究的中期检验

中期检验主要是对"省支持体系"进行实践检验（在实验园试行了两轮）和对"湖南省幼儿园学习活动支持体系建设研究"进行第二次专家鉴定指导。

第一轮试行（实践检验）是在2015年5月—2018年4月进行的。省教育厅以湘教通〔2015〕147号文件印发"省支持体系"的实验方案——《湖南省贯彻〈指南〉幼儿园学习活动实验体系》（《省指导方案》的实验版），要求实验园试行，并于2018年5月在株洲市召开现场会。会上，省教育厅分管领导王建华做主旨报告，要求认真学习、试行和完善"省支持体系"，要以之为"拐杖"，建设和实施园本学习活动体系，改进保教活动，提高保教质量。参加第一轮试行的幼儿园有320多所（非实验园20来所），幼儿园教师有1500多名。在第一轮试行中，我们召开各种座谈会、研讨会13次，参加研讨、修改、提供修改意见的人员达410多人次。在此基础上进行完善《省指导方案》，形成了总第17稿。然后，我们随机抽选21位专家和159名实验园教师进行问卷调查，收到有效答卷162份。结果（见表5，总体检验结果为三个年龄段检验结果平均数）表明，效度良好，但有些问题需要进一步研究充实和精确。根据问卷调查结果，我们对《省指导方案》继续进行修订和完善，形成了总第18稿。

表5 2017年对《省指导方案（总第16稿）》的问卷调查统计（%）

检验指标		合理期望	基本内容	实施途径	活动计划	活动评价
总体检验	科学性	96.5	96.0	97.4	97.5	94.4
	可行性	96.1	97.4	97.5	98.1	95.6
小班	科学性	97.2	96.0	97.5	97.2	94.1
	可行性	96.0	97.0	97.1	98.0	95.1
中班	科学性	97.2	96.0	97.5	97.2	94.1
	可行性	97.0	97.6	97.4	98.3	95.5
大班	科学性	95.2	96.1	97.3	98.2	95.1
	可行性	96.2	97.5	98.1	98.1	96.1
需要做较大修改之处		实施途径之下的学习活动项目之间，有的逻辑关系不够紧密。				
需要重点补充之处		增加"幼儿园学习活动的计划""幼儿园学习活动的评价"；充实区域活动、生活活动、体育活动；重视实施"省支持体系"的师资培训；指导幼儿园建设和实施园本学习活动体系，对有代表性的幼儿园要入园指导；特别要重视研究和提供配套的资源、活动案例。				

对《省指导方案》进行第一轮试行（实践检验）并完善形成总第18稿之后，经省教育厅同意，聘请专家组于2018年4月17日进行第二次鉴定指导。专家组组长为中国学前教育研究会时任理事长虞永平教授，成员有西南大学杨晓萍教授、宁夏回

族自治区教育厅教研室张洁研究员，以及部分公办、民办、农村幼儿园教师代表。专家组一致认为：湖南省贯彻《指南》实验的指导思想明确，思路和方法科学；与总第14稿相比，总第18稿增加了"幼儿园学习活动的计划""幼儿园学习活动的评价"，结构比较完善；幼儿学习与发展的目标、内容的指标选取和具体表述、主题活动和学习活动项目设计等有了很大进步；对于指导幼儿园建设和实施园本学习活动体系，把《指南》精神转化为现实的保教行为，具有重要意义和可行性。这种在省级层面提出全省幼儿园贯彻《指南》的系统的实施意见，指导价值很强，不少意见和方案很有创新性，总体上具有全国领先意义。建议更名为《湖南省贯彻〈指南〉幼儿园学习活动体系指导方案》，继续完善后印发全省试行。根据专家组的意见，我们进一步完善《省指导方案》，形成了总第19稿。

对《省指导方案》进行第一轮实践检验和专家组第二次鉴定指导，并形成总第19稿之后，按照原计划已经完成了"幼儿园学习活动支持体系建设研究"的任务，但省学会感到有些问题还需要继续深入研究。经省教育厅同意，确定从2018年秋季开始进行第二轮实践检验（试行，2018年9月—2020年10月）。参加第二轮实践检验的幼儿园有310多所（非实验园23所），幼儿园教师有1200多名。在第二轮实践检验中，我们共召开各种座谈会、研讨会7次，参加研讨、修改、提供修改意见的人员达240多人次。通过第二轮实践检验（试行），进一步完善《省指导方案》，形成了总第20稿。

三、研究的总检验

（一）总检验的设计

总检验的方案（包括检验的对象与内容、工具与依据、体制与方法）由课题组拟定，聘请全国著名专家审定。深度参与指导和审定的专家有中国学前教育研究会时任理事长虞永平教授、中国教育科学研究院刘占兰研究员等。具体设计如下。

1. 总检验的对象与内容

一方面是检验《省指导方案》的科学性和可行性；另一方面是检验幼儿园实施《省指导方案》的效果，即实验园保教质量的提升情况。开展贯彻《指南》实验，研究和建设"省支持体系"，最终的效果要体现在提高幼儿园保教质量水平上。而对幼儿园保教质量的检验，国内外的共识是从三个维度进行：投入（条件/结构）质量——为保教活动投入的人力和物力资源的质量；过程质量——保教实践的质量；产出（结果）质量——保教成果的质量。鉴于幼儿园的主要保教成果"儿童发展"同时受到自身遗传因素、家庭条件和教养方式、社区环境等诸多因素的影响，国际上一般不将儿童发展结果作为幼儿园保教质量的直接衡量标准，而是重点针对结构性要素和过程性要素。据此，"幼儿园学习活动支持体系研究"的检验也从这两个维度进行。由于幼儿园保教质量主要是通过班级质量体现的，而影响班级质量的诸多要素中，又以教师和幼儿的行为（师幼互动行为）为核心。同时，"幼儿园学习活动支持体系建设研究"的目的主要是以"省支持体系"为"拐杖",支持幼儿园教师的保教工作实践。因此,课题研究的检验内容是:结构性要素主要检验《省指导方案》的质量和教师保教观念;过程性要素主要检验师幼互动行为(班级质量)。由于教师保教观念和师幼互动行为(班级质量)都是直接对教师进行的检验,因此可合称为对教师专业性(教师在教育教学实践中所表现出的观念、态度、知识,以及行为上的有益于促进儿童学习与发展的典型特征)的检验。

2. 总检验的工具

对《省指导方案》进行检验的工具,主要是我们组织专家研制的《〈湖南省幼儿园学习活动指导方案〉科学性与可行性检验办法》。科学性指《省指导方案》反映《指南》精神和湖南实际的程度,包括与《指南》价值取向的一致性、涵盖《指南》内容的充分性、与湖南省情的匹配性,共设计了 3 个一级指标及其下属 6 个二级指标;可行性指《省指导方案》在幼儿园实施的便利性程度,包括师资队伍的胜任性、配套资源的可得性、家长支持的可能性、园本化建设的支持性,共设计了 4 个一级指标及其下属的 8 个二级指标。对实验园实施《省指导方案》后的效果进行检验的工具,主要是《教师教育观念访谈问卷》和 CLASS。《教师教育观念访谈问卷》由省学会招标湖南师范大学郑三元教授、康丹副教授编制。主要依据原中央教育科学研究所 2009 年版《幼儿园教育质量评价手册》所提出的工具"教师教育观念与行为意识访谈"改编而来。保留了其基本情况采集,但根据《指南》精神将其教育观念、教育策略意识、环境创设的意识、家园共育意识、评价幼儿园的意识与能力 5 个一级变量,调整为幼儿学习与发展、领域教育、课程实施、家园共育、幼儿评价、专业发展 6 个一级变量。每个一级变量之下分为若干二级变量,共计 28 个二级变量。CLASS 是美国著名的班级质量检验工具,主要包括情感支持、课题组织、教育支持 3 个一级变量及其下属的 10 个二级变量。在总检验实施前,所有检验工具均进行了严格的信效度检验。

3. 总检验的过程组织与结果分析

总检验的具体组织及数据统计和结果分析工作,均由省学会招标第三方承担,严格按照相关学术规范进行。其中,对《省指导方案》的科学性和可行性的总检验由长沙师范学院朱玉红副教授、凡细珍博士专题组承担;对实验园实施《省指导方案》后效果的检验由湖南师范大学郑三元教授、康丹副教授专题组承担。在数据统计与结果分析方面,主要使用 Excel 和 SPSS 25.0,通过实验园与对照园教师专业性的差异比较来进行。幼儿园教师师幼互动 CLASS 量表共十个打分项,其中情感支持四项,课堂组织三项,教育支持三项。分数范围为 1~7 分,分为低水平(1~2 分)、中水平(3~5 分)和高水平(6~7 分)。

(二)总检验的结果分析

对《省指导方案》的总检验于 2021 年 5 月 19 日进行,由招标第三方专题组承担。第三方专题组随机抽选学前教育知名专家 22 人（幼儿园教师 10 人、高校专家 12 人），采取直接评估法和计分制（满分 100 分），现场评价打分有效率 100%。如表 6 所示，高校专家组的平均分为 98.85，方差为 1.85；幼儿园专家组的平均分为 99.23，方差为 0.53。这说明无论是高校专家还是幼儿园专家，总体上均给予了《省指导方案》很高的评价。但相对来说，幼儿园专家对《省指导方案》的评价的一致性程度更高，《省指导方案》对幼儿园实践一线的价值由此可见一斑。因此，《省指导方案》是符合《指南》的价值取向，充分涵盖《指南》内容，符合湖南实际情况，又适于教师使用和获取配套资源，易于获得家长支持，利于园本化建设的。

表 6　专家对《省指导方案》的总检验结论

专家组	N（人数）	M（平均数）	SD（方差）
高校专家	12	98.85	1.85
幼儿园专家	10	99.23	0.53
总计	22	99.02	/

（三）对实验园实施《省指导方案》后效果的检验及其结果分析

对效果的检验也由招标第三方课题组承担，时间是 2021 年 4 月 11—18 日。检验对象是参加贯彻《指南》实验的幼儿园（实验园），以及没有参加实验的幼儿园（对照园）。由专题组通过分层随机抽样，按照经济社会发展不同水平抽取了四个市州（长沙、常德、娄底、湘西）所属有代表性的县市区，抽样了不同等级、不同办园性质的实验园 20 所、对照园 20 所，共计 40 所幼儿园（其中公办园 19 所，民办园 21 所）。在每所幼儿园选取了有代表性的 2 名教师（实验园教师是参加贯彻《指南》实验以来一直带班的教师，对照园教师是一直在该园带班的教师），共计 80 名教师。为了实现双重编码，专题组招募了 24 名学前教育专业研究生，并对他们进行评分培训。培训合格后，由他们分赴各园进行访谈和观察评估。利用《教师教育观念访谈问卷》和 CLASS 两个检验工具，对样本实验园和对照园教师进行现场观察评估检验和一对一访谈。检验结果表明，实验园教师的保教观念和师幼互动能力明显优于非实验园教师。

四、研究的总鉴定

根据总检验专家的指导意见和后期专题研究的成果，我们对《省指导方案（总第 20 稿）》再次进行修订完善，形成了总第 21 稿。然后于 2021 年 9 月 29 日邀请专家组对"湖南省幼儿园学习活动支持体系建设研究"（湖南省贯彻《指南》实验）进行了总鉴定（总第三次）。专家组组长为华东师范大学周兢教授，副组长为东北师范大学王小英教授，组员为中国教育科学研究院易凌云研究员、西南大学李静教授、华南师范大学杨宁教授、湖南省文化和旅游厅艺术幼儿园园长詹霞、新化县壮苗幼儿园园长曾红云。经审阅研究报告及其附件资料和充分讨论，专家组一致认为：本课题研究意义重大，设计科学，措施得力，工作踏实，成果丰富。在幼儿园教育实践层面贯彻《指南》，建设省级地方性幼儿园课程，改革幼儿园保教活动、提高保教质量方面取得了重要突破，具有突出成效，居于全国领先地位。

第五节 "湖南省幼儿园学习活动支持体系建设"研究的主要
收获、创新、社会反响与后续设想

历经长达十年的不懈奋斗，在三个省级实验区（市州）、18 个市州实验区（县市区）、325 所实验园、60 名省内专家和近千名幼儿园骨干教师的共同努力下，在中国学前教育研究会众多顶级专家的精心指导下，"湖南省幼儿园学习活动支持体系建设研究"（湖南贯彻《指南》实验）取得了圆满成功。其主要收获与创新、社会反响及后续设想如下。

一、研究的主要收获

（一）提出了《指南》"在幼儿园教育实践层面的具体实施方法"——建设和实施园本学习活动体系

这是幼儿园组织保教活动的顶层设计，从根本上决定着幼儿园的保教质量。幼儿园要从根本上贯彻落实《指南》精神，必须从整体上全面革新保教活动，自然必须认真抓好园本学习活动体系的建设与实施这项核心工作。

（二）为幼儿园建设和实施园本学习活动体系提供了科学而又简单易行的"拐杖"——《省指导方案》

在总检验中，高校专家组和幼儿园专家组对"省支持体系"评价的平均分分别为98.85、99.23，说明专家十分肯定该体系的科学性和可行性。具体来讲，《省指导方案》的主要价值体现在：

一是系统研究提出了湖南省幼儿学习与发展的合理期望，可以帮助幼儿园教师科学理解和把握湖南省同一年龄段幼儿学习与发展的一般可能性。分年龄段分领域提出了幼儿学习与发展的目标及典型表现，有利于分年龄段研究拟定幼儿学习与发展的基本内容、幼儿园学习活动的实施途径，建设和实施园本学习活动体系，在幼儿学习与发展的领域、水平上克服畸轻畸重倾向，有利于促进幼儿的全面发展。

二是系统研究提出了湖南省幼儿学习与发展的基本内容，可以帮助幼儿园教师系统理解和把握本年龄段末期湖南省幼儿应当学习与发展的最重要、最基本的内容，以及如何结合湖南实际的问题。长期以来幼儿园对"教什么"研究得比较少，大家各行其是，畸轻畸重现象很突出。大多数教师习惯于直接搜集直观资料和素材，再从中分析所蕴含的教育价值，组织幼儿学习活动。从而造成教学内容比较随意，相当多的幼儿园课程与教学存在"学科化""小学化"倾向。甚至部分条件较好的幼儿园片面理解和强调"园本特色"，过度聚焦于部分内容，缺失对幼儿全面和谐发展的系统内容支持。尤其是民办幼儿园，容易片面迎合家长错误观念搞"小学化"。现在系统考虑教学内容，提出了幼儿应当学习与发展的最重要、最基本的内容，有利于解决"幼儿学什么""教师教什么"的问题。

三是系统研究提出了湖南省幼儿园学习活动的实施途径，可以帮助幼儿园解决"怎样教"的问题。过去大部分幼儿园主要是进行集体教学活动，忽视了区域活动、游戏活动、生活活动等重要途径，既影响了保教质量，也使得"小学化"倾向难以克服。现在重视幼儿的学习方式和特点，以主题来组织五大领域的学习内容与六大途径(对5~6岁幼儿还增加了幼小衔接活动设计)的学习活动，可以帮助教师系统掌握和全面运用这些实施途径。

四是系统研究提出了湖南省幼儿园学习活动的计划，基本解决了幼儿园学习活动的时间安排问题。过去多数幼儿园的活动计划以集体教学活动为主导，与六大实施途径很不匹配。现在以年龄班为单位，以举例方式，研究提供幼儿园各个年龄班的学期工作计划，学习活动月计划、周计划，以及一日活动计划和常规、作息时间，有的计划还提供了城市幼儿园和农村幼儿园的样例，帮助幼儿园把六大实施途径落到实处。

五是系统研究提出了湖南省幼儿园学习活动的评价操作要点和支持性工具。过去大部分幼儿园要么没有开展保教活动评价，要么仅仅依赖政府督导和专家诊断，不利于及时了解保教活动的实施效果并及时改进保教活动方案。现在依据这个操作要点和工具，幼儿园教师可以对本园的园本学习活动体系、幼儿园学习活动、幼儿学习与发展进行科学评价。

(三)为幼儿园有效依托《省指导方案》建设和实施园本学习活动体系提供了三个省级支持平台

现就运行情况简要说明如下。

一是可靠的幼儿园师资培训平台。(1)确立了可靠的培训实施主体——省学会。(2)摸索出了切合实际、受到幼儿园欢迎的培训方式。十年来，共举办集中培训40余期，培训学员10000余人次；有计划地组织农村园和偏远地区幼儿园教师到实施《省指导方案》的优秀实验园跟岗学习、观摩培训1000余人次；选派专家去50余个偏远县市、200余所幼儿园持续进行深入指导；建设贯彻《指南》的基地园83所、基地县区3个，带动片区教研组幼儿园900余所。(3)妥善解决了培训经费来源问题，确保了培训活动得以长期持续进行。

二是有效的教科研平台。为针对幼儿园在"省支持体系"支持下建设和实施园本学习活动体系的过程中遇到的具体问题进行深入研究，省学会联合相关力量建设了六个省级学前教育教科研平台，有效组织了一系列全省性的学前教育教科研工作。例如：依托"湖南省年度学前教育规划课题"研究平台，2013年以来共评审立项263个课题；依托"湖南省年度学前教育教科研成果"评选平台，2016年以来共评选一等奖 386 个、二等奖 695 个、三等奖 1139 个；依托"湖南省年度学前教育学术年会"平台，2012 年以来每年召开一次省级学前教育学术年会，前后共邀请国内外顶级专家 36 人次进行讲学，省内参加学习和交流的学前教育工作者 8000 余人次。

三是务实的资源共建共享平台。为帮助幼儿园教师实施《省指导方案》，我们通过建设资源共建共享平台，提供了必要而有效的资源支持。如前所述，在课题组专家和全体实验园的共同参与下，依托专项课题组、研究基地和专项实验园，研究和建设了一大批资源，主要包括：实施主题背景下六大途径活动的资源，以及区域活动资源、游戏活动资源、家园共育活动资源等解决六大途径活动实施中的重点难点问题的系列资源，幼儿园教师实施《省指导方案》的优秀学习活动案例（截至 2021 年年底已有 120 个，其中小班 36 个、中班 42 个、大班 42 个）。全部资源通过省学会的官方网站——公益性的"幼学汇"资源库和"幼学汇"微信公众号，免费供应给全省幼儿园使用。

（四）一批幼儿园依托"省支持体系"建设和实施园本学习活动体系，切实提高了保教质量

"省支持体系"有力促进了《指南》精神在湖南省的贯彻落实，促进了实验园建设和实施园本学习活动体系的工作，显著提升了实验园的保教质量。如前所述，第三方总检验数据显示：教师保教观念方面，实验园教师在 83％的一级变量和 92.9％的二级变量上显著优于对照园教师；师幼互动（班级质量）方面，实验园教师的师幼互动水平尤其是情感支持与教育支持水平显著高于对照园教师（CLASS 评分结果见表 7、表 8）。考虑到实验的溢出效应无法避免，二者的实际差距还会更大。

表 7　实验园与对照园教师师幼互动得分基本情况（$M \pm SD$）

	对照园（$N = 38$）	实验园（$N = 42$）
1. 情感支持	4.64 ± 0.68	5.01 ± 0.46
2. 课堂组织	3.73 ± 0.80	4.03 ± 0.62
3. 教育支持	3.22 ± 0.64	3.52 ± 0.64
4. 师幼互动	3.97 ± 0.63	4.28 ± 0.51

表 8　实验园与对照园师幼互动方差分析摘要表

		平方和	自由度	F
1. 情感支持	组间	2.75	1	8.30^{**}
	组内	25.82	78	
	总计	28.57	79	
2. 课堂组织	组间	1.87	1	3.68
	组内	39.50	78	
	总计	41.362	79	

续表

		平方和	自由度	F
3. 教育支持	组间	1.78	1	4.38*
	组内	31.61	78	
	总计	33.38	79	
4. 师幼互动	组间	1.82	1	5.57*
	组内	25.49	78	
	总计	27.31	79	

注：* 表示 $p < 0.05$，** 表示 $p < 0.01$，*** 表示 $p < 0.001$。

同时，随着实验园保教质量提升效果的不断显现，越来越多的非实验园要求省学会提供指导。为此，省学会于 2018 年 6 月启动了"基地园计划"，即在全省各地市州培养起示范作用的基地园，并通过它们开展"片区教研"，带动周边幼儿园共同发展。2019 年 12 月，应部分县区教育局（教委）的要求，又扩大为整体推进的"基地县区计划"，将基地园进一步下沉到乡镇中心幼儿园。截至 2021 年 9 月，已在全省建立基地园 83 所，基地县区 3 个（新化县、长沙县、常德市经开区），辐射带动片区教研组幼儿园 900 余所。

（五）课题组主要成员在研究过程中，针对重点难点问题进行深入研究，形成了一批兼具学术性和实用性的专著、论文和工具书

截至 2021 年 12 月底，课题组已经出版专著 8 部，如彭世华等的《湖南省学前教育事业发展年度报告》系列（2013 年、2014 年、2015 年、2016 年），由湖南教育出版社出版；刘娟的《主题背景下的幼儿园体育活动》，由北京师范大学出版社出版；徐惠的《主题背景下的幼儿园绘本生成学习活动》，由北京师范大学出版社出版。另有路奇的《幼儿园区域活动研究》、陈萍的《幼儿故事教育研究》、肖晓敏的《主题背景下的幼儿园生活教育》等专著正在筹备出版。

截至 2021 年 12 月底，共发表论文 343 篇。例如：彭世华、路奇的《幼儿园确立幼儿学习与发展"合理期望"的基本方法》，路奇的《新西兰"学习故事"经验对我国幼儿园贯彻〈指南〉的启示》，分别在 CSSCI 期刊《学前教育研究》2013 年第 12 期、2016 年第 9 期发表；彭世华的《湖南开展〈3—6 岁儿童学习与发展指南〉贯彻实验的具体构想》，郑三元、康丹的《湖南贯彻〈指南〉实验的检验与结果分析》，分别在全国教育类核心期刊《幼儿教育（教育科学版）》2013 年第 12 期、2022 年第 1、2 期发表；彭世华、路奇的《〈湖南省幼儿园学习活动指导体系〉总检验方案的设计与实施》，在长沙师范学院校报《特立学刊》2021 年第 3 期发表；陈幸军的《125 所贯彻〈指南〉实验幼儿园园本学习活动体系述评》，朱玉红、何湘宁的《〈湖南省幼儿园学习活动指导方案〉的科学性可行性检验与结果分析》，分别在《湖南学前教育》2015 年第 2 期、2021 年第 3 期发表。

截至 2021 年 12 月底,研究和编写了一批实用的工具书。主要有:杨莉君等主编的幼儿园主题学习活动工具书《体验与探究:幼儿学习活动资源》,由湖南教育出版社出版;路奇、周娉婷主编的幼儿游戏工具书《贯彻〈指南〉幼儿园游戏活动资源》;彭世华、路奇、周圆主编的幼儿园区域活动工具书《湖南省幼儿园区域活动项目与材料》(小、中、大班)和《〈湖南省幼儿园区域活动项目与材料〉实施办法》;彭世华、路奇主编的家园共育工具书《爸爸妈妈讲故事》,由中国少年儿童出版社出版;等等。

二、研究的主要创新

第一,探索了从省级责任出发,加强指导和服务,以推动幼儿园教育实践层面落实《指南》的方法问题——科研引领、实践驱动、服务支撑。

中国幅员辽阔,地区差异巨大,要求所有幼儿园直接执行《指南》这种国家层面的纲领性文件是不现实的。因此,要真正在幼儿园教育实践层面落实《指南》,需要从省级责任出发加强指导和服务,并充分调动各市州、县市区和幼儿园的积极性与主动性,整体协同推进全省幼儿园课程改革。

第二,探索了指导和服务幼儿园全面贯彻《指南》精神的工具——"省支持体系"。

过去,多数幼儿园关注领域教学较多,关注整体课程建构较少,只见树木不见森林,以致保教工作缺乏整体统筹和内在一致性,存在幼儿学习与发展目标失当、幼儿学习内容缺失或超载、不同学习活动间缺乏协同等问题。依托"省支持体系",指导幼儿园建设和实施园本学习活动体系,有助于解决这些问题,帮助幼儿园全面贯彻《指南》精神。

第三,探索了在政府主导下,依靠行业组织发挥专业服务和行业自律功能,推进幼儿园课程改革的有效路径。

长期以来,我国省级层面没有足够力量研究与服务幼儿园课程改革,湖南省依托省学会采取的"政府主导、学会负责、课题推进"的做法提供了新的经验。在省教育厅的主导下,省学会充分发挥了行业组织的优势,不仅能够有效解决幼儿园课程改革组织与指导力量不足的问题,还可以发挥行业自律功能,有效带动整个学前教育行业以更加积极主动的姿态参与到全省的幼儿园课程改革行动中。

三、研究的社会反响

(一)得到了政府的充分肯定

一是得到了市县教育行政部门的积极响应。不仅实验区教育行政部门认真开展贯彻《指南》实验,非实验区也积极参加实验。向我们提交实验工作方案和实验工作总结的非实验区市州达 91%(缺一个),非实验区县市区达 40%。

二是得到了省教育厅的大力支持和充分肯定。实验开展以来,省教育厅全面部署实验工作，积极资助实验经费，充分肯定实验成绩。2015年省教育厅副厅长葛建中换岗后特地对省学会彭世华会长说："最近我在调研中发现贯彻《指南》实验的效果确实很好，给全省学前教育带来了前所未有的新气象。一些普通幼儿园的老师都能对《指南》精神讲出一二三来，都说他们的保教活动已经发生了很大变化。现在看来对贯彻《指南》实验怎么重视都不为过，你们要坚定不移抓下去。"2017年王建华副厅长说："贯彻《指南》实验的成绩确实很大，确实抓对了。"2018年王玉清副厅长接任后随即专程到省学会调研实验情况，叮嘱要善始善终抓好这件大事。

三是得到了省政府的充分肯定和大力支持。分管副省长李友志在调研中发现不少地方和幼儿园反映贯彻《指南》带来了新变化，特地于2016年1月在长沙师范学院和省学会召开专题座谈会，对贯彻《指南》实验给予充分肯定，并一次批给实验(资源建设)经费200万元。

(二)得到了学前教育学术界的高度评价

如前所述，中国学前教育研究会原理事长虞永平教授认为，研究和建设"省支持体系"，指导幼儿园建设和实施园本学习活动体系，思路和方法科学，具有重要价值。

华东师范大学周兢教授说："这个课题有四个特点：很准确，对课题的定位和设计很准，对《指南》精神把握很准，对教育部的文件和负责人的讲话理解很准。很实际，立足于幼儿园教育实践的需要，而且确实在幼儿园实践(试行)中获得很好的实效。很科学，从总体设计到一步步推进，每个阶段都有扎实的目标、内容、实施方法和成果。很系统，从贯彻《指南》这个大目标出发，系统研究了概念、理论依据、对象与方法，还有培训和资源，非常不容易。所以我还要说一声：你们'下了一盘大棋'，为省级地方性幼儿园课程提供了'中国方案'。"

东北师范大学王小英教授说："仔细看了这个研究成果，我很受感动。我概括了六句话：'学会引领发展，《指南》落地生根；活动体系完备，推进路径多元；应用效果显著，社会影响巨大。'脚踏实地、开拓进取，做出这样高水平、工作量很大的课题，真的不简单。"

中国教育科学研究院易凌云研究员说："我认为课题有三个显著特点：一是基于理论的'行动研究'。将系统论、建构论等运用于幼儿园学习活动指导体系的设计，对于全面育人有着极为重要的意义；同时也进行了理论建构和理论创新，'幼儿园学习活动支持体系'这一概念的提出就表明了对幼儿园教育和幼儿主体地位的独特认识，也为《指南》在幼儿园保教实践中的有效落实提供了新的视角。二是引领实践的'应用研究'。本研究直接服务于幼儿园落实《指南》，提供普适性的"拐杖"，内容涉及幼儿园学习活动的目标、内容、计划、实施和评价等各个方面，对幼儿园保教活动有着直接的指导意义；令人惊喜的是经过近十年努力形成了极为丰富的研究成果，包括《湖南省幼儿园学习活动指导方案》，以及环境创设、游戏活动、区域活动、生活活动、集体教学活动、户外活动、家园共育等全面完整的支持资料。三是共同成长的'内生研究'。课题由省学会主持，全省各州市区县相关的教研员、园长和教师参与，研究过程本身就实现了'内生性'的专业成长，可以说是专业协会组织引领一线工作者进行'专业行动'的典范。"

西南大学李静教授说："坚持把上位的指导性的纲领意见《指南》落实到幼儿园教育实践层面，进行了十年的理论和实践探索，主体成果《湖南省幼儿园学习活动指导方案》修改了 21 稿。真的不容易，我确实很感动！我觉得学前教育科研就要这样做，这才是真正意义上的研究和探索。"

华南师范大学杨宁教授说："我是广东学前教育学会会长，对各省贯彻《指南》实验的情况也比较了解。像你们这样持续十年抓实验，而且抓出了成效，这是第一家。"

(三)得到了部分兄弟省市的推广运用

实验中我们先后与多个兄弟省市进行了交流，他们普遍认为湖南坚持从实际出发，立意较高、可行性强，适合中西部地区省份借鉴。据不完全了解，《省指导方案》已在四川、江西、湖北、山西、河南、宁夏、贵州等省（自治区）的部分幼儿园，以及北京师范大学出版社、中国少年儿童出版社、上海东方出版中心、湖南教育出版社，得到了不同形式的推广运用。

(四)得到了重要媒体的多次宣传报道

《中国教育报》2020 年 12 月 6 日第一版第一条发表"幼儿园学习活动支持体系建设研究"的长篇专题通讯：《"去小学化"的有效探索——湖南省学前教育贯彻落实〈3—6 岁儿童学习与发展指南〉记》。《湖南教育》2020 年第 11 期卷首语发表"湖南省幼儿园学习活动支持体系研究"主持人彭世华的评论《抓好"基础中的基础"》；同期第一篇发表长篇专题通讯：《"去小学化"的有效探索——湖南省学前教育贯彻〈指南〉实验记》。此外，《湖南日报》《新湖南》等媒体先后多次对研究予以报道。

四、研究的后续设想

本研究虽然历时十年，取得了可喜的成果，但由于幼儿园课程改革是一项长期事业，需要持续研究与实践，因此省学会决定常设课题组，在持续的行动研究中不断完善"省支持体系"，探索更多适合于不同区域和幼儿园的实践模式；同时，努力将"省支持体系"应用于广大农村幼儿园，让更多幼儿和教师受益。

第二章

湖南省幼儿园 3～4 岁幼儿学习活动指导方案

Chapter Two

　　为便于教师把握和实施，我们分 3～4 岁、4～5 岁、5～6 岁三个年龄段，为幼儿园提供了进行园本学习活动顶层设计和总体安排的指导方案，分别在第二章、第三章和第四章进行说明。每个年龄段的学习活动指导方案均由幼儿学习与发展的合理期望、幼儿学习的基本内容、幼儿园学习活动的计划、幼儿园学习活动的实施、幼儿园学习活动的评价五个部分组成。

第一节　湖南省 3～4 岁幼儿学习与发展的合理期望

　　从内涵上看，本体系中提出的幼儿学习与发展的合理期望，相当于幼儿园课程目标。确立幼儿学习与发展的合理期望，是提高幼儿园保教质量和克服"小学化"倾向的基本依据，是建设促进学前教育科学发展的有效保障机制的前提。由于合理期望的确定是一个专业性极强、复杂度极高的工作，大多数幼儿园难以完全自主完成，因此，我们组织专家团队经过数年系统研究，依据《指南》的基本框架，结合湖南实际提出了湖南省幼儿学习与发展的合理期望，为湖南省幼儿园制定园本课程目标提供了一个参照系，幼儿园只需要结合本地本园的特殊情况进行微调即可，大大减轻了幼儿园制定园本课程目标的任务负担和工作难度。本"合理期望"沿袭《指南》的基本架构，分五大领域，从目标、典型表现、基本理解或举例三个层面提出。其中：

　　"目标"沿袭《指南》的框架，共 32 个，指出了各领域中幼儿学习与发展的最基本、最重要的项目，大致反映了湖南省幼儿学习与发展的方向。

　　"典型表现"对各年龄段幼儿在各个目标中学习与发展的具体期望，大致从范围、状态以及量值的角度，提出了湖南省幼儿学习与发展的一般水准。从以前笼统的幼儿教育目标到分年龄段提出合理期望，有利于分年龄段选取幼儿学习内容和设计学习活动，降低建设园本学习活动体系的难度。

　　"基本理解或举例"对一些比较模糊、抽象、难以把握的典型表现进行解释，以便幼儿园教师理解和操作。比如，3～4 岁幼儿健康领域第一条目标第二个典型表现"在提醒下能自然坐直、站直"，究竟什么才叫"坐直"，如何才叫"站直"，为统一认识，给予了具体说明。

　　湖南省 3～4 岁幼儿学习与发展的合理期望是依据《指南》和湖南省的整体情况，针对湖南省 3～4 岁年龄段的幼儿在 4 岁末期"应该知道什么""能做什么""大致可以达到什么发展水平"等问题进行的具体说明。但由于幼儿学习与发展的个体差异、幼儿园办园条件及地区经济社会发展差异的广泛存在，幼儿园小班教师应当在湖南省 3～4 岁幼儿学习与发展的合理期望的基础上，综合运用观察、访谈、测量、作品分析等方法，逐步建立本园 3～4 岁幼儿学习与发展的合理期望，并在小班一年的学习活动过程中动态灵活地把握。不可生搬硬套，更不可简单地将"合理期望"当作硬性的教学目标或当作评价幼儿学习与发展水平的"标尺"。

一、湖南省 3～4 岁幼儿健康领域学习与发展的合理期望

湖南省 3～4 岁幼儿健康领域学习与发展的合理期望一共由 9 个目标和 40 条典型表现组成，部分典型表现以"基本理解或举例"的方式，就教师在理解或实施时可能会把握不清的问题进行了说明。具体内容如下。

目标 1：具有健康的体态

典型表现	基本理解或举例
身高和体重适宜。	在以下数值范围内都属于适宜： 男孩：身高 94.9～111.7 厘米；体重 12.7～21.2 公斤。 女孩：身高 94.1～111.3 厘米；体重 12.3～21.5 公斤。
在提醒下能自然坐直、站直。	坐直：背部挺直，双臂自然下垂。 站直：头颈正直，挺胸直背，双腿挺直，双臂自然下垂。
在成人的引导下积极面对健康体检。	略

注：身高和体重数据来源于《2006 年世界卫生组织儿童生长标准》4 周岁儿童身高和体重的参考数据。

目标 2：情绪安定愉快

典型表现	基本理解或举例
情绪比较稳定，很少因一点小事哭闹不止。	略
有比较强烈的情绪反应时，能在成人的安抚下逐渐平静下来。	比较强烈的情绪反应：大哭大闹、发脾气、尖叫、咆哮、歇斯底里。
与父母分离时能克服情绪困扰。	略
能经常保持愉快心情。	略

目标 3：具有一定的适应能力

典型表现	基本理解或举例
能在较热或较冷的户外环境中活动。	较热：35℃≥户外温度≥28℃。 较冷：10℃≤户外温度≤17℃。 例如：在炎热的夏季或寒冷的冬季能在户外活动。
换新环境时情绪能较快稳定，睡眠、饮食基本正常。	换新环境：新入园或更换幼儿园、更换睡眠环境、走亲访友、旅游等从比较熟悉的环境换到较陌生的环境。

续表

典型表现	基本理解或举例
在帮助下能较快适应集体生活。	适应集体生活的主要表现：愿意上幼儿园，不哭闹，愿意与人说话，自主大小便，主动喝水，自己吃饭，愿意玩幼儿园的玩具，愿意参与教师组织的活动等。 不适应集体生活的表现：哭闹，不愿上幼儿园，来园后憋大便、尿裤子，喝水少，吃饭难，拒绝玩幼儿园的玩具，不愿参与活动等。
冬天不穿过厚的衣服。	略
喜欢尝试不同的食物。	略

注：户外气温数值来源于天气网，根据湖南省历年 5 月至 7 月白天平均气温和 11 月至次年 1 月白天平均气温分别确定"较热"和"较冷"的气温数值范围。

目标 4：具有一定的平衡能力，动作协调、灵敏

典型表现	基本理解或举例
能沿地面直线或在较窄的低矮物体上走一段距离。	较窄的低矮物体：高度在 20 厘米以下的平衡木，板凳、花坛的边沿或者其他类似的低矮物体。
能双脚灵活交替上下楼梯。	1. 灵活是指动作自然、流畅。 2. 供幼儿使用的楼梯踏步高度宜为 0.13 米，宽度宜为 0.26 米，楼梯踏步面应采用防滑材料。
能身体平稳地双脚连续向前跳。	身体平稳：身体没有出现明显的左右晃动等情况。
分散跑时能躲避他人的碰撞。	略
能双手向上抛球。	软皮球。

注：楼体踏步数据来源于《托儿所、幼儿园建筑设计规范》JGJ 39-2016(2019 年版)。

目标 5：具有一定的力量和耐力

典型表现	基本理解或举例
能双手抓杠悬空吊起 10 秒左右。	1. 适合幼儿抓握的单杠、杆子。 2. 软垫、沙坑或其他可以起到安全保护作用的材料、场地。
能单手将沙包向前投掷 2 米左右。	正确投掷姿势：正对投掷方向，两脚左右开立，右手持沙包高举至头上方，向后伸展，眼看投掷方向，自然挥臂将沙包向前上方投出。
能单脚连续向前跳 2 米左右。	单脚跳过程中不停顿。
能快跑 15 米左右。	快跑：心率达到 144 次/分左右。
能行走 1 公里左右(途中可适当停歇)。	例如：家庭散步时，能自主行走 1 公里左右。幼儿在行走途中可适当停歇，停歇时间不超过 2 分钟。

035

目标 6：手的动作灵活协调

典型表现	基本理解或举例
能用笔涂涂画画。	1. 提供铅笔、粉笔、石笔等文具。 2. 适合幼儿涂鸦的纸、石板、地板等。
能熟练地用勺子吃饭。	熟练：动作自然、流畅，在吃饭过程中掉饭较少。例如：握勺姿势正确、力度恰当、动作协调，不撒饭。
能用剪刀沿直线剪，边线基本吻合。	基本吻合：与边线的间距不超过 1 毫米。

目标 7：具有良好的生活与卫生习惯

典型表现	基本理解或举例
在提醒下，按时睡觉和起床，并能坚持午睡。	略
喜欢参加体育活动。	在活动中表现出积极、愉快的情绪。
在引导下，不偏食、挑食。喜欢吃瓜果、蔬菜等新鲜食品。	不偏食、挑食：对自己喜爱的食物有节制，对不喜爱的食物也不拒绝。
吃饭细嚼慢咽但不磨蹭。	略
愿意饮用白开水，不贪喝饮料。	略
不用脏手揉眼睛，连续看电视等不超过 15 分钟。	略
在提醒下，每天早晚刷牙、饭前便后洗手。	略

目标 8：具有基本的生活自理能力

典型表现	基本理解或举例
在帮助下能穿脱衣服或鞋袜。	略
练习扣扣子。	略
能将玩具和图书放回原处。	略

目标 9：具备基本的安全知识和自我保护能力

典型表现	基本理解或举例
不吃陌生人给的东西，不跟陌生人走。	略
在提醒下能注意安全，不做危险的事。	危险的事：危害生命安全的事，如玩火、爬窗台、触摸电源插孔等。

续表

典型表现	基本理解或举例
在公共场所走失时，能向警察或有关人员说出自己和家长的名字、电话号码等简单信息。	略
运动时会躲避他人。	略
走失或遇到危险时知道呼救或者找警察。	略

二、湖南省 3～4 岁幼儿语言领域学习与发展的合理期望

湖南省 3～4 岁幼儿语言领域学习与发展的合理期望一共由 6 个目标和 30 条典型表现组成，部分典型表现以"基本理解或举例"的方式，就教师在理解或实施时可能会把握不清的问题进行了说明。具体内容如下。

目标 1：认真听并能听懂常用语言

典型表现	基本理解或举例
别人对自己说话时能注意听并做出回应。	注意听：目光注视对方，无关动作少，表现出倾听的意识和行为。 回应：能根据对话情境和内容，用动作、表情、言语等对交流对象做出适当的反应。
乐意听老师和同伴讲话。	略
能基本听懂普通话。	略
听别人讲话时，能保持安静，不打断别人说话。	略
能听懂日常会话。	针对"你叫什么名字""你在做什么呢"等问题，能听懂并能做出相应回应。
喜欢听韵律感强的诗词、儿歌、绕口令、童谣。	略

目标 2：愿意讲话并能清楚地表达

典型表现	基本理解或举例
愿意在熟悉的人面前说话，能大方地与人打招呼。	主动问好。例如：早上进班级能主动说："老师，早上好。"打招呼时眼睛看着对方，声音洪亮，动作自然、不扭捏。
基本会说湖南本地方言；愿意使用普通话。	能用本民族或本地区的语言和普通话简单地与人对话，表达自己的想法。
愿意表达自己的需要和想法，必要时能配以手势动作。	有需要或想法时，能用语言表达出来。例如：主动说"我要喝水"，或者做出喝水的动作。

续表

典型表现	基本理解或举例
知道在集体面前要大声发言，在个别交谈时音量要适当。	略
能口齿清楚地说儿歌、童谣或复述简短的故事。	略
会用简单的语言回答问题，表达自己的请求、愿望、感情与需要等，能讲述图片和自己感兴趣的事。	略
基本会使用名词、动词、代词以及简单的形容词，并会说完整的简单句。	例如：称呼常见的人、日常用品、常见动物等；能使用"走""跑""跳""玩""拍"等动词；能使用"你""我""他/她/它"。

目标 3：具有文明的语言习惯

典型表现	基本理解或举例
与别人讲话时知道眼睛要看着对方。	教师在与幼儿谈话时，注意观察幼儿的眼睛是否看着教师。教师与幼儿围绕熟悉或感兴趣的话题自然地交谈，如"你最喜欢什么玩具"。
说话自然，声音大小适中。	说话自然的表现：语速适中、表情自然、不扭捏，表达时不胆怯、不过分紧张，没有节律性障碍如口吃等。
能在成人的提醒下使用恰当的礼貌用语。	常用的礼貌用语：谢谢、请、您好、对不起、没关系、早上好、再见等。

目标 4：喜欢听故事，看图书

典型表现	基本理解或举例
主动要求成人讲故事、读图书。	略
喜欢跟读韵律感强的儿歌、童谣。	韵律感强的儿歌或童谣的特征：旋律轻快、节奏感强、押韵、朗朗上口，幼儿读或唱时伴有愉悦的表情或者动作。
愿意欣赏并初步感受和理解不同体裁的幼儿文学作品。	略
爱护图书，不乱撕、乱扔。	略

目标 5：具有初步的阅读理解能力

典型表现	基本理解或举例
能听懂短小的儿歌或故事。	听完儿歌、童谣或故事之后，能简单复述故事，要求发音清晰、正确。

典型表现	基本理解或举例
会看画面，能根据画面说出图中有什么、发生了什么事等。	教师指导幼儿看图片，要求幼儿看完后用语言描述图片内容。
回答与故事中的角色和主要情节有关的简单问题。	略
知道可以用一段话来讲述一幅图的含义。	略
能理解图书上的文字是和画面对应的，是用来表达画面意义的。	略
尝试自己阅读图书。	略
学习正确的阅读方法，会按顺序翻阅图书，看出图书画面内容的主要变化。	略
能仿编较简单的儿歌、散文和故事等。	略

目标 6：具有书面表达的愿望和初步技能

典型表现	基本理解或举例
喜欢用涂涂画画表达一定的意思。	在区角中投放供幼儿涂涂画画的材料，如各种不同类型的纸、笔、颜料等专门的涂画材料，以及沙地、树枝等可以用于涂画的自然材料。 用涂涂画画表达一定的意思：如幼儿画一个圆圈，里面点了许多小点，说"这是我们班小朋友，相亲相爱一家人"。
对文字感兴趣，知道文字可以表达一定的意思。	通过为幼儿读书本或指示牌上的文字，以及把幼儿讲过的话用文字记录下来并念给他听等方式，让幼儿体验文字的用途。

三、湖南省 3～4 岁幼儿社会领域学习与发展的合理期望

湖南省 3～4 岁幼儿社会领域学习与发展的合理期望一共由 7 个目标和 27 条典型表现组成，部分典型表现以"基本理解或举例"的方式，就教师在理解或实施时可能会把握不清的问题进行了说明。具体内容如下。

目标 1：愿意与人交往

典型表现	基本理解或举例
愿意和小朋友一起游戏。	当班级同伴发出游戏邀请时能积极参与。
愿意与熟悉的长辈一起活动。	例如：愿意和爷爷奶奶、爸爸妈妈一起外出游玩，愿意和班级教师一起游戏等。

目标 2：能与同伴友好相处

典型表现	基本理解或举例
想加入同伴的游戏时，能友好地提出请求。	例如：想加入其他小伙伴的游戏时，可以说："我和你们一起玩好吗？"
在成人指导下，不争抢、不独霸玩具。	例如：教室里添置了新玩具，特别想玩时，能在教师的协调下轮流玩或合作玩。
更喜爱和同伴一起玩，而不是成人的陪伴。	略
能主动与同伴交流想法。	例如：邀请另一儿童一起玩或表示到时间该互换角色了。
与同伴发生冲突时，能听从成人的劝解。	例如：游戏中与小伙伴发生了矛盾，在双方情绪都很激动的情况下能接受成人的调解，并平缓情绪。

目标 3：具有自尊、自信、自主的表现

典型表现	基本理解或举例
能根据自己的兴趣选择游戏或其他活动。	例如：自己决定玩什么、怎么玩，做什么、怎么做。
为自己的好行为或活动成果感到高兴。	做了好事或取得某项成就时心情愉快，愿意表述。例如：自己用纸折出了小狗，高兴地向家长、老师介绍自己的作品。
自己能做的事情愿意自己做。	这时期的儿童既有高度的依赖性，又努力表现自己的独立，开始体验靠自己的活动来满足自己的需要，如人们常听到的"我自己来""我要"等表达方式。
喜欢承担一些小任务。	小任务：教师请幼儿帮忙做一些力所能及的公益劳动。

目标 4：关心尊重他人

典型表现	基本理解或举例
长辈讲话时能认真听，并能做出相应的回应。	相应的回应：与情境相符的反应，如对长辈的话表示出理解、好奇、疑问、赞许等态度。
身边的人生病或不开心时表示同情。	在家人或其他小朋友生病等情况下表现出难过的情绪，以及安慰或帮对方擦眼泪的行为等。例如：妈妈感冒了，问妈妈哪里不舒服，表现出难受的样子。
在提醒下能做到不打扰别人。	观察幼儿在教师表情或手势的提醒下是否能停止一些动作或声音，做到不打扰别人。

目标 5：喜欢并适应群体生活

典型表现	基本理解或举例
对群体活动有兴趣。	群体活动：有 2 人以上参与的活动。
对幼儿园的生活好奇，喜欢上幼儿园。	1. 愿意在家里谈论幼儿园。 2. 入园后能很快投入活动中，不哭闹。

目标 6：遵守基本的行为规范

典型表现	基本理解或举例
在提醒下，能遵守游戏和公共场所的规则。	例如：在游戏中或在马路、公园、商店、电影院等公共场所活动时，能根据成人或同伴的提醒遵守相应的规则。
了解集体生活中的基本规则和一日生活主要环节的要求。	略
理解幼儿园日常生活中教师发出的规则信号。	略
知道不经允许不能拿别人的东西，借别人的东西要归还。	例如：当自己想玩同伴的玩具时能主动与其商量："你的玩具借给我玩一下，好吗？"玩完后能将玩具还给同伴。
在成人提醒下，爱护玩具和其他物品。	略

目标 7：具有初步的归属感

典型表现	基本理解或举例
知道和自己一起生活的家庭成员及与自己的关系，体会到自己是家庭的一员。	例如：知道爸爸、妈妈、爷爷、奶奶等是自己的亲人，知道自己和他们是一家人，了解家人之间的关系。知道父母是生养自己的人，能说出父母的姓名、工作、电话；知道爷爷奶奶是父母的长辈，尊敬长辈。
能感受到家庭生活的温暖，爱父母，亲近与信赖长辈。	例如：用语言表达"我爱妈妈""我爱爸爸"等对亲人的喜爱的情感，与亲人（尤其是父母）进行身体接触时非常愉悦，有任何想法和意愿时能大胆与长辈交流。
熟悉幼儿园的环境。	略
了解我国主要民间传统节日的名称及庆祝方式，参与节日庆祝，感受节日的快乐。	略
能说出自己家所在街道、小区（乡镇、村）的名称。	略
认识国旗，知道国歌。	例如：看到五星红旗时知道是我国的国旗，听到《义勇军进行曲》时知道是我国的国歌。

四、湖南省 3～4 岁幼儿科学领域学习与发展的合理期望

湖南省 3～4 岁幼儿科学领域学习与发展的合理期望一共由 6 个目标和 26 条典型表现组成，部分典型表现以"基本理解或举例"的方式，就教师在理解或实施时可能会把握不清的问题进行了说明。具体内容如下。

目标 1：亲近自然，喜欢探究

典型表现	基本理解或举例
喜欢接触大自然，对周围的很多事物和现象感兴趣。	兴趣：容易被周围的事物和现象吸引，注意时间较长，而且喜欢提问"这是什么""那是什么"。 大自然：水、空气、山脉、河流、植物、动物、微生物、地球、宇宙等，都属于大自然的范畴。 例如：对小蝌蚪非常感兴趣，乐意去观察、了解小蝌蚪的生活习性和外形变化。
经常问各种问题，或好奇地摆弄物品。	好奇地摆弄物品：以探究为目的对物品进行摆弄，如尝试用多种办法打开包装盒，尝试把几个零件拼装成一个完整的物品，等等。

目标 2：具有初步的探究能力

典型表现	基本理解或举例
对感兴趣的事物能仔细观察，发现其明显特征。	明显特征：主要指事物的外形特征，包括颜色、大小、形状等。
能用多种感官或动作去探索物体，关注动作所产生的结果。	多种感官：对应视觉、听觉、触觉、嗅觉、味觉等。 例如：将白糖放入水杯中，会用勺子在水杯中搅拌，观察水的颜色变化，品尝水的味道等。

目标 3：在探究中认识周围事物和现象

典型表现	基本理解或举例
认识常见的动植物，能注意并发现周围的动植物是多种多样的。	常见：全国普遍都有的典型动植物（鸡、鸭、鱼、白菜等）及当地具有代表性的动植物（四川的大熊猫、新疆的骆驼）。
能感知和发现物体的软硬、光滑和粗糙等特性。	主要指通过触觉感知各种物体的特性。
能感知和体验天气对自己生活和活动的影响。	例如：能结合自己的生活经验，说出晴天、阴天、雨天、雪天等不同的天气情况下自己能够做哪些事情。
初步了解和体会动植物和人们生活的关系。	关系：动植物给人们的生活带来的好处。例如：知道狗帮助人们看家，猫帮助人们抓老鼠，奶牛为人们提供牛奶，稻子为人们提供大米，果树为人们提供水果，等等。

目标 4：初步感知生活中数学的有用和有趣

典型表现	基本理解或举例
感知和发现周围物体的形状是多种多样的，对不同的形状感兴趣。	1. 说出身边物体的形状。 2. 对生活中常见物品的不同形状感兴趣。
体验和发现生活中很多地方都用到数。	例如：发现生活中离不开数，电话号码、时钟、日历、门牌等都是用数字表示的，买东西时要计算物品的价格和数量等。

目标 5：感知和理解数、量及数量关系

典型表现	基本理解或举例
能感知和区分物体的大小、多少、高矮长短等量方面的特点，并能用相应的词表示。	在两两比较的情况下，用语言描述物体在量上的相同与不同。
能通过一一对应的方法比较两组物体的多少。	将两种物体用重叠、并置、连线的方式进行数量的对应比较，比出多少。例如：比较 4 只小兔与 3 个萝卜谁多谁少时，在每只小兔旁边放 1 个萝卜，进行对应比较，得出小兔的数量比萝卜的数量多 1 个。
能手口一致地点数 5 个以内的物体，并能说出总数。能按数取物。	按 5 以内数量的实物范例的数目或指定数目取出相应物体。
能用数词描述事物或动作。	例如：能说出"我有 3 个玩具""他跳了 2 下"等。
在动作的基础上，理解"1"和"许多"之间的关系。	例如：一个一个的苹果，合起来就是许多个苹果；许多个苹果可以分成一个一个的苹果。
根据标记将相同的物体集中在一起，进行简单的归类。	略
按物体的一种外部特征（颜色、形状、大小、高矮、长短等）进行简单的分类。	略
能进行 20 以内的唱数。	略
通过直接感知说出 5 以内物体的数量。	不通过点数，仅通过目测就能直接说出数量。
根据数量属性将数量为 5 以内的集合分类。	略
用点子等非正式方法表示 5 以内的数量。	略
按数量多少将 5 以内的物体集合进行排序。	略

续表

典型表现	基本理解或举例
按大小、长短等差异对 5 以内的物体集合进行排序。	略

目标 6：感知形状与空间关系

典型表现	基本理解或举例
能注意物体较明显的形状特征，并能用自己的语言描述。	例如：能说出碗是"圆圆的"、桌子是"方方的"等。
借助分割线的提示进行简单的图形组合。	略
能感知物体基本的空间位置与方位，理解上下、前后、里外等方位词。	例如：能说出"垃圾桶在凳子后面""玩具在桌子上面""图书在书包里面"。

五、湖南省 3～4 岁幼儿艺术领域学习与发展的合理期望

湖南省 3～4 岁幼儿艺术领域学习与发展的合理期望一共由 4 个目标和 11 条典型表现组成，部分典型表现以"基本理解或举例"的方式，就教师在理解或实施时可能会把握不清的问题进行了说明。具体内容如下。

目标 1：喜欢自然界与生活中美的事物

典型表现	基本理解或举例
喜欢观看花草树木、日月星空等大自然中美的事物。	有触摸树叶或花、观察叶脉、追逐蝴蝶等行为，并表现出一定的专注性。
容易被自然界中的鸟鸣、风声、雨声等好听的声音所吸引。	做出倾听的表现。例如：停止说话或无关动作，侧耳倾听或好奇地提问"这是什么声音"。
对好看的生活物品感兴趣。	略

目标 2：喜欢欣赏多种多样的艺术形式和作品

典型表现	基本理解或举例
喜欢听音乐或观看舞蹈、戏剧等表演。	例如：听音乐时有哼唱或跟随音乐做动作的行为；观看舞蹈、戏剧时注意力稳定，并有一定的持久性。
乐于观看绘画、泥塑或其他艺术形式的作品。	例如：在发现绘画、粘贴、泥塑等作品时，有触摸、提问等探索行为。

目标 3：喜欢进行艺术活动并大胆表现

典型表现	基本理解或举例
经常自哼自唱或模仿有趣的动作、表情和声调。	例如：哼唱熟悉的歌曲，模仿歌曲中的有趣动作或表情，等等。
经常涂涂画画、粘粘贴贴并乐在其中。	涂画、粘贴每周 3 次以上，并表现出开心和投入。

目标 4：具有初步的艺术表现与创造能力

典型表现	基本理解或举例
能模仿学唱短小歌曲。	短小歌曲：乐句不超过 4～6 句，音域在 c1～a1（小字一组 do～小字一组 la）之间，节奏以四分音符、八分音符为主，如《我爱我的小动物》《哈巴狗》等。
能跟随熟悉的音乐做身体动作。	随着歌词的内容和音乐的节奏做出拍手、跺脚、拍肩等动作。
能用声音、动作、姿态模拟自然界的事物和生活情景。	1. 教师限定自然界的某一事物或某一生活情景。 2. 幼儿能根据要求用声音、表情、动作、姿态等表现出这一主题。
能用简单的线条和色彩大体画出自己想画的人或事物。	能表现熟悉物体的粗略特征。

第二节　湖南省 3～4 岁幼儿学习的基本内容

一、湖南省 3～4 岁幼儿健康领域学习的基本内容

（一）身心状况

五官和四肢的名称及作用；自己的性别；正确的坐、立、行姿势；不怕黑、不怕生；爱惜自己的身体，喜欢自己；简单的自我保护方法；积极配合疾病预防与治疗；愉快情绪的正确表达方式；平复消极情绪的简单方法；正确的集体生活方式，如独立用餐、在教师的引导下安静地午睡等。

（二）动作发展

1. 大肌肉运动方面

常见的体育运动与游戏的名称、好处及玩法；听口令和信号做出相应动作；正确的走、跑、跳跃、掷远动作，正面钻、爬等动作；攀登较矮的攀登设备；上下楼梯的方法；玩滑梯、跷跷板等中小型运动器械游戏及其他大肌肉运动类体育活动的乐趣与正确方法；玩大型体育活动器械时能注意安全，能合作收拾小型体育器材；参与集体模仿操的乐趣；服从集体运动指令的意识与能力，如较合拍地做模仿操。

2. 精细动作方面

手的结构与各部位名称及功能；手指配合开展活动和完成任务的乐趣；控制小肌肉较协调地完成拧、捏、抓、夹等简单的动作；手眼协调地完成简单的自我服务和游戏任务。

(三)生活习惯与生活能力

1. 生活与卫生习惯方面

常见食物的名称和主要作用；健康生活的简单知识，如吃健康食品，讲究营养均衡，多喝白开水、不喝生水、少喝冷饮等；健康生活的正确方法和初步习惯，如正确的洗手方法，饭前便后洗手、饭后擦嘴与漱口的习惯，早晚刷牙的方法与习惯，等等。

2. 生活自理方面

简单的生活自理方法与习惯，如正确使用小勺吃饭，使用自己的毛巾和手帕，独立上厕所，定时大小便，正确使用手纸，自己穿脱衣服和鞋袜并将其整齐摆放在固定的地方，等等。

3. 安全自护方面

基本的安全自护的正确方法与习惯，如遵守各项体育活动的规则，不推挤，不做危险动作，不单独到陌生的场所，不吃陌生人的东西，不跟陌生人走，等等。

二、湖南省3~4岁幼儿语言领域学习的基本内容

(一)倾听与表达

简单的礼貌用语，如"请""谢谢""对不起""早上好"等；与人谈话的正确方法，如眼睛看着对方，语气、表情自然大方，语速、声音大小适中；本民族、本地区的基本日常用语；用正确的方式与人交谈的乐趣；听故事和讲故事的乐趣；在成人的提醒下使用礼貌用语；复述听到的简短故事；讲述身边发生的事情；仿编简单的句子。

(二)阅读与书写准备

韵律感强的短小儿歌、童谣，以及短小有趣、对话性强、以动物为主要角色的故事；内容简单的绘本；绘本阅读的乐趣和满足感；绘本阅读的基本方法；看图讲故事。

三、湖南省 3～4 岁幼儿社会领域学习的基本内容

(一)身体管理

自己身体的基本外部特征；从性别和外形等特征上初步比较自己与他人；自己的姓名、性别、年龄等基本信息；表达基本生理需要的意识与能力，如上厕所、喝水等；初步的自我保护意识与方法；简单的生活自理技能。

(二)情绪管理

喜、怒、哀、乐、惧等常见情绪的名称和特点；运用动作或表情来表达情绪的正确方法；造成负面情绪的原因；处理常见负面情绪的正确方法。

(三)物品管理

在教师提醒下能主动将自己的物品放在指定的位置；能根据教师的要求将用过的材料放回指定地方；喜欢承担一些物品管理的小任务，有初步的责任意识。

(四)学习品质

对事物有好奇心；短暂地专注做一件事(5～10 分钟)，遇到问题时会寻求帮助；有目的地摆弄与探索材料；能主动适应教室内一些简单的例行性转换；能独立从事活动，觉得自己很能干。

(五)人际认知

认识幼儿园中的同伴和教师；初步了解自己与他们的关系。

(六)人际情感

觉察与辨识常接触的人的情绪；适当地表达生活环境中他人的情绪；理解常接触的人及其情绪产生的原因。

(七)人际交往

日常生活中的基本交往礼仪，如使用礼貌用语，到别人家做客和在自己家招待客人的基本礼仪等；想加入同伴游戏时，能友好地提出要求；在成人指导下，不争抢、不独霸玩具；与同伴发生冲突时，能听从成人的劝解；长辈讲话时能认真听，并能听从长辈的要求。

(八)社会认知

了解集体生活中的基本规则，了解一日生活中主要环节的要求；理解幼儿园日常生活中教师发出的规则性信号；认识基本的社会机构；了解为自己服务和帮助自己的人。

(九)社会情感

对群体活动有兴趣；对幼儿园的生活好奇，喜欢上幼儿园。

(十)社会归属感

逐步熟悉幼儿园的环境；知道和自己一起生活的家庭成员及其与自己的关系，

体会到自己是家庭的一员；家庭和幼儿园环境，如家庭和幼儿园的地址、电话、主要设施、家庭成员等；了解我国主要民间传统节日（如春节）的名称及庆祝方式，参与节日庆祝，感受节日的快乐；家乡和祖国的名称等。

四、湖南省3~4岁幼儿科学领域学习的基本内容

(一)科学探究

1. 生命科学

辨别各种动物和植物的基本、外显特征（如颜色、大小和形状）；知道生物是由不同的部分组成的（如植物有根、茎、叶子）；认识人体的外部特征及各部位的作用（如嘴巴吃东西、耳朵听声音等）；知道生物有各种需要；知道生物有各种各样的行为（如觅食行为、自我保护行为等）；知道动物和植物都会不断变化（如小兔子会长大）；能将生物的特征与年龄建立联系（如老爷爷的头发是花白的）；感知周围的动植物是多种多样的；开始理解在相似的环境中，可以找到相似的生物（如根据已有的经验或观察，期望在池塘里找到青蛙、鱼或者水草）；对生物进行基本的比较（如哪个更高、更快等）；发现动物与植物需要环境中的水、空气和光才能得以生存；感受动植物与人们的生活是相关的。

2. 物质科学

感知物体和材料具有软硬、光滑和粗糙等特性；在操作中发现液体会流动；感知液体的颜色、味道不同；尝试将不同的液体进行混合；感知没有生命的物体自己不会动，需要被推、拉、扔或其他作用于它的动作才会动；初步感知和体会推或者拉可以改变物体的位置和运动状况；感知不同的物体放在水里会产生不同的结果；感知自然界各种不同的声音；体验不同的声音代表不同的意义；感知不同的物体会发出不同的声音；感知光有明暗（亮度）；发现光有不同的来源；发现光能够产生影子；感知磁铁能够吸铁；感知有的物体热，有的物体冷。

3. 地球与空间科学

知道地球上有很多物质，包括岩石、土壤、水分、大气等；认识到我们周围有空气，空气是看不见、摸不着的；了解沙、石、土、水的基本特征（如土壤的颜色、软硬等）；感知各种天气现象（如阴、雨、晴）；感知和体会天气是会变化的；体验常见的天气、气温的变化（如下雪天寒冷、晴天温暖）；学习使用常见的表示天气的词汇（如雨、雪、晴）；认识到太阳和月亮存在于天空中；知道太阳和月亮的位置是不断变化的；知道和使用与天空特征有关的词汇（如太阳、月亮、星星、云）；知道人类生活在地球上；感知和体验天气对自己生活和活动的影响（如下雨了，我不能出去玩）。

4. 科学技术

剪刀、夹子、锤子等常用工具的名称、作用及其基本使用方法；身边常见的家

用电器和交通工具；运用常用的简单工具进行探索和制作的乐趣；运用生活中常见的工具对简单材料进行简单加工的技能；运用科学技术知识进行科学小制作的简单方法。

(二)数学认知

1. 集合与统计

根据范例和口头指示从一堆物体中分出一组物体，按物体的某一特征(颜色、大小、形状等)进行分类；"1"和"许多"的含义及其关系；用一一对应的方法比较两组物体的多、少和一样多(物体个数在 5 以内)；按物体量的差异特征(大小、长短、高矮)进行数量在 5 以内物体的正逆排序；按一个外部特征(颜色、形状、大小等)进行简单的模式排序。

2. 量

量的比较与自然测量的兴趣；比较物体的大小、长短和高矮；从 5 个以内物体中找出并说出最大(长、高)的和最小(短、矮)的物体。

3. 数

手口一致地点数 5 以内的物体；体验数的作用；按数取物(5 以内)。

4. 时间

理解早、晚(白天、黑夜)的时间概念，学习正确运用这些时间词汇。

5. 空间

几何形体，如圆形、正方形、三角形的名称，区分圆形、正方形、三角形，用圆形、正方形、三角形进行简单的组合拼搭；空间方位，如区分上下、前后、里外的空间方位。在教师引导下，能注意周围环境中物体的形状和数量。

五、湖南省 3～4 岁幼儿艺术领域学习的基本内容

(一)感受与欣赏

生活环境中的各种声音的特点，如活动室教师上课和小朋友说话的声音，风吹树枝摇动的声音，脚踏落叶的沙沙声，大雨哗哗声等；结构短小的歌曲或有标题的器乐曲，如《我爱我的小动物》《兔子和狼》等；自然界及周围环境中美的事物，如春天五颜六色的花，秋天各种颜色的树叶等；常见的物品中的美，如衣服的颜色、围巾的图案；倾听生活中的各种声音的乐趣；欣赏音乐和绘画、泥塑、纸工等美术等艺术作品的乐趣；等等。

(二)表现与创造

用自然的声音唱儿歌的乐趣；用生活中常见的物品进行打击乐演奏的乐趣；用生活中常见的物品进行美工创作的乐趣；用自然的声音集体演唱音域在 $c1～g1$ 之

间的歌曲；用简单的动作表现音乐形象；用生活中的材料进行简单的创造性声音表现；用涂画、粘贴、拼装等方式进行美工制作；和同伴一起用多种方式表现自己想象的人或事物。

第三节　湖南省幼儿园3～4岁幼儿学习活动的计划

一、湖南省幼儿园3～4岁幼儿园本学习活动体系

"幼儿园学习活动体系"是指幼儿园各类学习活动的总体安排，包括幼儿学习与发展的合理期望、幼儿学习的基本内容、幼儿园学习活动的计划、幼儿园学习活动的实施和幼儿园学习活动的评价五个部分。它是幼儿园保教工作的顶层设计，是幼儿园保教质量的关键决定因素。"园本学习活动体系"是指幼儿园在结合本地本园实际实施"幼儿园学习活动指导体系"的过程中，依据幼儿的实际经验、兴趣与需要不断进行调整，最终形成真正适宜本园的园本化的学习活动体系。真正高质量的幼儿园学习活动体系一定是园本化的。

3～4岁幼儿园本学习活动体系是幼儿园的园本学习活动体系中针对3～4岁年龄段幼儿的部分。其制定步骤如下。

第一步，在把握3～4岁幼儿学习与发展的合理期望内涵的基础上，结合本地本园实际，对本园幼儿学习与发展的目标和典型表现进一步地方化和园本化，形成本园3～4岁幼儿学习与发展的合理期望。

第二步，在把握3～4岁幼儿学习的基本内容内涵和本园幼儿学习与发展的目标的基础上，分析和选取本地自然和人文资源、本园特色的学习活动内容，形成本园幼儿学习与发展的内容。

第三步，在把握幼儿园3～4岁幼儿学习活动的实施内涵和本园幼儿学习与发展的内容的基础上，科学确定本园3～4岁幼儿学习活动的具体安排。

第四步，在把握幼儿园3～4岁幼儿学习活动的计划内涵和本园幼儿学习活动的实施途径的基础上，科学安排本园的学期、月和周学习活动，以及一日活动安排。

第五步，在把握幼儿园3～4岁幼儿学习活动的评价内涵的基础上，结合本园实际，确定本园学习活动的评价内容和方法，以形成完整的3～4岁幼儿学习活动方案。

第六步，依托3～4岁幼儿年龄班教研组，在实施3～4岁幼儿学习活动方案的过程中，依据本园3～4岁幼儿的实际经验、兴趣与需要不断进行调整，并不断建设和积累相关的学习活动资源，经过至少三轮的实施、修订和完善后，提炼形成完整的3～4岁幼儿园本学习活动体系，并在后续的实施中持续进行完

善和优化。

二、湖南省幼儿园 3～4 岁幼儿班级学期工作计划

3～4 岁幼儿班级学期工作计划依据 3～4 岁幼儿园本学习活动体系制订。主要内容是：分析本年龄班的幼儿情况，提出学期工作目标和重点，列出每月主题活动、大型活动和保育工作重点。具体示例如下。

××幼儿园小班秋季学期工作计划

幼儿情况分析	本学期，我班共有××名幼儿，其中男孩××名，女孩××名。大部分幼儿是独生子女，生活自理能力较弱，个别幼儿存在孤僻、攻击性行为。幼儿刚入园对新环境有个适应过程，首先稳定幼儿情绪，培养温馨的班级氛围，再逐步对幼儿生活习惯和规则意识进行培养，其中，特别注重对个别特殊幼儿的关注和教育。			
工作目标	1. 培养温馨的班级生活环境，让幼儿爱上幼儿园，适应幼儿园一日生活流程，逐步养成良好的生活习惯和规则意识。 2. 了解每位幼儿的生活习性和性格特点，注重因材施教，关注个别差异。 3. 按时完成教育教学活动、学习操节活动，组织秋游和期末汇报活动。 4. 定期召开家长会，加强家园沟通，建立家长对班级教师的信任感。			
工作重点	1. 教育教学：完成五个主题活动的教学任务；定期开展各类大型活动；培养幼儿一日生活常规和良好生活习惯。 2. 卫生保健：做好教室、盥洗室、玩具等各项卫生消毒工作；关注每位幼儿身体状况；及时处理各种突发状况。 3. 安全工作：牢记安全第一原则，眼里时刻有孩子；排查教室内外的安全隐患；提醒和教育幼儿学会保护自己和不做危险的事情。 4. 家长工作：做好新生幼儿家访工作，了解幼儿成长环境及性格特点；通过微信、电话、面谈等各种途径做好每日家园沟通，争取得到家长的认可和支持；成立家委会，选出家委会成员，形成班级凝聚力。			
每月工作安排	月份	主题活动	大型活动	保育工作重点
	9 月	新家幼儿园	新生家长会	关注新生入园情绪；引导幼儿克服分离焦虑
	10 月	好玩的玩具	秋游	组织幼儿饭前便后用肥皂按正确洗手流程图洗手，预防流行性疾病
	11 月	我的身体棒	消防演习	指导幼儿用正确方法洗脸漱口
	12 月	美丽的色彩	迎新歌会	加强秋冬季幼儿护理工作
	次年 1 月	可爱的小动物	家长开放日	指导幼儿将玩具和图书放回原处；做好放假前物品消毒和整理

三、湖南省幼儿园3～4岁幼儿学习活动的月、周计划

3～4岁幼儿学习活动月计划与3～4岁幼儿班级学期工作计划相近，不作单独说明。

3～4岁幼儿学习活动周计划依据3～4岁幼儿学习活动月计划，以实施主体学习活动为纲，提出了本周每天学习活动的具体安排。具体示例如下。

××幼儿园小班春季学期第××学习活动周计划

年　月　日—　月　日

主题名称	找春天
环境创设	1. 布置主题墙"美丽的春天"。 2. 与幼儿一同制作迎春花吊饰悬挂在活动室的天花板上。 3. 创设五个及以上活动区。
区域活动	1. 语言区：美丽的春天。投放与春天有关的景物图片、图书。 2. 科学区：谁的影子。投放动物、植物、几何卡片与对应的影子卡片若干。 3. 美工区：桃花开了。投放红色、白色皱纹纸若干，画好桃树枝干的白卡纸，胶水，教师制作的桃花树作品。 4. 建构区：春天的公园。投放结构材料：雪花片、立体建构积木等；若干辅助材料：鹅卵石、皱纹纸、硬纸板、罐子等；春天的公园图片。 5. 角色区：花店。投放各种纸花、塑料花等材料若干，自制一元货币，区域配饰（服务员、顾客）。 6. 运动区：跳圈。投放彩色跳圈、呼啦圈若干。
游戏活动	体育游戏：蝴蝶找花（周一）；智力游戏：蝴蝶飞（周二）；音乐游戏：许多小鱼游来了（周三）；智力游戏：图形宝宝坐火车（周四）；体育游戏：小蜜蜂采花蜜（周五）。
集体教学活动	语言：春来啦（周一）；科学：嫩嫩的芽（周二）；社会：我爱绿色（周三）；科学：种花（周四）；艺术：春天（周五）。
生活活动	春天来了（周一）；好吃的竹笋（周二）；我不咬指甲（周三）；照顾小金鱼（周四）；给蚕宝宝喂桑叶（周五）。
家园共育	1. 观察柳树：请家长和幼儿一起外出观察柳树发芽，了解柳树芽的颜色、形状，记录一段时间里柳树芽的变化。 在幼儿园和同伴分享自己的发现，把对柳树变化的记录张贴在科学区，引导幼儿进行讨论。 2. 种植大蒜：和幼儿一起种植大蒜，引导幼儿了解大蒜的种植方法，观察大蒜的生长变化。 3. 饲养蚕宝宝：蚕宝宝出生了，了解蚕宝宝从出生到结茧的过程，知道饲养蚕宝宝的方法。

说明：括号内日期为实施的时间。　　　　　　　　　　主教：　　　　协教：

四、湖南省幼儿园 3～4 岁幼儿一日活动计划

3～4 岁幼儿一日活动计划依据 3～4 岁幼儿学习活动周计划制订，主要包括对一日活动的作息安排说明、对一日活动各环节实施要求的说明以及一日活动计划举例三部分。主要帮助教师科学灵活安排一日作息时间，掌握各活动环节的实施要素以及了解具体的一日计划活动形态。具体示例如下。

(一)一日活动作息安排说明

3～4 岁幼儿作息时间系统研究和提出了幼儿园 3～4 岁年龄班一日活动中的时段划分和时量分配。以上午 8：00 入园、下午 5：30 离园，幼儿全天在园 9.5 小时为例，见下表。这个安排从大的方面保证了幼儿园一日活动的时量分配的科学性。重点是依据幼儿的学习方式与特点，科学处理好集体教学活动、区域活动和生活活动的时间比例，主要倾向是适当淡化集体教学活动，加强区域活动和生活活动。

活动类型与时量	具体活动安排与时量
集体教学活动、区域活动、户外活动 3.5 小时左右	集体教学活动：小班 1 个，15～20 分钟/个；中班 2 个，20～25 分钟/个；大班 2 个，20～30 分钟/个。
	区域活动：上下午各 1 次，共计不少于 2 小时。
	户外活动：不少于 2 小时(包含户外区域活动)。
生活活动 5～6 小时	进餐、点心、饮水、盥洗、如厕、餐后活动，共 2.5～3 小时。
	中午睡眠不少于 2 小时。
	入园、离园共 0.5～1 小时。

说明：区域活动上下午各一次，分别为室内区域活动和户外区域活动；其中户外区域活动可以根据当地气候、天气灵活安排上下午时间段；一天集体教学活动最多安排一个；规则性游戏活动(智力游戏、音乐游戏)纳入集体教学活动，体育游戏活动纳入户外活动。保证上下午两次户外活动。其中一次以户外区域活动形式开展。尽量减少不必要的过渡环节，且环节与环节之间要留有弹性空间。

(二)一日活动各环节实施要求说明

1. 区域活动实施要求

区域活动分为运动区、语言区、角色区、科学区、美工区、表演区等室内区域，以及大型器械运动区、玩沙区、戏水区、种植区等全园共享的户外活动区域。通过与材料、环境、同伴的交互作用，支持幼儿开展个性化的自主学习，实现整体性的全面发展。课题组根据近几年的实证研究，梳理出了区域活动实施模式，以供借鉴。

(1)室内单次区域活动的大致环节及时长：计划(约 10 分钟)；实施(约 40 分钟)；回顾(约 10 分钟)。

室外运动区活动以自由活动和运动大循环为主,单次活动 1 小时左右。有条件的幼儿园,也可以根据主题需要,阶段性开展跨班级的大型室外主题性区域活动。

(2)室内单次区域活动根据班额决定各个环节的开展方式。当班额超过 30 人时,带班的 2～3 位教师可考虑把幼儿分成 2～3 个小组,然后各带一个相对固定的小组,一起执行计划环节和回顾环节,在实施环节尽可能多观察自己所带小组的幼儿。每个小组尽量不超过 12 名幼儿,力求每名幼儿都有机会表达自己的计划和回顾情况,且能与教师进行一对一交流。

(3)室内单次区域活动各个环节的实施要点

计划环节:小班以口头计划为主,中大班可视情况逐步增加书面计划(以简单的图画和符号为主要表达方式)。教师重点关注幼儿计划的具体性、完整性,如活动中做什么,和谁一起做,打算怎么做等,以有趣的方式引导幼儿逐步学会完整清晰地表达自己的计划。若出现个别幼儿确实做不出计划时,教师也可以根据其兴趣、经验和发展需要,为其提供建议或选项。

实施环节:活动开始初期,教师需要全面观察自己所带小组内的每个幼儿是否都能自主选择材料进行活动。如有个别幼儿游离活动的情况,教师可根据其计划或兴趣推荐活动项目。活动过程中,教师可重点观察预设活动项目材料被幼儿关注和选择的情况,观察幼儿与材料及同伴互动的情况,分析幼儿的想法,及时提供必要的语言、动作、材料等支持,并适时思考活动项目接下来可以如何深化或拓展。活动临近结束时,教师可重点观察幼儿活动状态、作品完成度或计划达成度等情况。如有必要,可适当延长或缩减区域活动时间。同时,关注活动中有代表性的作品或事件,为回顾环节做好准备。

回顾环节:鼓励幼儿做书面回顾并进行分享交流。教师重点引导幼儿以个人或小组形式回顾自己在活动中做了什么,遇到了什么困难,是如何解决的,以及活动中有什么值得分享的新发现等。若幼儿存在计划与实施不一致的现象,可引导其说说计划变更的原因。教师可通过重述幼儿的话、补充活动细节信息等方式,引导幼儿完善表达。教师还可以通过提问、表达感受等方式与幼儿对话,以深入了解幼儿的兴趣和想法,并帮助幼儿进一步扩展兴趣、拓展想法,为下一次活动的计划环节做好铺垫。

2. 生活活动实施要求

生活活动包括入园、离园、进餐、饮水、盥洗、如厕、睡眠、过渡活动、自由活动以及散步等环节。以"小班上学期生活活动参考表"为例,梳理了该学期各个生活环节的目标、幼儿活动流程建议以及教师观察指导建议,由于篇幅有限,暂列举各环节的活动目标,以供参考。

生活环节	活动目标
来园活动	(1)愿意上幼儿园。 (2)养成良好的礼仪习惯。 (3)有序地取放自己的物品。
早餐	(1)养成良好的进餐习惯。 (2)学习正确使用餐具，树立初步的自我服务意识。
餐后活动	(1)遵守活动常规，提高规则意识。 (2)教师点名时能大方应答。 (3)树立关注和关心同伴的意识。
洗手	(1)养成饭前便后洗手的卫生习惯。 (2)能用正确的方法洗手、擦手。 (3)遵守规则，有初步的节约意识。
如厕	(1)养成定时大小便的习惯，不憋尿。 (2)学习便后自己整理衣服，提高自我服务意识。
餐前活动	(1)情绪稳定地参与活动。 (2)知道洗完手后，不到处乱摸，保持双手清洁。
进餐	(1)愿意自己主动端饭、吃饭，不要别人喂。 (2)学习正确使用勺子，能把饭菜一勺一勺送进嘴里细嚼慢咽，不含饭。 (3)吃完饭后，知道自己收拾桌面、收整椅子，并喝水漱口。
餐后散步	(1)养成饭后散步的习惯。 (2)知道散步的时候要慢慢走，不追跑。
午睡	(1)情绪稳定地午睡。 (2)逐步养成良好的午睡习惯，不蒙头午睡，不带玩具或物品睡觉，不在床上蹦跳。 (3)自己脱鞋、裤，尝试学习脱套头衫，知道正确脱衣物的顺序和方法，并能自己躺下，安静入睡。
起床	(1)情绪稳定，并在教师的提醒下，知道起床后要先做什么，再做什么。 (2)知道穿套头衫、裤和鞋的方法、顺序。
午点	(1)在教师提醒下，自取午点，自主进入区域活动。 (2)知道打开包装、剥开果皮的方法，并尽量保持桌面干净。
离园活动	(1)较为专注地参与活动，等待父母接，并在教师的提醒下，收拾好玩具或图书。 (2)知道要跟教师告别后，才跟父母离园。 (3)大方地与教师告别，愉快离园。

3．集体教学活动实施要求

集体教学活动分健康、语言、社会、科学、艺术五大领域，提倡以某个领域为主，整合其他相关领域学习内容，进行综合性学习活动，并强调集体教学活动的游戏性、生成性。更重要的是，为确保幼儿学习与发展的整体性，特别重视围绕幼儿的兴趣与需要，将集体教学活动与区域活动、游戏活动、生活活动和家园共育等活动有机联系起来，确保为幼儿营造协调一致的学习生态。同时，为充分保证幼儿自主游戏时间，建议减少集体教学活动的频次，一周开展1～5节。

4．游戏活动实施要求

本体系中的游戏活动主要是指体育游戏、智力游戏和音乐游戏等具备一定组织性的规则性游戏。游戏之初需要教师组织，在幼儿熟悉后可以自主组织，融合到区域活动之中。需要强调的是由于体育游戏需要一定宽阔的场地，建议结合户外活动开展，智力游戏、音乐游戏等由教师组织的集体教学游戏可纳入集体教学活动中，每天最多安排一节，避免过多地占用幼儿自主游戏时间。

5．户外活动实施要求

《幼儿园工作规程》中提出：幼儿每天的户外活动时间一般不少于2小时，其中体育活动时间不少于1小时。因此，为保证充足的户外活动时间，同时避免环节与环节之间的拥挤，影响活动效果，建议将体育游戏和户外区域活动整合到户外活动之中。户外活动时间建议上下午各1次，每次不少于1小时，与其他活动动静交替。

(三)幼儿园一日活动计划举例

××幼儿园小一班一日活动计划(上午)

一、晨间活动

1.进入集体生活，给朋友讲一讲和爸爸妈妈在家的趣事。

2.进行区域活动。

3.养成良好的进餐习惯，不交谈，安静进餐。

二、室内区域活动

1.区域活动准备

区域名称	活动内容	关键经验	材料投放
语言区	我妈妈	用完整的句子介绍自己妈妈的名字及工作。	投放绘本《我妈妈》，供幼儿欣赏、阅读。
科学区	沉浮实验	探索发现水的沉浮现象。	准备水盆、各种玩水的材料(杯子、瓶子、积木、铁块、曲别针、不锈钢勺子等)和沉浮记录表，让幼儿自己探索发现水的沉浮现象。

续表

区域名称	活动内容	关键经验	材料投放
角色区	我来当爸爸	运用游戏材料表现家庭生活经验。	布置好的娃娃家，家庭用品若干，爸爸情景图片（看报、打球、刮胡子、玩电脑）。
美工区	送给爸爸的礼物	用各种自然物进行粘贴装饰。	投放各种自然物、颜料、爸爸的领带等，供幼儿开展粘贴装饰活动。
建构区	我的玩具火车	思考火车的基本结构，运用围合、链接等技能搭建小火车。	投放火车的图片、积木、盒子等，供幼儿搭建火车。

2. 活动目标

语言区：体验自主阅读和讲述的快乐，进一步萌发对家人的喜爱之情；能用完整的语句介绍自己的爸爸妈妈和家人。

科学区：能发现事物明显的特征，并运用语言大胆讲述自己在观察探索中的发现。

美工区：能大胆地想象装饰给爸爸的礼物；尝试使用多种材料，用画、撕、贴、扭等方法，设计给爸爸的礼物。

建构：了解火车的外形特征，并能大胆、自主地进行建构；运用围合、垒高、链接等技能进行建构。

角色区：体验家庭成员的角色分工，乐意扮演角色和小朋友一起玩。能用礼貌用语进行交往，提高交往能力。

3. 活动过程

(1)计划环节。教师和幼儿分组进行计划交流，鼓励幼儿大胆表达自己的计划以及倾听同伴的计划。

教师：“我们这里有小朋友的照片卡牌，老师翻到谁的卡牌，谁就站到中间来和大家分享今天在区域你要做一件什么事情。”

(2)幼儿自主活动，教师观察指导。幼儿取区域卡，自由选择区角，教师提醒幼儿看进区牌，控制区角人数。教师巡回观察，了解每个区域内幼儿的活动情况。其中：

语言区：重点关注幼儿用完整的语句介绍自己的爸爸妈妈的职业。例如：当胆小的幼儿拿着图片不知道如何讲述时，教师可以用语言提示幼儿：“这是谁呀？”然后，教师示范用完整的语句说一次，再鼓励幼儿：“你能像老师一样完整地说出来吗？”

科学区：对于探索水的沉浮的幼儿，教师鼓励其大胆尝试、认真观察，并学会做记录，还可以和同伴交流实验结果。对于玩“杯杯乐”的幼儿，教师要观察幼儿在比较高矮、长短时是否用了正确的方法：在同一平面上比较高矮，一端对齐比较长短。在这两个活动中，教师都要多以语言提示，鼓励幼儿自己探究，不要动手帮助孩子。

美工区：鼓励幼儿尝试使用多种材料，用画、撕、贴、扭等方法，设计给爸爸的礼物。

当幼儿在创作的过程中出现技能上的问题时，教师可以适当给予指导。例如：幼儿想给爸爸装饰一条领带，不知道怎样把毛球粘上去时，教师可以对幼儿给予适当的语言提示：“那里有很多不同的胶，你可以看看哪种能把毛球粘上去。”当幼儿尝试了还是不成功时，教师可以示范一种胶的用法，让幼儿观察学习。

引导幼儿将剪纸对折对齐，用安全剪刀沿着黑线剪纸，将多余的碎纸收到垃圾篓。小部分幼儿能按照老师的要求沿着直线剪，大部分的幼儿还不能很好地剪直线，个别幼儿用剪刀剪头发，老师在集体活动时应强调剪刀不能用来剪衣服、头发等，使用剪刀时要注意安全。

角色区：重点关注幼儿使用礼貌用语进行交往，提高幼儿的交往能力。小班幼儿游戏具有随意性的特点，他们往往满足于随意摆弄材料，虽然充当了角色但并不明确应当如何进行游戏。这时，教师可以以角色身份参与游戏，直接介入指导。例如：一个扮演爸爸的孩子拿着"手机"在假装玩游戏。教师可以问他："你是孩子的爸爸吗？爸爸除了玩手机还要为孩子做什么事情呢？"这样可以帮助幼儿从模仿动作的兴趣转移到对扮演角色的兴趣。

建构区：重点关注幼儿在建构区的玩具使用习惯，注意提醒幼儿在构建作品时加入自己的想象力，运用围合、垒高等技能搭建火车，适时提供帮助和指导。如果孩子在垒高时积木老是掉下来，教师可以请孩子观察一下别的小朋友为什么垒得高，或者用语言提示："你慢慢地放，看怎么样才能放得稳。"

运动区：指导幼儿在爬时手脚着地，钻时要低头弯腰。教师可以指导能力弱的幼儿从简单的线路开始游戏。当幼儿表现较好时，教师还可以结合指令来提高难度，如要求幼儿摘不同数量的果子。

（3）根据音乐的提示，收拾、整理区域材料。

（4）回顾环节。师幼共同交流与分享。请幼儿说说自己今天去了哪个活动区，玩了什么，是怎么玩的。教师根据区域活动开展情况进行小结。

三、如厕、盥洗、喝水、点心

指导重点：教师指导幼儿做好"三件事"，分批次进行，先如厕、盥洗、喝水，最后吃点心，慢慢养成良好的生活习惯和秩序。

四、户外活动

体育游戏：捉迷藏。

游戏目标：锻炼培养幼儿的反应速度，以及身体灵活性。

材料准备：眼罩。

游戏玩法：幼儿站在指定的场地周围围成圈，教师站在中间，蒙上眼睛，用手摸幼儿，幼儿进行躲避，被摸到的幼儿学各种小动物叫，并说"请你猜猜我是谁"。教师猜，猜对了大家拍手，游戏继续；猜错了则惩罚表演。

第二轮游戏可以换成幼儿站在中间来进行游戏。

五、午餐

组织幼儿分桌就餐，就餐前介绍餐谱，让幼儿认识各种各样丰富营养的食物；就餐中关注幼儿的进餐习惯和进食量；就餐后提醒幼儿收拾整理相关物品，尝试完成漱口、擦手、擦脸的活动。

六、餐后活动：阅读

指导要点：让幼儿参与阅读区管理；教师要自己喜欢看书，用行动影响幼儿；重视幼儿的独立阅读；鼓励幼儿相互交流，分享快乐。

××幼儿园小一班一日活动计划（下午）

一、起床、午点

指导重点：安静起床，提示幼儿穿衣服的方法和顺序，提醒幼儿如厕、喝水、洗手，组织幼儿进行自主阅读、桌面建构等。教师分工明确，有序组织幼儿自取午点，减少消极等待时间。

二、集体教学活动：艺术活动"妈妈的头巾(涂色)"

活动目标：(1)通过自己涂色，感受头巾的色彩美，体验美化生活的乐趣；(2)掌握从上到下或从左到右，朝一个方向有顺序地涂色技巧；(3)复习拿油画棒的正确方法。

活动重难点：掌握从上到下或从左到右，朝一个方向有顺序地涂色技巧。

活动准备：头巾范例；每人一份印有头巾的画纸；油画棒。

活动过程：

1. 欣赏头巾范例，感受头巾作品的色彩美。教师引导幼儿讨论：这些头巾漂亮吗？你最喜欢哪一块？什么地方漂亮？幼儿自由讲述。

2. 创设情境，师幼共同讨论涂色的方法。教师导入："妈妈也想要一条漂亮的头巾，可是这些头巾没有漂亮的颜色，妈妈不喜欢，想请小朋友帮忙涂上漂亮的颜色好吗？"

讨论涂色的方法。提问："怎样涂色会好看呢？"小结："不要涂出边框，要顺着一个方向涂。每一个边框内涂一种颜色。"

教师示范涂色的基本方法，幼儿练习。教师："我们把自己的手当作油画棒，涂一涂，要顺着一个方向涂哟。"

3. 幼儿随乐涂色，教师巡回指导。教师："妈妈最喜欢五颜六色的头巾了，我们大家来给头巾涂上漂亮的颜色送给妈妈吧。"指导重点：观察幼儿拿油画棒的方法；指导幼儿顺着一个方向涂色，提醒不要涂出边框。

4. 展示幼儿涂色的头巾，相互欣赏作品。教师提问："你觉得谁涂得好？为什么？"

延伸活动：将自己涂色的头巾送给妈妈并说一句祝福的话。

三、户外活动(户外区域活动)

幼儿自主选择户外区域进行活动，教师鼓励和引导幼儿结合室内区域活动的开展情况做进一步的探索。实施流程可参照室内区域活动，小组进行计划—工作—回顾。

四、晚餐(参照午餐要求)

五、离园活动：阅读或桌面玩具

重点指导：引导幼儿安静阅读和玩玩具，知道把图书和玩具送回"家"后再离园，并大方地和老师告别。

第四节　湖南省幼儿园 3～4 岁幼儿学习活动的实施

一、湖南省幼儿园 3～4 岁幼儿学习活动架构的设计

(一)以主题整合五大领域内容、七大学习途径

共遴选了比较重要的主题 10 个。为便于幼儿园选择，数量大约超过正常需求量的 50%。遴选的主要依据是：最能反映《指南》精神，体现幼儿的学习方式与特点，满足幼儿通过"直接感知、亲身体验和实际操作"获取经验的需要；符合幼儿兴趣和发展需要；来自幼儿生活，又能运用到幼儿生活中；能有机整合 3～4 岁幼儿学习的基本内容所提出的各个领域的学习内容；幼儿园运用广泛，效果较好，资源

开发和利用比较容易。

(二)以游戏为基本活动，重视区域活动和生活活动

每个主题都从环境创设、区域活动、游戏活动、集体教学活动、生活活动、家园共育等方面设计和提出了组织活动的建议。其中：环境创设强调围绕特定主题为幼儿开展一系列学习活动而创设场景、情境和材料，并注重幼儿对环境创设的参与。区域活动分为运动区、语言区、角色区、科学区、美工区、表演区等室内区域，以及大型器械运动区、玩沙区、戏水区、种植区、野趣游戏区等全园共享的户外活动区域。通过与材料、环境、同伴的交互作用，实现幼儿的充分学习与和谐发展。游戏活动是幼儿园学习活动的基本途径，为便于叙述，把单独开展的游戏活动单列在"游戏活动"之中（主要是体育游戏、智力游戏和音乐游戏等规则性游戏），把结合其他途径进行的游戏活动放在其他途径之中。集体教学活动分健康、语言、社会、科学、艺术五大领域，提倡以某个领域为主、整合其他相关领域学习内容，进行综合性学习活动，并强调游戏在集体教学活动中的有机渗透与融合。生活活动包括入园、离园、进餐、饮水、盥洗、如厕、睡眠、过渡活动、自由活动以及散步等环节。结合各主题学习内容，对以上一日生活环节提出了保教结合的具体方法。家园共育包括幼儿园内开展的集体亲子活动、幼儿园指导家长在家开展的亲子活动，以及幼儿园开展的以帮助家长掌握幼儿教育理念和方法为目的的讲座、沙龙、家长会等活动。

(三)针对各个主题都设计了相应的学习活动

为便于幼儿园选择，数量大约超过正常需要量的 50%。设计的主要原则是：(1)符合幼儿学习与发展的目标和基本内容；(2)符合幼儿兴趣和身心发展需要，贴近幼儿生活；(3)符合幼儿学习的方式与特点，体现幼儿的年龄特征；(4)符合所属主题的内涵逻辑。

二、湖南省幼儿园 3～4 岁幼儿学习活动的主题

结合湖南省 3～4 岁幼儿的实际生活经验和一般兴趣需要，共遴选了 10 个主题，供幼儿园选取。其中主题 1～5 建议秋季学期进行，主题 6～10 建议春季学期进行，见下表。

秋季学期主题	1. 新家幼儿园	春季学期主题	6. 找春天
	2. 好玩的玩具		7. 有礼貌的好宝宝
	3. 我的身体棒		8. 我爱我家
	4. 美丽的色彩		9. 快乐的 6 月
	5. 可爱的小动物		10. 小小美食家

三、湖南省幼儿园 3～4 岁幼儿主题学习活动的建议

主题 1："新家幼儿园"(建议 3～4 周时间完成)

主题核心价值		1. 帮助幼儿较快地适应幼儿园环境，建立对幼儿园环境的安全感。 2. 引导幼儿初步了解集体生活的基本行为规范。
主题学习活动建议	环境创设	1. 师幼共同布置"幼儿园里真好玩"主题墙，并将幼儿在园快乐生活、游戏的照片张贴出来，也可在活动室墙壁或走廊上粘贴每个幼儿及其家庭的照片。 2. 家园联系栏提供"如何克服分离焦虑""如何让幼儿适应集体生活"等资料，以便家园配合做好新生入园适应工作。 3. 师幼一起布置娃娃家，给玩具安家。
	区域活动	运动区："风车转起来"(迎风快跑)、"走小路"(沿路线走)、"爬爬乐"(手膝着地向前爬)、"保卫新家幼儿园"(单手肩上挥臂投掷)。 语言区："我爱幼儿园"(喜欢看图书并能爱护图书)、"小乌龟上幼儿园"(看图简单讲述画面中的内容)、"猪妈妈的夹心面包"(使用礼貌用语模仿故事中的角色)、"我长大了"(发现自己长大的变化并能表述出来)、"朋友多又多"(认识照片上的人物并能说出来)、"幼儿园，你好！"(愿意与幼儿园场景大声打招呼)、"我的心情印记"(用涂涂画画表达自己的心情)。 角色区："我们的新家(一)"(熟悉材料和基本规则)、"我们的新家(二)"(体验爸爸妈妈照料娃娃的角色)、"我们的新家(三)"(分类整理娃娃家物品)。 建构区："我喜欢的小路"(尝试用直线平铺和转向平铺搭建小路)、"我的新家幼儿园"(尝试用平铺、垒高等技能拼搭幼儿园)、"好玩的雪花片"(尝试用雪花片进行一字插和十字插)。 科学区："吹泡泡"(圆形大小匹配)、"香香的饼干屋"(发现形状的多样性并进行匹配)、"迷路的盒子"(发现平面图形与立体图形的关系并进行匹配)、"玩水"(感知水的无色、透明和流动性)、"摇摇瓶(一)"(观察和发现水瓶中物体上浮和下沉的现象)、"摇摇瓶(二)"(感知不同的物体会发出不同的声音)、"娃娃排排队"(按高矮排序)。 表演区："小手爬"(跟随韵律用手指有节奏地在身体上做动作)、"拍拍手好朋友"(跟随音乐做相应的五官指认)、"幼儿园里朋友多"(用声音、动作模拟歌曲中的情景)、"我爱我的幼儿园"(随乐做简单的动作表演)。 美工区："包糖果"(能用揉、搓等方法制作黏土糖果)、"漂亮的花衣服"(用印章拓印图)、"制作爱心卡"(用油画棒大面积涂色)、"好玩的橡皮泥"(能用揉、捏、压的方法玩橡皮泥)、"小珠滚滚乐"(能借助小珠和颜料进行大胆的创作)、"我们的新家"(能用刷子进行大胆的涂色)。 生活区："我会刷牙"(用正确的方法刷牙)、"我会叠毛巾"(尝试用不同的方法折叠毛巾)、"我会自己洗手"(按步骤正确洗手)、"我会自己擦鼻涕"(正确折叠纸巾擦鼻涕)、"我会自己提裤子"(按照步骤图练习提裤子)、"我会自己穿鞋"(尝试自己穿魔术贴的鞋子)、"我的标记朋友"(将自己的标记与物品进行匹配)。

续表

主题学习活动建议	游戏活动	体育游戏："走小路"（走 20/25 厘米和 S 形的路线）、"拉着玩具走走"（拖拉着玩具走直线/圆圈/绕障碍走/倒退走）、"滚球"（按一定方向滚球）。 智力游戏："猜猜我是谁"（听声音猜测说话的人）、"小纸球去旅游"（按一定顺序唱1～5的数词）、"颜色对对碰"（颜色和色卡对应）、"我的五官在哪里"（听指令找出五官的位置）。 音乐游戏："找小猫"（根据歌词内容进行躲藏）、"捉小鱼"（随乐表现小鱼的动作）、"找朋友"（根据歌词做友好的动作）、"一只小小老鼠"（随乐模仿小老鼠）。
	集体教学活动	健康活动："小手洗得真干净"（按规定的步骤洗手）、"幼儿园真好玩"（听信号向指定方向走跑跳）、"荷叶上的小青蛙"（双脚一起向前跳）。 语言活动："小乌龟上幼儿园"（理解故事内容）、"猪妈妈的夹心面包"（使用礼貌用语）、"山上有个木头人"（读"山""三"等字音）、"小兔多多"（按顺序阅读图片）。 社会活动："说说我自己"（在集体面前介绍自己）、"我是男（女）孩"（认识自己和他人的性别）、"爸爸妈妈爱宝贝"（亲子合作，用自己的方式表达爱）。 科学活动："吹泡泡"（探究用不同的器具吹泡泡）、"你能打开吗"（探究多种容器打开的方法）、"我会拿自己的物品"（认识并匹配自己的用品和标记）。 艺术活动："小手爬"（跟随韵律用手指有节奏地在身体上做动作）、"我爱我的幼儿园"（演唱歌曲）、"神奇的油画棒"（用油画棒画画）、"车轮滚画"（用车轮滚印颜料画画）。
	生活活动	1. 入园环节，播放《我爱我的幼儿园》等歌曲，引导幼儿熟悉幼儿园的环境和生活。 2. 进餐时，播放轻柔的音乐，鼓励幼儿自己用勺子吃饭。进餐后带幼儿一起在幼儿园里散步，进一步熟悉幼儿园。 3. 自由活动时间，邀请中、大班哥哥姐姐来班级表演节目，结对游戏。 4. 饮水、盥洗时间，引导幼儿认识自己的茶杯、毛巾等标记，学习按标记正确取放自己的物品。 5. 利用各活动衔接环节引领幼儿进行一些手指游戏，如播放《大指歌》，让幼儿随歌词伸出相应手指。 6. 离园前进行整理活动，引导幼儿回忆当天玩了什么游戏。
	家园共育	1. 入园前，幼儿园召开新生家长会，介绍幼儿园的办园理念、特点、本幼儿园的课程、幼儿园教师情况、新生入园可能出现的情况，以及对家长的要求，并组织学习《指南》。会后，班级召开新生家长会，介绍班级工作计划、本学期教育活动计划、幼儿园教育的特点，以及需要家长做的配合工作、应对幼儿入园焦虑的办法、希望家长配合的事项，等等。 2. 开展入园前家访，教师深入每个家庭，了解幼儿家庭生活环境及发展的情况。 3. 家长带幼儿参观幼儿园，熟悉幼儿园环境与班级环境。 4. 家长可以和幼儿一起欣赏各自小时候的照片或视频，告诉孩子自己长大了，要上幼儿园了。 5. 家长鼓励幼儿谈论自己在幼儿园玩的游戏、学习的儿歌等内容，说一说认识的新朋友。

主题 2："好玩的玩具"（建议 3～4 周时间完成）

<table>
<tr><td rowspan="9">主题学习活动建议</td><td colspan="2">主题核心价值</td><td>1. 鼓励幼儿探索不同玩具的多种玩法，并逐步养成爱护玩具、收拾玩具的良好习惯。
2. 引导幼儿体验与同伴分享玩具、共同游戏的乐趣，培养其初步的人际交往意识和能力。</td></tr>
</table>

主题核心价值		1. 鼓励幼儿探索不同玩具的多种玩法，并逐步养成爱护玩具、收拾玩具的良好习惯。 2. 引导幼儿体验与同伴分享玩具、共同游戏的乐趣，培养其初步的人际交往意识和能力。
主题学习活动建议	环境创设	1. 创设"玩具"相关主题的主题墙，师幼一起在墙壁和走廊上张贴幼儿喜欢的玩具、平时玩玩具的场景和自制玩具等照片。 2. 家园联系栏发布相关资料，介绍幼儿玩具相关知识及选购玩具的注意事项。
	区域活动	运动区："拉力器"（锻炼上肢力量）、"火箭发射"（向上抛物体）、"小小车队"（有序、平稳地拖拉物体）、"玩具护送队"（在高低不同的平衡木上平稳地行走）、"小兔蹦蹦跳"（双脚向前跳跃）。 语言区："玩具书真好看"（一页一页地翻看图书）、"我心爱的玩具"（向同伴简单介绍自己带来的玩具）、"好听的书"（注意倾听并模仿发声）、"玩具儿歌"（口齿清楚地朗诵儿歌）、"小兔的玩具店"（用道具模仿故事中的角色对话）。 角色区："玩具店（一）"（将玩具分类摆好，布置玩具店）、"玩具店（二）"（扮演店员和顾客的角色，并运用合适的语言交流）、"玩具店（三）"（大胆地介绍玩具产品）。 建构区："玩具停车场"（用平铺、围拢等建构技能进行搭建）、"罐子马戏团"（用叠、搭、排列等方法搭建立体造型）、"金箍棒变变变"（练习一字形、十字形拼插）。 科学区："送玩具回家"（按标识进行分类）、"给瓶子娃娃戴帽子"（物体的一一对应）、"玩具滑滑梯"（搭建斜坡并感受物体滚动快慢）、"好玩的拼图玩具"（用移动、翻转或旋转等方法完成拼图）、"玩具配对"（尝试将部分与整体配对）。 表演区："好玩的滑滑梯"（听韵律做身体动作）、"大家一起玩"（流畅、有表情地演唱歌曲）、"大鼓和小鼓"（用乐器表现音乐节奏）。 美工区："百变黏土"（用捏、揉、搓、团的方法玩黏土）、"会变形的扭扭棒"（用绕、扭、弯的方法进行扭扭棒创作）、"玩具拓印画"（自选玩具进行拓印）、"彩色玩具车"（大胆涂色）、"小飞机"（对边折出中线）、"挂窗帘"（撕纸和粘贴）。 生活区："帮助小娃娃（一）"（为娃娃穿脱衣服）、"帮助小娃娃（二）"（使用衣架、夹子晾晒娃娃的衣物）、"帮助小娃娃（三）"（用勺子舀物品）。
	游戏活动	体育游戏："我的小球会跳高"（双手向上抛接球）、"开小车"（听指令四散跑）、"飞机飞得高"（挥臂投掷纸飞机）。 智力游戏："猜玩具"（倾听玩具特征描述并猜测玩具名称）、"玩具配对"（将玩具部件与玩具配对）、"小熊采购员"（根据图片选择相应的玩具）。 音乐游戏："拾布球"（听音拾球）、"敲门"（听音乐进行敲击/演唱）、"开火车"（听节奏做开火车的动作）。

主题学习活动建议	集体教学活动	健康活动："好玩的圈圈"(双脚并拢向前跳)、"小小玩具护卫队"(在平衡木上走)、"给玩具洗个澡"(清洁整理玩具)。 语言活动："我喜欢的玩具"(倾听并表达短句"我喜欢的玩具")、《小兔的玩具店》(理解故事内容)、《布娃娃》(朗诵儿歌)。 社会活动："我会玩玩具"(分享和轮流使用玩具)、"爱护玩具"(爱惜物品),"买卖玩具"(在角色商店里买卖玩具)、"借玩具"(学习向同伴借玩具)。 科学活动："玩具真多"(尝试将不同的玩具按照材质进行分类)、"送玩具回家"(将玩具按名称进行匹配和分类)、"我和玩具做游戏"(感知物体的上下方位)、"让玩具动起来"(用不同的方法让玩具动起来)。 艺术活动："好看的皮球"(给画纸上的皮球涂色)、《交换玩具玩》(学唱歌曲)、"彩色的玩具车"(用彩纸组合粘贴"车")。
	生活活动	1. 引导和组织幼儿分类收拾、整理和清洗玩具。 2. 鼓励幼儿与同伴交换和轮流使用玩具。 3. 户外活动时,引导幼儿体验共享使用大型玩具的快乐。 4. 鼓励幼儿带一件自己的玩具到幼儿园,开展"玩具分享日"活动。
	家园共育	1. 经常引导孩子体验和同伴一起玩玩具的快乐,并鼓励幼儿将自己的玩具与同伴交换,准备一样玩具带到幼儿园和小朋友分享。 2. 带幼儿参观玩具店,讨论喜欢的玩具并说出理由(如外形、颜色、玩法等),带幼儿一起观看电影《玩具总动员》。 3. 和幼儿一起整理玩具柜,将玩具分类摆放。 4. 和幼儿利用废旧物品共同制作一件玩具,并参加幼儿园组织的"亲子自制创意玩具"活动。

主题 3："我的身体棒"(建议 3～4 周时间完成)

主题核心价值		1. 引导幼儿认识身体主要部位的名称和用途,并培养爱护身体的意识。 2. 培养幼儿锻炼身体的兴趣,促进幼儿身体正常发育和机能协调发展。
主题学习活动建议	环境创设	1. 创设"我的身体棒"主题墙,可以布置以"说说我的身体"(张贴人身体外部结构的图片、五官的图片等)、"爱护我的身体"(张贴幼儿洗手、喝水等的照片)、"我的身体真棒"(张贴幼儿运动、进餐、翻书、手工活动、科学探究活动等的照片)等为主题的墙面和走廊。 2. 作品栏可以"有用的小手"等为主题布置,展示幼儿用小手做的各种作品,如五官粘贴画、手掌树拓印画等。 3. 盥洗室布置洗手、擦脸的正确步骤图。 4. 家园联系栏中张贴有关促进幼儿小肌肉发展的亲子游戏。
	区域活动	运动区："跳舞毯"(根据不同的方位提示快速跳到对应的位置)、"报纸球"(单手投掷报纸球)、"踩高跷"(身体平衡性)、"坦克大赛"(合作爬行)。

续表

主题学习活动建议	区域活动	语言区："可爱的身体"(正确拿书并一页一页翻书)、"我爱看图书"(自主阅读图画书并理解故事主要内容)、"身体儿歌"(一边朗诵儿歌一边玩手指游戏)、"身体本领大"(用规范的语言描述身体某个部位的特点或功能)。 角色区："娃娃家(一)：照顾娃娃"(体验爸爸妈妈照顾自己的经历)、"娃娃家(二)：娃娃过生日"(体验过生日的愉快氛围,为他人筹备生日)、"娃娃家(三)：娃娃去看病"(模仿并体验问诊的流程)。 建构区："瓶罐体育馆"(用垒高、排列、围合等方法进行搭建)、"小小运动员"(运用软体积木拼插各种运动造型的小人)。 科学区："能干的小手"(通过触觉感知物体特性)、"灵敏的鼻子"(用鼻子分辨不同气味并用简单的语言表达)、"厉害的眼睛"(匹配图形并描述图形特征)、"敏锐的耳朵"(通过倾听探索不同声音的特点)、"有趣的五官"(正确摆放五官)、"拼小人"(观察身体各部位特征并进行组合)。 表演区："身体部位歌"(根据歌词内容、快慢速度做出相应的动作)、"合拢放开"(灵活地做出各种手部动作)、"小手在哪里"(用一问一答的形式进行歌唱)、"朋友碰一碰"(体验与同伴触碰身体的快乐)。 美工区："小小巧手(一)"(手撕并粘贴纸条)、"小小巧手(二)"(用揉、搓、捏、压等技巧制作"披萨")、"好看的手掌画"(按步骤进行手掌拓印)、"好玩的手指画"(用手指蘸颜料进行点画创作)、"我的身体"(绘画身体各部位的轮廓)。 生活区："串珠子"(练习串珠子)、"叠手绢"(用对折的方法叠手绢)、"叠衣裤"(看流程图折叠衣服裤子)、"扣扣子"(学习扣扣子)。
	游戏活动	体育游戏："揪尾巴"(躲闪和追逐跑)、丢沙包(投掷沙包)、"我们一起抬"(合作抬担架运球)。 智力游戏："手指歌"(学习手指的名称)、"请你照我这样做"(听指令碰触自己身体的不同部位)、"猜手指"(区别不同手指的大小/形状/长短)。 音乐游戏："小手在哪里"(根据音乐藏手)、"朋友碰一碰"(听歌词和同伴碰触身体部位)、"小手变变变"(听音乐用手做不同动作)。
	集体教学活动	健康活动："可爱的小脚"(认识脚)、"毛巾操"(用毛巾做身体动作)、"小脸真香"(学习涂润肤霜)。 语言活动："五只猴子蹦蹦跳"(听儿歌做手指游戏)、"好喝的汤"(按顺序阅读故事的图片)、"小老鼠的魔术棒"(感知故事内容里的"大""小"概念)。 社会活动："抱一抱"(学习抱抱等爱的表达方式)、"生病了怎么办"(学习应对生病的方法)。 科学活动："说说我的身体"(指认身体各部位)、"鼻子真灵"(用鼻子感知气味)、身体上的数量(感知身体数量是"1"和"2"的部位和物品)。 艺术活动："头发肩膀膝盖脚"(随乐触摸身体的相应部位)、"美丽的手指花"(手指印画)。
	生活活动	1. 在生活中引导幼儿关注自己的身体,介绍保护眼睛、耳朵等方面的知识。 2. 鼓励幼儿做力所能及的事情,如午睡时引导幼儿自己穿脱和折叠衣裤。 3. 在午睡前等时间给幼儿讲述爱护身体的故事或事例,提醒幼儿保护身体免受伤害。

主题学习活动建议	生活活动	4. 利用过渡环节带幼儿做各类手指游戏和身体游戏，进一步提高幼儿对身体的认识和身体动作的灵敏性。 5. 引导幼儿在一日生活中学习自己刷牙、洗脸、洗手。带领幼儿在幼儿园散步，开展"小脚丫旅行记"等活动。
	家园共育	1. 家园联系栏提供自我保护教育知识供家长参考，家长在家开展亲子活动，如阅读绘本《我的身体》，进行亲子手掌拓印画，玩亲子游戏"听指挥——指指我的身体""用身体演奏音乐"。 2. 鼓励、指导幼儿自己的事情自己做，如穿衣服鞋袜、刷牙洗脸、收拾个人用品等。

主题 4："美丽的色彩"（建议 3～4 周时间完成）

主题核心价值		1. 从色彩的角度引导幼儿关注自然、亲近自然、探索自然，逐步萌发热爱大自然的情感。 2. 联系生活中的色彩引导幼儿关注生活，感受生活中的美好，探索生活中的规律，初步激发热爱生活的积极态度。
主题学习活动建议	环境创设	1. 创设"美丽的色彩"的主题墙，"身边的色彩"板块张贴常见色卡及典型场景图，"颜色会说话"板块张贴生活中典型颜色代表含义的物品和场景图片。 2. 作品栏以"玩转颜色"为主题，张贴科学活动"奇妙的颜色王国"的活动实录。
	区域活动	运动区："彩圈跳跳"（双脚协调行进跳）、"阳光特工队"（用手膝着地的方式协调地爬过隧道）、"投沙包"（单手自然地将沙包等轻物投向前方）、"彩虹伞"（听指令跑）。 语言区："书本里的色彩"（清楚地说出物品的不同颜色）、《绿色的世界》（有节奏地念儿歌）、"神奇的变色龙"（较完整地讲述变色龙的故事，会操作图卡）、"五彩的手偶"（边玩手偶边尝试讲故事）、"说说我喜欢的颜色"（记录自己喜欢的颜色并大胆表达）。 角色区："娃娃家（一）：娃娃餐厅"（合理布置娃娃餐厅）、"娃娃家（二）：娃娃卧室"（用多种方法哄娃娃睡觉）、"娃娃家（三）：悄悄屋"（与同伴交流悄悄话，并尝试用涂画的方式记录下来）。 建构区："彩色蛋糕（一）"（拼插花形蛋糕）、"彩色蛋糕（二）"（搭建大型蛋糕）、"七色屋"（用垒高、连接等方法，有目的地拼搭积木）。 科学区："五彩列车"（按 AB 规律排序）、"变色娃娃裙"（感受光能改变物体的颜色这一现象）、"玩颜色（一）：会爬的水"（发现两种颜色混合变成新的颜色）、"玩颜色（二）：颜色变变变"（探究蜡笔颜色涂抹在一起的变化）、"小瓢虫找朋友（一）"（根据颜色进行匹配）、"小瓢虫找朋友（二）"（5 以内的点物匹配）、"小瓢虫找朋友（三）"（5 以内的数量匹配）。 种植区：可开展"五颜六色的花朵""各种颜色的蔬菜"等活动。 表演区：《彩色世界真奇妙》（用自然的声音演唱并表演歌曲）、"彩带舞"（根据音乐做挥、甩、抛、转等舞动彩带的动作）、《秋天》（用自然的声音完整地演唱歌曲）。

续表

主题学习活动建议	区域活动	美工区："秋天的树"(用涂色、撕贴、印染等方法装饰树)、"大自然的拼贴画"(用粘贴、涂鸦、添画的方式完成拼贴画)、"色谱蝴蝶(一)"(观察水彩笔在过滤纸上吸水后浸染出彩色花纹的现象)、"色谱蝴蝶(二)"(用捏、扭、转的方式做成蝴蝶形状)、"彩虹雨"(用剪刀剪出不同长短的线条)、"五彩手链"(运用色彩来创作作品)、"美丽的手指花"(尝试用滴色和印画的方式创作手指花)。 生活区："鞋子真干净"(用刷子刷鞋子)、"小脸红扑扑"(给自己脸上抹香香)、"五彩豆子"(把豆子从一个碗平稳地舀到另一个碗)、"橘子熟了"(用手熟练地剥橘子)。
	游戏活动	体育游戏："运花片"(锻炼走、爬、钻等基本动作)、"红绿灯"(根据不同颜色的指令做相应动作)、"跳色彩房子"(根据指令双脚跳进指定位置)。 智力游戏："颜色对对碰"(与自己胸牌颜色相同的同伴碰触身体)、"飞舞的彩带"(尝试将颜色标记与彩带匹配)、"颜色对答歌"(用一定的句式回答出相应颜色的水果,如"红的红,苹果红")、"颜色宝宝捉迷藏"(记忆并说出什么颜色不见了)。 音乐游戏："纸条舞"(听辨高低音,相应地在地面和空中舞动彩条)、"蝴蝶找花"(尝试根据图谱提示听辨乐句并做相应的动作)。
	集体教学活动	健康活动："彩虹伞"(爬)、"红绿灯"(看颜色信号跑)、"五颜六色的圈"(跳)。 语言活动："我最喜欢的颜色"(按句式讲述)、"小蓝和小黄"(理解黄色和蓝色合在一起变成绿色)、"我的颜色旅行"(感知故事里不同颜色的动物)。 社会活动："白白的斑马线"(认识斑马线是白色的)、"国旗红红的"(观察认识国旗)、"红色会说话"(初步感知红色代表喜庆或安全警示)。 科学活动："五颜六色的水果"(认识不同颜色的水果)、"奇妙的颜色王国"(探究两种颜色混合后的变化)、"熊宝宝吹泡泡"(比较不同颜色的圆形纸片的大小)。 艺术活动："花衣服"(用自然物拓印装饰花衣服)、《彩色世界真奇妙》(学唱歌曲)、"彩带舞"(根据音乐做挥、甩、抛、转等舞动彩带的动作)。
	生活活动	1. 在户外活动中,引导幼儿观察幼儿园中植物、物品和建筑的颜色。在晨间锻炼中提供各种彩色的运动器械开展体育游戏,如"五颜六色的圈"等。 2. 在日常生活中激发幼儿保护环境的意识,引导幼儿爱护身边的每一寸绿。
	家园共育	1. 请家长和幼儿一起逛水果店并购买自己喜欢的水果,丰富对各种颜色的水果及其颜色的认知。 2. 在外出活动时,引导幼儿观察并说出周围环境中的颜色,帮助幼儿寻找和观察生活中的各种颜色。 3. 提供水彩颜料、水彩笔、画纸,陪伴幼儿在家体验玩色的游戏。 4. 父母和幼儿在适当的时候玩按颜色选亲子装的游戏,一家人选择同一色系或对比色的服装外出郊游。

主题 5："可爱的小动物"（建议 3～4 周时间完成）

主题核心价值		1. 让幼儿体验与小动物亲密接触的快乐，激发爱护小动物的美好情感。 2. 引导和支持幼儿在观察与探究中增进对小动物的认识，并初步养成积极主动、敢于探究和尝试等良好的学习品质。
主题学习活动建议	环境创设	1. 老师和幼儿一起将收集的小动物图片、幼儿设计制作的小动物作品，以及幼儿在家中或在动物园和小动物一起游戏的照片展示在活动室墙壁和走廊上。 2. 开辟自然角，饲养小金鱼、小乌龟、小泥鳅等。
	区域活动	运动区："小猫钓鱼"（练习钻和爬）、"小猪快回家"（手眼协调走）、"喂小动物"（向指定地方投掷）、"动物运动会"（听信号向指定方向走、跑、跳）、"动物乐园"（根据游戏场地自主选择区域进行体育游戏）。 语言区："可爱的动物"（正确翻书并讲述图片上的动物）、"谁在叫"（根据动物的叫声找到对应的图片）、"动物儿歌"（有节奏地念儿歌）、"小动物坐车"（运用故事情节练习"等一等，还有××也要上车"句型）、"这是谁的尾巴"（讲述不同尾巴的典型特征猜测动物）、"我喜欢的动物"（记录自己喜欢的动物并了解朋友喜欢的动物）。 角色区："小动物之家（一）"（合理布置小动物的家）、"小动物之家（二）"（细心地照顾小动物）、"小动物之家（三）"（分工扮演不同角色）。 建构区："智斗大灰狼（一）"（运用单一封闭垒高和间隔垒高搭建墙面）、"智斗大灰狼（二）"（有序组合、垒高、围封）、"动物乐园"（运用软体积木拼插各种动物造型）。 科学区："送小动物回家"（感知 3 以内的数量；尝试按特征分类）、"谁的影子"（剪影和动物配对）、"给动物喂食"（动物与食物的对应关系以及按标记分类）、"动物拼图"（根据动物特征进行拼图）、"图形拼拼乐"（图形组合）、"小动物找妈妈"（观察、配对、排序）、"动物排排队"（按物品大小进行排序）、"修门帘"（模式排序及连接）。 饲养区：可开展饲养小金鱼、小乌龟、小兔等活动。 表演区："小兔和狼"（随音乐节奏模仿小兔跳和大灰狼走）、"动物音乐会"（随乐做简单的动作表演）、"小兔乖乖"（根据故事内容用简单对话和动作表演）。 美工区："小鸡捉虫"（将黏土揉团粘在一起）、"好看的热带鱼"（沿正方形对角折纸；尝试将三角形添画成鱼）、"小金鱼的黑白衣"（画出短线条）、"不一样的蛋宝宝"（使用油画棒给蛋宝宝涂色）、"动物花花衣"（用搓、撕、剪、贴等方法来装饰动物）、"可爱的鸡宝宝"（尝试用不同的材料组合制作小鸡）、"小羊爱吃草"（用棉签作画）。 生活区："小鸡捉虫"（手眼协调、数量对应）、"剥鹌鹑蛋"（锻炼手部精细动作）、"可爱的小动物（一）"（了解小动物的外部特征）、"可爱的小动物（二）"（观察小动物喜欢吃的食物进行记录）、"可爱的小动物（三）"（照顾自己喜欢的小动物）。
	游戏活动	体育游戏："小猴荡秋千"（尝试双手抓握悬吊）、"小刺猬背果子"（手膝着地爬）、"勇敢的小兔"（双脚协调向前跳）。 智力游戏："动物捉迷藏"（识别空间位置）、"帮小动物找家"（对动物外形特点的认识）、"什么动物不见了"（训练观察力和记忆力）。 音乐游戏："小兔和狐狸"（根据音乐变化表现动作）、"可爱的小动物"（有节奏地模仿动物走路和叫声）、"小蚂蚁"（一个跟着一个走）。

续表

主题学习活动建议	集体教学活动	健康活动：“聪明的小鸟”(跳)、“小蚂蚁搬豆豆”(爬、钻)、“小动物运动会”(向指定的方向走、跑、跳)。 语言活动：“七只小鸡”(“鸡”“七”“西”发音)、“我喜欢的小动物”(愿意表达自己的想法)、“小兔乖乖”(理解故事内容)。 社会活动：“爱玩的小兔”(不要跟陌生人走)、“小鱼的家”(保护水资源)、“我和小鸟做朋友”(萌发保护小动物的情感)。 科学活动：“好看的热带鱼”(感知三角形的基本特征)、“给小动物喂食”(一一对应)、“小鸡和小鸭”(观察、比较两种不同的物体)。 艺术活动：《我爱我的小动物》(用对唱的形式演唱歌曲)、“可爱的小鸡”(添画短线条)、“小兔和狼”(用动作表现音乐的变化)。
	生活活动	1. 户外活动时间，组织幼儿玩“网小鱼”等与小动物有关的游戏。 2. 师幼一起从家中带来小金鱼、小乌龟、小兔、小仓鼠等易养的小动物饲养。 3. 自由活动时间引导幼儿模仿小动物的活动，学习像小猫一样轻轻走路，午睡前给幼儿讲关于小动物的故事。
	家园共育	1. 与幼儿一起收集小动物的图片等资料，城市家长带幼儿参观动物园、海洋馆等。 2. 乡镇家长可带孩子一起到户外观察、认识各种动物，并讨论各种动物的名称和特点，和幼儿一起玩动物模仿秀，和幼儿一起玩我做你猜的游戏。 3. 指导幼儿饲养金鱼、乌龟、猫、狗等小动物，并讨论如何照料和保护这些小动物。

主题6：“找春天”(建议2～3周时间完成)

主题核心价值		1. 引导幼儿感受大自然的美好，培养其热爱生活的积极态度。 2. 鼓励幼儿与周围环境互动，体验观察事物的基本方法，积累相关生活经验。
主题学习活动建议	环境创设	1. 布置主题墙“美丽的春天”。 2. 展示“我们去春游”过程记录照片。
	区域活动	运动区：“小蜜蜂采花蜜”(钻过70厘米高的障碍物)、“青蛙捉害虫”(行进跳)、“蝴蝶找花儿”(快速跑)。 语言区：“美丽的春天”(读图书并讲述春季的特点)、“春天的秘密”(说出春天的典型特征)、“春天的电话”(运用道具表演故事情节)、“放风筝”(欣赏故事并创编句子)、“小蝌蚪找妈妈”(根据故事内容进行图片排序)。 角色区：“花店(一)”(装饰花店)、“花店(二)”(扮演花店售花员、顾客等角色)、“花店(三)”(与生活区合作提供花朵原材料)。 建构区：“小山坡绿了(一)”(用沙子堆建小山并进行创意装饰)、“小山坡绿了(二)”(用积塑片拼插春天的花草树木)、“小山坡绿了(三)”(用废旧材料拼插栅栏)。 科学区：“围篱笆”(按AB模式进行排序)、“昆虫排排队”(创编模式并进行记录)、“春天的小花园”(数量匹配、排序)、“花儿朵朵开”(匹配花瓣形状、

主题学习活动建议	区域活动	大小)、"昆虫花花衣"(匹配形状)、"春天的拼图"(探究局部图片与整体图片的关系)、"蚕宝宝成长记"(蚕宝宝生命成长图排序)、"小蝌蚪成长记"(小蝌蚪生命成长图排序)。 种植区:可开展播种后观察种子发芽、种植大蒜等活动。 表演区:《蝴蝶找花儿》(用身体动作、神情等表演歌曲)、《春天》(学唱并表现歌曲)。 美工区:"桃花开了"(揉捏小纸球并粘贴)、"小蜜蜂"(根据步骤图制作彩泥小蜜蜂)、"黑黢黢的小蝌蚪"(棉签点画)、"春姑娘的头发"(撕纸粘贴)、"给昆虫穿衣"(装饰昆虫)。 生活区:"插花"(插出不一样的花的造型)、"香喷喷的花茶"(尝试泡花茶)、"好吃的鲜花饼"(尝试制作鲜花饼)。
	游戏活动	体育游戏:"蝴蝶找花"(快速跑)、"小蜜蜂采花蜜"(钻过障碍物)、"春天里的树叶"(听信号做动作)。 智力游戏:"蝴蝶飞"(对空间方位的认识)、"照镜子"(听说游戏)、"青蛙跳水"(对图形进行定义和匹配)。 音乐游戏:"许多小鱼游来了"(根据音乐旋律玩捉鱼游戏)、"毛毛虫和蝴蝶"(随乐感知表现不同角色的动作)、"我给花儿挠痒痒"(创编花的各种姿势及毛毛虫爬行的动作)。
	集体教学活动	健康活动:"蝴蝶采花"(四散跑)、"小羊种树苗"(两手侧平举保持平衡)、"开心的小树"(调节情绪)。 语言活动:"春来啦"(文学作品欣赏)、"放风筝"(讲述活动)、"伞儿伞儿撑起来"(听说游戏)。 社会活动:"花儿好看我不摘"(爱护花草树木)、"我爱绿色"(爱护环境)、"我们要去春游啦"(春游的注意事项)。 科学活动:"嫩嫩的新芽"(感知发芽的花草树木)、"找春天"(感知理解方位词)、小金鱼(观察小金鱼)。 艺术活动:《小燕子》(用好听的声音演唱歌曲)、"春天的一盆花"(折纸、添画)、"春姑娘的头发"(撕、剪和拼贴)。
	生活活动	1. 自由活动,餐后散步时引导幼儿给蚕宝宝喂桑叶、照顾小金鱼等。 2. 引导幼儿在一日生活环节养成良好的卫生习惯,赶走鼻涕虫。
	家园共育	1. 带幼儿参观花园,引导幼儿不摘花朵,培养幼儿爱护环境的意识。 2. 与幼儿一起玩"蝴蝶找花"的游戏,家长和幼儿可互换角色表演。 3. 和幼儿一起饲养蚕宝宝,了解蚕宝宝从出生到结茧的过程。

主题 7:"有礼貌的好宝宝"(建议 2~3 周时间完成)

主题核心价值	1. 帮助幼儿初步体验文明礼仪及其作用,引导其关注不同场合的行为规则问题。 2. 培养幼儿基本的文明礼仪习惯,帮助其学会与他人和谐相处,并形成对社会文明的初步理解。

续表

主题学习活动建议	环境创设	1. 主题墙饰布置家长带幼儿走亲戚和幼儿主动打招呼的照片，家园联系栏发布培养幼儿礼貌习惯的亲子游戏，如"小猫玩球"的游戏方法及注意事项。 2. 推荐一些教育幼儿讲礼貌的儿歌和故事等资源。
	区域活动	运动区："钻山洞"(身体协调钻、爬)、"过小桥"(平衡走)、"打大灰狼"(投掷)、"接娃娃"(手脚协调爬行)。 语言区："礼貌小故事(一)"(阅读绘本，看懂画面内容)、"礼貌小故事(二)"(使用礼貌用语讲述图片内容)、"文明礼貌儿歌"(有节奏地念儿歌)、"我的图书朋友"(安静看书并能把书放回原处)、"有礼貌的小客人(一)"(完整讲述故事表演内容)、"有礼貌的小客人(二)"(与同伴讲述文明做客行为)。 角色区："娃娃美发屋(一)"(合理布局美发屋)、"娃娃美发屋(二)"(分配角色，体验角色职责)、"娃娃美发屋(三)"(学会给娃娃洗头发)、"娃娃美发屋(四)"(尝试给娃娃设计发型)。 建构区："我的小区真漂亮(一)"(用垒高、平铺等方法搭建小区高楼)、"我的小区真漂亮(二)"(用积塑片拼插小区的花草)。 科学区："好玩的磁铁"(感知磁铁的吸引力并以涂画的方式做记录)、"消防拼拼乐"(正确布置消防场景图)、"汽车排排乐"(按规律进行排序)。 表演区：《我的朋友在哪里》(听歌曲进行表演)、《对不起没关系》(边哼唱歌曲边做动作表演)、"小羊过桥"(表演故事主要内容)。 美工区："给妈妈做项链"(用同色、间色的方法串珠)、"好玩的滚珠画"(摆动盒子让珠子滚动作画)、"小熊家的栏杆"(用剪、贴的方法添画)、"可爱的瓶娃娃"(通过剪、贴、画等方法装饰瓶子)、"美丽的相框"(用自然材料进行艺术创作)、"快乐的小鱼"(尝试用对边、对角折小鱼)。 生活区："我帮奶奶剪长豆角"(用剪刀剪长条蔬菜)、"我给姐姐做花环"(对洞眼扣纽扣)、"我帮妈妈剥豆子"(熟练地剥豆子)、"我帮爷爷剥鹌鹑蛋"(剥鹌鹑蛋并品尝)、"我会自己洗毛巾"(正确洗毛巾)、"我会自己卷袜子"(学习卷、翻袜子)。
	游戏活动	体育游戏："送礼物"(钻和平衡)、"爱的抱抱"(快速反应拥抱朋友)、"接娃娃"(手脚协调爬)。 智力游戏："咆哮的动物"(学习处理愤怒的情绪)、"看望生病的小猫"(使用合适的礼貌用语关心和慰问病人)、"点豆豆"(两两结伴游戏)。 音乐游戏："小刺猬跳舞"(人群交往的合适距离)、"碰一碰"(听指令和同伴碰触身体不同的部位)、"袋鼠妈妈和袋鼠乖乖"(同伴合作创造性地表现动作)。
	集体教学活动	健康活动："走丢了有办法"(学习走失时的求助方法)、"鹿宝宝送水"(平衡)、"安全小乘客"(学习乘车时要注意安全)。 语言活动：谈话("做个有礼貌的小客人")、讲述《小猪学礼貌》、阅读《老鼠阿姨的礼物》。 社会活动："我会轻轻地"(懂得保持安静)、"进屋先敲门"(知道进门前要敲门)。 科学活动："夏天变凉快起来"(想办法让自己凉快起来)、"解救小兔子"(想办法融冰或碎冰)、"小小送货员"(按物体的用途匹配)。 艺术活动：《礼貌歌》(随乐表演)、《对不起没关系》(通过歌唱学习表达歉意的礼仪)、"送礼物"(用玻璃球蘸色滚画)。

主题学习活动建议	生活活动	1. 引导幼儿在来园、进餐、离园等环节使用礼貌用语，如"您好""请""谢谢""再见"等。 2. 引导幼儿轮流做值日生，做力所能及的劳动，鼓励幼儿主动与来班级的客人(如医生、食堂工作人员等)打招呼，食堂工作人员送餐来班级，大家一起说"谢谢"。 3. 引导幼儿在与小朋友交往时使用礼貌用语，联系好一个中班或大班，带幼儿去一起玩，练习使用礼貌用语，在幼儿活动中评选出"礼仪小宝宝"。 4. 上下楼梯时提醒幼儿慢慢走、扶扶手，懂得自我保护和礼让。
	家园共育	1. 和家长一起学唱《礼貌歌》《打电话》，亲子欣赏礼貌故事，如《小象要回家》。 2. 家长以身作则，做好礼貌示范，如来园或离园时，家长礼貌地与老师和其他幼儿打招呼，在生活中要求幼儿使用基本的礼貌用语。 3. 幼儿园召开家长会，评选"礼仪小宝宝"。

主题8："我爱我家"(建议3~4周时间完成)

主题核心价值		1. 帮助幼儿感受家庭生活的温馨，强化幼儿爱家人的情感体验。 2. 引导幼儿关心、爱护家人，并尝试用适当的方法表达。
主题学习活动建议	环境创设	1. 在活动室和走廊分类展示亲子照片和父母家人照顾孩子的照片，并请幼儿一起收集和参与布置。 2. 在美术作品展示区展示幼儿制作的送给爸爸妈妈的礼物，创设主题墙"我爱爸爸妈妈"。 3. 幼儿可以画出自己的爸爸妈妈，也可以带来爸爸妈妈工作和照顾家人等的照片，进行装饰和张贴。
	区域活动	运动区："我帮爷爷摘果子"(弯腰钻和手膝着地爬)、"保卫家园"(肩上投掷)、"袋鼠跳"(双脚连续向前跳)、"彩虹飘带"(四散跑)。 语言区："我的家(一)"(阅读绘本，体验亲子感情)、"我的家(二)"(完整介绍爸爸妈妈的姓名及职业)、"我的家(三)"(尝试制作折叠书)、"妈妈抱抱我"(听故事模仿句式)。 角色区："娃娃家(一)"(根据自己的兴趣选择游戏)、"娃娃家(二)"(扮演家庭成员承担任务)。 建构区："我的家(一)"(运用积木、废旧材料搭建"家"的造型)、"我的家(二)"(运用辅助材料装饰房间)、"我的玩具火车"(创意拼搭火车)。 科学区："开锁"(用插、拧的动作开锁)、"数一数"(5以内的数物匹配)、"小蜜蜂找家"(颜色匹配)、"装电池"(尝试为玩具装电池)、"白天和黑夜"(区分白天和黑夜并进行讲述)、"杯杯乐"(比较高低并排序)。 表演区："洗手帕"(听韵律表演动作)、《我家有几口》(用说唱的方式演唱歌曲)、《我的好妈妈》(演唱歌曲并分角色表演)。 美工区："快乐全家福"(装饰全家福照片)、"妈妈的丝巾"(用撕、贴、扭、添画等方法装饰图画)、"送给爸爸的礼物"(运用不同材料进行作品装饰)、"奶奶的毛线团"(从中心一点向外绕着画线)、"给爷爷做面条"(用剪刀剪线条)、"爱的小屋"(大胆涂色)、"送给家人的花"(用搓、捏、团、压等方式创作立体作品)。 生活区："照顾小植物"(关爱植物)、"我会榨橙汁"(手眼协调)、"洗餐具"(按步骤清洗餐具)。

续表

主题学习活动建议	游戏活动	体育游戏："小动物找家"（走、跑跳的动作）、"下雨了"（纵跳触物）。 智力游戏："图形的家"（感知周围环境中不同的形状）、"小鸟找家"（一个物体按不同特征匹配）。 音乐游戏："妈妈和乖乖"（与同伴创造性地表现"相亲相爱"的情景）、"找找好朋友"（根据声音猜测出说话的人）、"小象爱妈妈"（随乐表现动作）。
	集体教学活动	健康活动："猜猜我是谁"（跑）、"小蝌蚪找妈妈"（走）、"小兔一家"（跳）。 语言活动："快乐一家人"（围绕主题进行交谈）、"妈妈抱抱我"（观察图片并讲述）、"给妈妈的妈妈送甜蜜"（用拥抱和吻来表达自己的喜爱）。 社会活动："我的爸爸"（用简短的语句介绍自己的爸爸）、"夸夸我的好妈妈"（说出自己妈妈的1～2个本领）、"洗洗我的小袜子"（自己动手，了解如何洗袜子）。 科学活动："小动物的家"（了解动物居住的地方）、"找朋友"（按物体的用途匹配）、"电池宝宝"（感知大小不同的电池）。 艺术活动："我家的窗帘"（用线条、图案等的不同排列方式作画）、《我家有几口》（用说唱结合的方式演唱歌曲）、《小乌鸦爱妈妈》（用身体动作和面部表情表现歌曲）。
	生活活动	1. 户外活动时间，和幼儿一起唱一唱《我的好妈妈》《好爸爸》等歌曲。 2. 自由活动时，引导幼儿聊一聊自己的爸爸妈妈。 3. 午睡前给幼儿欣赏有关描写家庭生活的儿歌或童谣。指导幼儿跟着爸爸妈妈去商场时，不要离开父母，懂得自我保护。 4. 引导幼儿在日常生活中关心与尊重父母，提醒爸爸别抽烟，帮妈妈做些力所能及的事情。
	家园共育	1. 家长可与幼儿一起整理并分享亲子照片，引导幼儿找彼此相貌相似之处。 2. 亲子阅读《大头儿子和小头爸爸》等绘本，鼓励幼儿为家长画一幅画像，并作为礼物送给家长。 3. 指导幼儿自己穿衣服、扣扣子等，并做一些力所能及的家务。 4. 与幼儿玩"胡子扎一扎""骑大马"等亲子游戏。

主题 9："快乐的 6 月"（建议 2～3 周时间完成）

主题核心价值		1. 让幼儿感受长辈的关爱，享受同伴间相互分享的快乐，体验节日愉快的气氛。 2. 帮助幼儿初步了解夏天的特征及其与人们生活的关系。
主题学习活动建议	环境创设	1. 收集"六一"期间幼儿各种活动的照片，布置在活动室墙壁和走廊上。 2. "六一"节日环境布置，如自制小挂件、饰物、彩带等悬挂在活动室。
	区域活动	运动区："过桥摘水果"（平衡走；双脚跳）、"拍球小能手"（连续拍球）、"夹球乐"（与同伴合作背靠背夹球行走）、"抓尾巴"（动作协调、敏捷）。 语言区："夏天的故事（一）"（安静阅读并简单讲述夏季的特征）、"夏天的故事（二）"（安静倾听故事并尝试以涂画的方式进行记录）、"小兔分气球"（讲述故事内容）、"六一趣事"（尝试清楚地表达一件事情）、"6 月的水果"（描述物体的主要特征）。

主题学习活动建议	区域活动	角色区："快乐水果店(一)"(布局水果店场景)、"快乐水果店(二)"(初步尝试宣传策划)、"快乐水果店(三)"(自主商讨分配角色)、"快乐水果店(四)"(微笑服务客人)、"快乐水果店(五)"(与美工区、生活区联动进货)。 建构区：节日的舞台(用围合、平铺、垒高等方法搭建舞台)、夏天的池塘(用围合、垒高等方法合作搭建池塘场景)、"六一游乐园(一)"(尝试做搭建计划，分组进行搭建)、"六一游乐园(二)"(用磁铁片搭建摩天轮)、"六一游乐园(三)"(用积塑玩具拼出玩具车造型)。 玩沙区：可开展"沙滩上的六一节"游戏。 科学区："吹泡泡"(探索多种吹泡泡的方法)、"运水"(利用海绵吸水的特性运水)、"瓶子宝宝会唱歌"(探索物品与瓶子碰撞发声的现象)、"颜色变变变"(探索颜色变化现象)、"种菜(一)"(以两种线索点数5以内的物体，并说出总数)、"种菜(二)"(以三种线索点数5以内的物体，并说出总数)、"找影子"(匹配轮廓)。 表演区："小老鼠上灯台(一)"(用身体动作、神情表演故事情节)、"小老鼠上灯台(二)"(尝试创编歌词进行表演)、"大鼓和小铃(一)"(分辨大鼓和小铃声音特点并用声音、动作表现出来)、"大鼓和小铃(二)"(尝试同伴轮唱)。 美工区："节日的气球"(用添画或粘贴的方式装饰气球)、"冰激凌"(学习把纸张卷贴成甜筒形状)、"好吃的棒棒糖(一)"(用揉、团、搓、压等方式制作)、"好吃的棒棒糖(二)"(用笔绘画棒棒糖进行装饰)、"水果涂涂乐"(大胆地涂色)、"夏日星空"(使用大排刷大胆作画)、"夏天的扇子"(用小排刷在扇面上绘画)、"葡萄"(使用海绵拓印棒进行绘画)、"夏日莲"(拓印并添画线条)。 生活区："水果沙拉"(参考步骤图进行制作，安全使用儿童刀具切水果)、"清扫小能手"(使用工具进行清扫)、"收纳小能手"(分类收纳衣物)、"方巾叠叠乐"(用各种办法折叠方巾)。
	游戏活动	体育游戏："夹球乐"(与同伴合作背靠背夹球行走)、"抓尾巴"(尝试去抓同伴"尾巴"，同时能躲闪)、"我来摘水果"(连续向前跳)。 智力游戏："是谁在瓶子宝宝里唱歌"(听音猜测瓶子里的物品)、"好玩的扑克"(1~5数量按点数排序)、"找水果"(表达句子"××水果在××地方")。 音乐游戏："跳到我这里来"(随歌曲有节奏地表现动作)、"水果娃娃回家"(听指令找到相应的水果房子)、"拍蚊子"(与同伴随节奏做动作)。
	集体教学活动	健康活动："小兔过六一"(跳跃)、"快乐的小鱼"(听指令做动作)、"肚子为什么疼"(知道保持好的卫生习惯的重要性)。 语言活动："六一到"(欣赏儿歌作品)、"快乐的夏天"(阅读理解故事内容)、"快乐的六一儿童节"(谈话表达自己的想法)。 社会活动："我们的六一"(了解"六一"节日)、"节日的礼物"(体验相互交换礼物的快乐)、"香香的粽子"(了解端午节吃粽子的习俗)。 科学活动："六一的礼物"(理解数的概念)、"鼠兄弟过六一"(体验数的递增关系)、"圆宝宝变变变"(感知圆形及圆形组合)。 艺术活动："好吃的棒棒糖"(锻炼揉、搓等手部精细动作)、"节日的气球"(画波浪线)、"大鼓和小铃"(和同伴轮流演唱)。

续表

| 主题学习活动建议 | 生活活动 | 1. 合班区域活动，餐后和幼儿一起散步参观，欣赏其他班级"六一"环境氛围。
2. 离园前或其他生活环节中，请幼儿观看木偶剧和魔术表演。
3. 就餐时开展"六一"自助餐或美食分享会。
4. 开展以"六一"为主题的游乐会，或节目表演活动。 |
| | 家园共育 | 1. 家长可给幼儿讲讲自己小时候是怎样过"六一"节的，支持协助老师做好幼儿园班级的节日环境创设，并将"六一"活动以录像、照片、文字等方式记录下来。
2. 在"六一"当天，精心为幼儿打扮，和幼儿一起参与幼儿园的庆祝活动。 |

主题 10："小小美食家"(建议 3~4 周时间完成)

主题核心价值		1. 支持幼儿在品尝美食、制作美食、分享美食的过程中，逐步培养良好的健康生活意识、生活礼仪和卫生习惯。 2. 引导幼儿在体验、探究、表现食物的活动过程中，积累相关的知识经验，逐渐形成热爱生活的积极态度。
主题学习活动建议	环境创设	1. 师幼共同收集各种食物的图片，布置主题墙"各种各样的食物"，在活动室墙壁和走廊上布置水果、糖果、点心等的图片和照片，以及幼儿绘画作品。 2. 在活动室墙壁和走廊上布置简单美食的制作步骤图。
	区域活动	运动区："美食九宫格"(双脚跳)、"小猴子摘果子"(双脚原地向上跳触物)、"好玩的西瓜球"(探索皮球的多种玩法)、"快递员送美食"(沿着直线路径自然行走)。 语言区："多种多样的美食"(正确翻书并讲述图片上的美食)、"爸爸妈妈讲美食故事"(听故事描述简单美食特征)、"美食儿歌"(有节奏地念儿歌)、"美食小记者(一)"(采访并以涂画的方式记录身边朋友喜欢的美食)、"美食小记者(二)"(人物与美食图片匹配并用简短话语讲述出来)。 角色区："美食店(一)：装饰美食店"(合理布置美食店)、"美食店(二)：开张宣传"(宣传策划开张工作)、"美食店(三)：正式营业"(协商分配角色并有礼貌地进行交易)。 建构区："雪花蛋糕"(拼插花形蛋糕)、"美食城"(用积木拼搭美食城造型)。 科学区："谁不见了"(感知物体溶解的现象)、"小刺猬背果子"(按数取物)、"筛豆子"(探究豆子降落快慢的影响因素)、"拼一拼(一)：蛋宝宝拼图"(探究不同形状的局部与整体的关系)、"拼一拼(二)：鸡蛋宝宝拼图"(探究不同锯齿的局部与整体的关系)、"拼一拼(三)：水果拼图"(探究不同形状、大小局部与整体的关系)、"蘑菇的秘密(一)：不一样的蘑菇"(感知蘑菇的外形特征)、"蘑菇的秘密(二)：蘑菇选址记"(寻找适合蘑菇生长的地方)、"蘑菇的秘密(三)：蘑菇快快长大吧"(观察蘑菇生长过程并进行记录)、"蘑菇的秘密(四)：美味蘑菇"(采摘蘑菇制作美食)。 表演区："拾豆豆"(随乐做简单的动作表演)、"木瓜恰恰恰"(听韵律演奏乐器)。

主题 学习 活动 建议	区域 活动	美工区："蔬果秀"(用藕片、花菜切片蘸颜料拓印)、"圆圆的汤圆"(将橡皮泥揉成圆球并堆到碗里)、"冰糖葫芦"(将橡皮泥揉成圆球并用棍子串起来)、"好吃的葡萄"(有目的地进行手指点画)、"好吃的薯条"(用剪或撕的方法制作薯条)。 生活区："好吃的三明治"(尝试制作火腿肠三明治)、"水果串"(用竹签穿水果)、"夹豆子"(用工具夹豆子)。
	游戏 活动	体育游戏："运果子"(用抱的方法运果子,锻炼身体协调能力)、"小刺猬背果子"(手膝着地爬)、"老鼠偷大米"(快速反应,灵活跑动)。 智力游戏："糖果不见了"(感知数量多少的变化)、"小动物吃什么"(知道动物与食物间的匹配)、"分饼干"(感知不同饼干形状、颜色的不同)。 音乐游戏："熊和蜜蜂"(感知高、低两音区的不同)、"包饺子"(随乐做模仿动作)、"猪八戒吃西瓜"(随乐模仿猪八戒切西瓜、吃西瓜、肚子疼等动作)。
	集体 教学 活动	健康活动："小熊运饼干"(跑)、"圆形食物总动员"(模仿操)、"橘子熟了"(走小路运橘子)。 语言活动："我爱吃的水果"(表达自己的想法)、《秋妈妈与果娃娃》(文学作品欣赏)、《贪吃的变色龙》(绘本阅读)。 社会活动："厨房里的叔叔阿姨"(认识餐饮业的不同服务人员)、"我会用勺子"(培养自理自立的意识)、"美食分享会"(和大家一起分享美食的体验)。 科学活动："糖不见了"(糖的溶解实验)、"小小水果店"(认识不同水果的名称)、"给小动物喂食"(感知一一对应关系)。 艺术活动:吃豆豆(随韵律做动作)、糖豆豆(画圆圈)、拧麻花(泥工)。
	生活 活动	1. 进餐前向幼儿介绍饭菜的名称和营养价值,提醒幼儿吃饭时要细嚼慢咽、不挑食。 2. 引导幼儿养成良好的进餐习惯。例如:吃煮鸡蛋时可引导幼儿自己剥蛋壳;吃点心时引导幼儿认识点心的名称、颜色、形状和味道;引导幼儿进餐时爱惜粮食,不剩饭,进餐后注意个人卫生,及时漱口和擦嘴;等等。 3. 饭前饭后可以播放轻音乐,让幼儿欣赏情节比较愉快的故事。
	家园 共育	1. 老师在幼儿来园、离园时与家长沟通交流孩子情况,达成教育共识。 2. 家长可与幼儿一起说说曾经吃过的食物,谈论当天在幼儿园吃的食物。 3. 与幼儿一起去水果店挑选水果,并谈论水果的名称、特点和价格等。 4. 可与幼儿一起用橡皮泥制作蛋糕,一起做凉拌黄瓜或西红柿,制作水果拼盘等。 5. 幼儿园组织班级亲子活动"美食分享会",会前召开家长会,就入园来幼儿学习生活情况进行交流,并指导家长思考后续教育工作。

第五节 湖南省幼儿园3~4岁幼儿学习活动的评价

一、湖南省幼儿园3~4岁幼儿园本学习活动体系的评价

湖南省幼儿园3~4岁幼儿园本学习活动体系的评价,主要从本年龄班幼儿学

习与发展的合理期望、幼儿学习的基本内容、幼儿园学习活动计划、幼儿园学习活动的实施、幼儿园学习活动评价五个方面进行评价，见下表。

评价项目	评价内容
幼儿学习与发展的合理期望	1. 是否全面反映了《指南》精神和"湖南省 3～6 岁幼儿学习与发展的合理期望"的基本框架与内容。 2. 是否反映了本地本园经济社会发展实际。 3. 是否有效结合了本地的自然和人文教育资源。
幼儿学习的基本内容	1. 是否全面反映了《指南》精神、"湖南省 3～6 岁幼儿学习与发展的合理期望"和本园幼儿学习与发展合理期望的基本框架与内容。 2. 是否反映了本地本园特有的学习内容资源。
幼儿园学习活动计划	1. 是否全面反映了《指南》精神和"湖南省幼儿园 3～6 岁幼儿学习活动的计划"的基本内容。 2. 是否结合本地本园实际，统筹安排了主题整合下六大途径的学习活动。
幼儿园学习活动的实施	1. 是否全面反映了《指南》精神和"湖南省幼儿园 3～6 岁幼儿学习活动的实施"的基本框架与内容。 2. 是否体现了主题下的环境创设、区域活动、游戏活动、集体教学活动、生活活动、家园共育六大途径的有机整合。 3. 是否充分反映了对游戏和幼儿生活经验的重视。 4. 是否尊重了幼儿的多种学习方式与特点。 5. 是否反映并充分利用了本地本园现有的学习活动资源。
幼儿园学习活动评价	1. 是否全面反映了《指南》精神和"湖南省幼儿园 3～6 岁幼儿学习活动的评价"的基本内容。 2. 是否形成了反映本地本园特点和幼儿学习与发展实际且容易操作的评价工具。 3. 是否将学习活动评价有机融入了学习活动的组织实施过程中。

二、湖南省幼儿园 3～4 岁幼儿学习活动实施途径的评价

(一)湖南省幼儿园 3～4 岁幼儿学习活动环境创设的评价

湖南省幼儿园 3～4 岁幼儿学习活动环境创设的评价主要从物质环境、精神环境两个方面进行，其评价内容见下表。

评价项目		评价内容
物质环境	室内空间	活动室、寝室等面积大小基本符合《托儿所、幼儿园建筑设计规范》JGJ 39-2016(2019 年版)。去除家具设备、座位等占据的空间后，幼儿活动空间较充足。
		室内有直接自然的采光和通风，光线充足，通风较好，且温度适宜，隔音条件良好。
		室内活动空间布局合理，有开展集体教学、区域活动和休息等的空间，并且各个空间相对独立、有各自的标识，有利于幼儿的有序活动。
		环境做到美化、绿化、净化、趣味化和教育化，符合幼儿的特点，有利于幼儿自主地与环境互动。

续表

评价项目		评价内容
物质环境	墙面布置	走廊以及墙面的环境创设具有儿童性、艺术性、教育性、多样性，并且符合幼儿年龄特点和认知特点。
		主题墙布置能反映主题并记录幼儿活动进程，符合阶段性教育目标的要求。
		环境创设利用了幼儿作品，且展示幼儿作品的形式多样、内容丰富、富有特色，展示的高度方便幼儿阅读。
	室内设施	幼儿桌椅、玩具柜等家具和学习设施设备符合国家相关标准，没有明显的安全隐患，并且整洁卫生、维护良好。
		桌椅、玩具柜、床等家具和学习设施设备的数量基本能满足幼儿开展活动的需求，并且大小、高度、重量等适合幼儿。
	室内材料	图书、玩具等材料符合安全卫生要求。
		图书、玩具等材料的种类、数量适宜。
		图书、玩具等材料承载着区域当前的主题和教育目标，能为幼儿的当前发展需要提供支持。
		图书、玩具等材料用幼儿易于理解的照片、符号等标志进行分类，且材料的存放方式方便幼儿自主选择、取放。
		图书、玩具等材料能随幼儿发展需要和主题而不断变化更新。
	室外空间	户外活动场地安排科学合理，因地制宜利用地形，创设支持幼儿开展运动、玩沙、玩水、种植等活动的场地并配备相关的活动设施、材料，户外活动场地便于幼儿充分自由地进行户外活动。
		地面无尖锐突出物等安全隐患，场地周围有符合标准的围护设施，并及时检查和维护。
精神环境	班级氛围	营造安全、和谐、平等的心理环境，幼儿有安全感和自由感，表现轻松愉快。
	同伴互动	为幼儿间的交往创设支持性环境、运用普通话交流的环境，幼儿同伴之间能友好交往。
	师幼互动	教师尊重、接纳每一位幼儿，无讽刺、挖苦、虐待、歧视、恐吓、体罚和变相体罚幼儿的行为。教师之间平等和谐，能以适宜的方式回应幼儿。
	幼儿参与	幼儿在主题墙、区角、作品展示栏、材料的收集和制作等环境创设中参与程度高。

(二)湖南省幼儿园 3～4 岁幼儿区域活动的评价

　　湖南省幼儿园 3～4 岁幼儿区域活动的评价主要从区域环境创设、幼儿表现、教师指导三个方面进行，其评价内容见下表。

评价项目		评价内容
区域环境创设	空间设置	区域的空间面积能够满足幼儿开展活动的需要。
		能够充分利用地面、墙面等立体空间提供教育支持，如范例图片、主题情景图等。
		区域之间有明显的划分和隔断，且区域吊饰、标志和区域规则生动形象、文字较少。
		区域空间根据幼儿的意愿和需要经常进行动态性变换。
		幼儿每天的区域活动时间充足（以 30、60 分钟为等级界限）。
	材料投放	材料承载着区域当前的主题和教育目标，为幼儿的当前发展需要提供支持。
		材料符合安全卫生要求。
		材料的数量、种类、配置等满足活动的需要。
		材料能随幼儿游戏需要和主题而不断变化更新。
		注重对幼儿操作材料的良好常规和习惯的培养。
幼儿表现	自我管理	幼儿在游戏中能自主地确定游戏主题、选择材料与玩伴等，有一定的计划性。
		幼儿对活动充满兴趣，能够专注持久地投入游戏。
		幼儿在活动中有积极的情绪体验。
	社会交往	幼儿能友好回应他人的接近，并愿意共同游戏。
		幼儿相互间有必要的合作，能分配、分享材料。
		幼儿能用积极的方法自主处理与同伴发生的纠纷。
		幼儿掌握材料的基本玩法之后，迁移已有的生活经验，创造、变换（生成）出新的玩法和活动。
		幼儿能自己主动想办法解决困难和问题。
教师指导	观察	教师对区域活动有拍照、填表、录像等多种方式的观察记录。
	指导	教师能通过角色参与、启发式提问或建议、提供材料等积极的方式为幼儿提供适宜的指导和帮助。
	评价	教师的评价具有针对性，对幼儿的活动有指导和正面的激励作用。
	调整	教师能根据幼儿游戏的情况对材料等进行调整。

（三）湖南省幼儿园 3~4 岁幼儿游戏活动的评价

　　湖南省幼儿园 3~4 岁幼儿游戏活动的评价主要从目标与内容、设计与实施、教师与幼儿三个方面进行，其评价内容见下表。

评价项目		评价内容
目标与内容	游戏目标	目标定位适宜,符合幼儿的年龄特征和发展需要。
		教师对游戏规则和游戏玩法进行阐释之后,幼儿能很好地明白怎样开展游戏。
		目标体现出对幼儿情感态度、认知、能力等多方面发展或全面发展的关注。
	游戏内容	游戏内容适合目标并紧密围绕目标或核心任务展开。
		游戏主题和内容与幼儿的生活经验相关,能引起幼儿的兴趣。
		游戏内容或材料对幼儿来说有一定的挑战性。
设计与实施	游戏设计	教师在游戏前的物质材料、幼儿经验准备程度等方面满足游戏需要。
		游戏的过程设计以适宜幼儿的故事性情境贯穿始终,让幼儿在游戏过程中的每一个环节都是在故事里游戏,且游戏过程环环相扣、引人入胜。
		教师根据班级人数和游戏形式灵活地采取集体、小组、个别等多种组织方式。
		教师为幼儿的游戏提供必要的辅助性资源、操作材料或游戏辅助设备。
	游戏实施	教师对幼儿的行为反应有一定的前瞻性,能用温和的方式引导幼儿的不当行为。
		集体游戏的时间符合相关规定(小班15~20分钟)。
		游戏过程顺利流畅,幼儿用于游戏的时间较多,教师用于维持秩序和纪律的时间较少。
		教师能通过精心设计和组织有效地预防消极性意外事件的发生,在遭遇意外事件时能恰当地处理,甚至把意外事件转化为教育契机。
教师与幼儿	教师支持	采取的方法有助于幼儿直接感知、实际操作和亲身体验,如情境法。
		教师的语言表达是故事情境里的角色语言,生动形象,给幼儿营造一种游戏的情境氛围,并且语言表达符合规范、流畅清晰。
		教师能根据幼儿的表现做出适时、适当的回应,并具有为幼儿进一步的探究和体验提供情境、态度、追问和材料等支持的意识。
		游戏氛围温馨愉快,师幼之间、同伴之间以及同事之间彼此尊重,并尊重、接纳幼儿个体差异,没有歧视和排斥现象。
		教师对游戏计划的执行具有一定的灵活性,能在教育现场关注幼儿的兴趣与生成的问题,从而及时对游戏进行一定的调整。
		教师对幼儿的表现给予积极的反馈和评价。
	幼儿表现	幼儿对游戏充满兴趣,能够专注持久地投入游戏。
		幼儿在游戏中有积极的情绪体验。
		幼儿相互间有必要的交流与合作,如能与他人进行配合、协商、分享,有方法自主处理与同伴发生的纠纷。
		幼儿能掌握游戏材料设定的玩法,并能很好地迁移已有的生活经验,能生成一些复杂的、有挑战性的游戏情节和新的游戏玩法。能运用恰当的语言与他人交流,并能自己主动想办法解决困难和问题。

（四）湖南省幼儿园 3～4 岁幼儿集体教学活动的评价

湖南省幼儿园 3～4 岁幼儿集体教学活动的评价主要从目标与内容、设计与实施、教师与幼儿三个方面进行，其评价内容见下表。

评价项目		评价内容
目标与内容	教学目标	目标定位适宜，符合幼儿的年龄特征和发展需要。
		教师介绍学习目标或探究任务后，幼儿能明确活动的目标或任务。
		目标体现出对幼儿情感态度、认知、能力等多方面发展或全面发展的关注。
	教学内容	教学内容适合目标并紧密围绕目标或核心任务展开。
		活动主题和内容与幼儿的生活经验相关，能引起幼儿的兴趣。
		内容涉及多个课程或学科领域。
		活动内容或材料对幼儿具有一定挑战性。
设计与实施	教学设计	教师在教学活动前的物质材料、幼儿经验准备程度等准备能满足教学需要。
		教学环节的设计前后相关并且循序渐进，环环相扣。
		教师根据班级人数和活动形式灵活地采取集体、小组、个别等多种组织方式。
		如果有教学需要，教师为幼儿的学习提供一些辅助性资源、操作材料或一些教学辅助设备（投影仪、电脑等），以帮助幼儿进行理解。
	教学实施	教师对幼儿的行为反应有一定的前瞻性，能用温和方式引导幼儿的不当行为。
		集体教学活动的时间符合相关规定（小班 15～20 分钟）。
		教学活动过程顺利流畅，幼儿用于主要任务学习的时间较多，教师用于维持秩序和纪律的时间占比较少。
		教师能通过精心设计和组织有效地预防消极性意外事件的发生，在遭遇意外事件时能恰当地处理，甚至把意外事件转化为教育契机。
教师与幼儿	教师支持	采取的教学方法适合幼儿直接感知和动手操作的学习特点，如分组教学。
		教师的语言表达符合规范，并且流畅清晰、生动形象。教师利用各种机会与幼儿进行语言交流，提升幼儿的语言能力。
		教师能根据幼儿的表现做出适时、适当的回应，并具有为幼儿进一步的探究和体验提供情境、态度、追问和材料等支持的意识。
		教学活动氛围温馨愉快，师幼之间、同伴之间以及同事之间彼此尊重，并尊重、接纳幼儿个体差异，没有歧视和排斥现象。
		教师对教学活动计划的执行具有一定的灵活性，能在教育现场关注幼儿的兴趣与生成的问题，从而及时对活动进行一定的调整。
		教师对幼儿的表现给予积极的反馈和评价。
	幼儿表现	幼儿对学习活动充满兴趣，能够专注持久地投入学习。
		幼儿在学习活动中有积极的情绪体验。
		幼儿积极参与了探究思维活动或技能学习活动，集体教学活动结束后，幼儿能掌握关键概念或关键技能。

(五)湖南省幼儿园 3～4 岁幼儿生活活动的评价

湖南省幼儿园 3～4 岁幼儿生活活动的评价主要从入园离园、如厕盥洗饮水、进餐、午睡、安全健康五个方面进行评价，其评价内容见下表。

评价项目		评价内容
入园离园	入园	保教人员态度温和地对幼儿进行晨检。
		教师主动亲切地问候和回应幼儿的问候，并关注幼儿的身体和情绪状况，以及幼儿是否从家里带来了不安全物品。
		根据天气情况，在室内或者户外为幼儿安排几种可供自由选择的晨间活动，并关注幼儿的情绪和行为。
	离园	师幼在离园前有一定的准备(例如：提醒幼儿整理好自己的衣服和物品)。
		离园活动安排的时间恰当，没有让幼儿过早地停止活动，消极等待离园。
		师幼亲切愉快地做离园挥别。
		教师热情地问候和回应幼儿家长的问候，利用接送时间与家长沟通交流幼儿在家、在园情况。
如厕盥洗饮水	如厕	教师除了在固定时间组织幼儿有序如厕，允许幼儿在有需要时自由如厕。
		教师在幼儿如厕时进行必要的安全监护和正确的导护，以防止事故的发生。
		教师能以温和友好的态度处理幼儿因大小便而导致的衣物弄脏问题，并注意保护幼儿的自尊。
		教师在幼儿如厕时注意保护并引导幼儿保护自己的隐私。
	盥洗	教师提醒幼儿在饭前便后或手脏时去洗手。
		盥洗室粘贴有正确的洗手示意图，教师引导幼儿用正确方法洗手。
		每个幼儿都有自己做了标记的专用擦手毛巾。
	饮水	幼儿园为幼儿提供符合《生活饮用水卫生标准》GB 5749-2006 的干净卫生的饮用水。
		提供安全的饮水设备(如饮水机和保温桶)，每位幼儿有自己做了标记的专用水杯，幼儿园每日提供的水杯经过了统一的清洁和消毒。
		教师除了在固定的时间提醒并组织幼儿饮用适量的水之外，还注意培养幼儿按需自主饮水的能力。教师根据季节变化酌情调整水温和饮水量。
		幼儿园定期制定并公示适合幼儿的膳食计划和带量食谱，并且每 1～2 周更换一次。

续表

评价项目		评价内容
进餐	膳食营养	幼儿园提供的食物种类充足、营养均衡，并且食物的色、香、味、形、温度符合幼儿膳食的需求。同时根据季节特点和幼儿的成长需要调整膳食。
		幼儿园按规定严格执行食品留样制度，并且定期进行膳食调查和营养评估，并向家长反馈。
	环境氛围	餐点时间和餐前的过渡环节安排恰当，进餐时间合理(20～30分钟，正餐间隔3.5～4 小时)。
		进餐环境清洁卫生，进餐氛围温馨融洽。
	进餐护理	教师向幼儿简单介绍食物的种类和营养。
		教师培养幼儿独立进餐的能力，并为有需要的幼儿提供必要的帮助。同时锻炼幼儿参与进餐环节的服务工作。
		教师注意培养幼儿良好的饮食习惯(不偏食、不挑食、不剩饭、不掉饭粒、细嚼慢咽等)、文明的进餐方式(如轻声说话)以及饭后和点心后漱口的习惯，对幼儿的不良进餐行为加以适当的关注和引导。
		教师注意照顾幼儿的个体差异和需要(如让吃饭慢的幼儿先吃饭，为吃饭快的幼儿安排适宜的活动)。
午睡	时间	午睡时间安排合理(一般是 2 小时)，并根据季节变化酌情调整。
	环境	午睡环境干净卫生，每个幼儿都有自己专用的寝具和床上用品。
		午睡环境安静、光线昏暗、温度适宜、温馨舒适，有利于幼儿的睡眠。午睡前后定时开窗通风换气，保持室内空气新鲜。
	午睡护理	教师在整个午睡时间一直在陪护与巡视，关注幼儿身体和情绪的变化，注意培养幼儿良好的睡眠习惯。
		教师组织幼儿入睡和起床时，态度平静温和，不具有惩罚性。采用恰当的方法帮助幼儿放松、尽快入睡，指导幼儿正确的穿脱衣服的方法和叠放衣物的顺序。
安全健康	环境安全	幼儿园室内外场地和各类设施、器械都有必要的安全防护措施，并定期进行安全隐患排查。
		教师有安全意识，在活动前向幼儿解释安全规则，并采取了基本的安全防范措施。
	疾病预防	幼儿园有明文规定的安全事故处理程序及必需用品，并且必需用品容易取得。
		幼儿园采取了防止细菌病毒传播的措施(例如：煮醋煮艾、84 消毒液、紫外线灯消毒等)，采取必要措施将传染病散播危害降至最低(例如：确定幼儿接受免疫接种，建立并执行传染病防控制度，及时隔离病儿)。
		师幼按规定做好入职定期体检和入园定期体检，并分期存档，及时向家长反馈意见。

(六)湖南省幼儿园 3～4 岁幼儿家园共育的评价

湖南省幼儿园 3～4 岁幼儿家园共育的评价主要从交流沟通、活动参与、参与决策、社区合作、家园合作五个方面进行，其评价内容见下表。

评价项目	评价内容
交流沟通	家长和教职员工能开展双向、便捷、有意义的沟通交流。除入园、离园时的非正式交流外，家长还能通过网络媒介等多种方式(微信群、家园联系册、幼儿园公众号)了解孩子、班级以及幼儿园课程和管理等信息。就幼儿的个别化教育，教师能与家长展开较深入的交流。
活动参与	家长参与幼儿园生活方式是多样的(如家长志愿者、幼儿园开放日、亲子活动等)，家长能感到宾至如归和参与的价值，以及与教职员工和幼儿在园的课程和活动之间彼此息息相关。
参与决策	家长和教职员工在制定影响幼儿和家庭的决策方面是平等的合作者(如家委会参与幼儿园的决策)，幼儿园能主动收集家长和社区的意见、建议，并有计划地对家长意见做有效的回应和跟进，同时有支持家长个体不同需求的机制。
社区合作	家长、幼儿园和社区成员能共同合作，将幼儿、家庭、幼儿园与更丰富的学习机会、社区服务联系起来。幼儿园向社区宣传相关教育理念、政策和项目等，并运用家长、社区物质和人文资源提升幼儿园课程和管理水平。
家园合作	家长和幼儿园合作，共同支持幼儿学习和健康发展。幼儿园教职员工能通过多种方式(如日常交流、育儿讲座、家长会等)和家长交流幼儿教育方面的观念与实践，同时就个别化的家庭教育能提供专业的指导。

三、湖南省 3～4 岁幼儿发展评价

(一)评价说明

湖南省 3～4 岁幼儿发展评价依据《指南》和湖南省 3～4 岁幼儿学习与发展的合理期望编制而成，分健康、语言、科学、社会、艺术五大领域提出了一系列评价项目，并列出了相应的评价方式、操作评价要点以及支持性工具。评价的一般方式主要有测量、自然观察、情境观察、访谈、问卷、测评及作品分析等。其中：

测量：指采用测量仪器、仪表等工具，直接测量、读出物理量值。主要用于获取幼儿的身高、体重等身体发育指标数据。

自然观察：指在日常生活状态下，有目的、有计划地对幼儿行为进行直接观察和记录，以获得其发展水平信息。

情境观察：指将幼儿置于特意创设的与现实生活场景类似或有趣的游戏情境中，观察幼儿的表现以获得相关信息。

访谈：指教师与幼儿面对面交流有关信息，较快捷地了解幼儿发展中某些难以用行为表现出来的认知、态度方面问题。

问卷：指通过家长填写调查问卷，较方便而迅速地了解幼儿平时在家的表现以

获得相关信息。

测评：指教师借助一定的工具(如故事、儿歌、图片、绘本等)并设计相关问题以测查幼儿发展状况。主要用于结合研究目的，针对幼儿学习与发展的特定方面进行诊断性评价。

作品分析：指教师通过对幼儿的绘画、美工、音乐、文学等作品进行分析研究，以了解和评定幼儿发展水平。

(二)评价注意事项

第一，评价主要用于帮助教师了解幼儿学习与发展情况，进而制订个别教育计划、改进保教工作。评价目的是更好地帮助和支持幼儿富有个性地全面发展，不得根据评价结果为幼儿"贴标签"，出现教育不公平甚至歧视幼儿的现象。对于发展水平不够理想的幼儿，教师要给予充分的关怀和适宜的帮助，促进他们在原有水平上更好地发展。

第二，评价时应认真阅读和参考评价要点。每位幼儿的评价结果须取得班级三位教师的共同认可，并充分重视家长的反馈信息，以确保评价结果的客观与公正。

第三，要结合幼儿园一日活动实际，在生活活动、区域活动、游戏活动等六大途径的活动实施过程中，灵活渗透适宜的评价方式，避免为获得评价结果而专门对幼儿进行测评。

第四，要承认和关注幼儿在经验、能力、兴趣、学习特点等方面的个体差异，避免用统一的标准评价不同的幼儿。要以发展的眼光看待幼儿，既了解幼儿的现有水平，更要关注幼儿的最近发展区。

第五，在评价方法的使用方面，提倡多采用在一日活动中对幼儿进行自然观察和情境观察的方法，多结合幼儿的自主活动采用作品分析法，并通过建立幼儿个人成长档案袋等方式，将诊断性评价、形成性评价与总结性评价有机结合。坚决杜绝以类似考试的方式机械运用测量和测评方法的现象。

第六，评价时要避免只重知识技能的掌握，忽视情感、社会性和实际能力的倾向。

(三)评价要点

详见"湖南省 3～4 岁幼儿学习与发展的合理期望"中的"基本理解或举例"。

第三章

湖南省幼儿园 4~5 岁幼儿学习活动指导方案

Chapter Three

第一节　湖南省 4～5 岁幼儿学习与发展的合理期望

湖南省 4～5 岁幼儿学习与发展的合理期望，是依据《指南》和湖南省的整体情况，针对湖南省 4～5 岁年龄段的幼儿在 5 岁末期"应该知道什么""能做什么""大致可以达到什么发展水平"等问题进行的具体说明。但由于幼儿学习与发展的个体差异、幼儿园办园条件及地区经济社会发展差异的广泛存在，幼儿园中班教师应当在湖南省 4～5 岁幼儿学习与发展的合理期望的基础上，综合运用观察、访谈、测量、作品分析等方法，逐步建立本园 4～5 岁幼儿学习与发展的合理期望，并在中班一年的学习活动过程中动态灵活地把握。不可生搬硬套，更不可简单地将"合理期望"当作硬性的教学目标或当作评价幼儿学习与发展水平的"标尺"。

一、湖南省 4～5 岁幼儿健康领域学习与发展的合理期望

湖南省 4～5 岁幼儿健康领域学习与发展的合理期望一共由 9 个目标和 41 条典型表现组成，部分典型表现以"基本理解或举例"的方式，就教师在理解或实施时可能会把握不清的问题进行了说明。具体内容如下。

目标 1：具有健康的体态

典型表现	基本理解或举例
身高和体重适宜。	在以下数值范围内都属于适宜： 男孩：身高 100.7～119.2 厘米；体重 14.1～24.2 公斤。 女孩：身高 99.9～118.9 厘米；体重 13.7～24.9 公斤。
在提醒下能保持正确的站、坐和行走姿势。	站姿：全身笔直，精神饱满，两眼正视，两肩平齐，两臂自然下垂，身体重心落于两腿正中。 坐姿：大腿和臀部坐在椅子中间，小腿自然下垂，挺胸，脊背轻靠椅背。 走姿：身体直立、收腹直腰、两眼平视前方，双臂放松在身体两侧自然摆动，脚尖微向外或向正前方伸出，跨步均匀，两脚之间相距约一只脚到一只半脚，步伐稳健，步履自然，有节奏感。
懂得体检的意义并积极配合。	略

注：身高和体重数据来源于《2006 年世界卫生组织儿童生长标准》5 周岁儿童身高和体重的参考数据。

目标 2：情绪安定愉快

典型表现	基本理解或举例
经常保持愉快的情绪，不高兴时能较快缓解。	较快缓解的参考标准为 5～10 分钟。

典型表现	基本理解或举例
有比较强烈的情绪反应时，能在成人的提醒下逐渐平静下来。	比较强烈的情绪反应：大哭大闹、发脾气、尖叫、咆哮、歇斯底里。
愿意把自己的情绪告诉亲近的人，一起分享快乐或求得安慰。	能告诉父母今天高兴或不高兴及其原因。

目标3：具有一定的适应能力

典型表现	基本理解或举例
能在较热或较冷的户外环境中连续活动半小时左右。	较热：35℃≥户外温度≥28℃。 较冷：10℃≤户外温度≤17℃。 例如：在炎热的夏季或寒冷的冬季能在户外活动。
冬天不穿过厚的衣服。	略
愿意到不同环境中玩。	略
换新环境时较少出现身体不适。	换新环境时常见的身体不适：如食欲缺乏、乏力、消化不良等。
愿意随父母一起出外旅游，适应良好。	略
换了新老师能尽快适应。	略
能较快适应人际环境中发生的变化。	例如：幼儿入新班和外出做客时，能在较短时间内与老师、同伴和周围的人交流、沟通，情绪稳定。对接触到的新朋友，表现为友善、接纳。

注：户外气温数值来源于天气网，根据湖南省历年5月至7月白天平均气温和11月至次年1月白天平均气温分别确定"较热"和"较冷"的气温数值范围。

目标4：具有一定的平衡能力，动作协调、灵敏

典型表现	基本理解或举例
能在较窄的低矮物体上平稳地走一段距离。	1. 较窄的低矮物体可以是高度在20厘米以下的平衡木，或者其他类似物体。 2. 行走距离：5米。
能以匍匐、膝盖悬空等多种方式钻爬。	匍匐：双手双膝着地。 膝盖悬空：双手双脚着地。
能助跑跨跳过一定距离，或助跑跨跳过一定高度的物体。	跨跳距离：40厘米；跨跳高度：30厘米。
能与他人玩追逐、躲闪跑的游戏。	教师在追逐、躲闪跑的体育游戏中观察幼儿的表现。
能连续自抛自接球。	在15秒之内用皮球进行连续抛球和接球动作。

目标 5：具有一定的力量和耐力

典型表现	基本理解或举例
能双手抓杠悬空吊起 15 秒左右。	略
能单手将沙包向前投掷 4 米左右。	投掷 3 次，以最远距离为准。
能单脚连续向前跳 5 米左右。	单脚向前跳格子，中间不换脚。
能快跑 20 米左右。	略
能行走 1.5 公里左右（途中可适当停歇）。	略

目标 6：手的动作灵活协调

典型表现	基本理解或举例
能沿边线较直地画出简单图形，或能边线基本对齐地折纸。	略
会用筷子吃饭。	略
能沿轮廓线剪出由直线构成的简单图形，边线吻合。	沿直线剪的误差不超过 1 毫米。
在成人指导下做简单的家务劳动。	例如：摆碗筷，擦小桌子、小椅子等。
用手灵活操作较小的物件。	略

目标 7：具有良好的生活与卫生习惯

典型表现	基本理解或举例
每天按时睡觉和起床，并能坚持午睡。	略
喜欢参加体育活动。	略
不偏食、挑食，不暴饮暴食。喜欢吃瓜果、蔬菜等新鲜食品。	不偏食、挑食：对自己喜爱的食物有节制，对不喜爱的食物也不拒绝。
常喝白开水，不贪喝饮料。	略
知道保护眼睛，不在光线过强或过暗的地方看书，连续看电视等不超过 20 分钟。	例如：在阅读时，能主动寻找光线合适的地方，采用正确的姿势看书。
每天早晚刷牙、饭前便后洗手，方法基本正确。	幼儿正确刷牙方法：力道要轻，将刷毛放在牙齿近牙龈部位，刷毛和牙面呈 45 度角倾斜。刷上牙时，牙刷从上往下刷，刷下牙时，牙刷从下往上刷。每个牙面要刷 8~10 次。刷牙不但要刷牙齿外侧面，也要刷牙齿内侧面和咬合面。按一定顺序刷，从左到右，再从右到左。刷全口牙齿 2~3 分钟。

目标 8：具有基本的生活自理能力

典型表现	基本理解或举例
能自己穿脱衣服、鞋袜，扣纽扣。	例如：能穿脱粘扣式鞋子，能一一对应扣好衣服纽扣。
能整理自己的物品。	在家长指导下清理自己的图书、衣物等用品并摆放整齐。

目标 9：具有基本的安全知识和自我保护能力

典型表现	基本理解或举例
知道在公共场合不远离成人的视线单独活动。	略
认识常见的安全标志，能遵守安全规则。	略
运动时能主动躲避危险。	略
知道简单的求助方式。	求助方式：向成人求助；拨打 110 等求救电话。
活动中有基本的安全自护意识和能力。	略

二、湖南省 4～5 岁幼儿语言领域学习与发展的合理期望

湖南省 4～5 岁幼儿语言领域学习与发展的合理期望一共由 6 个目标和 31 条典型表现组成，部分典型表现以"基本理解或举例"的方式，就教师在理解或实施时可能会把握不清的问题进行了说明。具体内容如下。

目标 1：认真听并能听懂常用语言

典型表现	基本理解或举例
在群体中能有意识地听与自己有关的信息。	例如：教师在班级集体活动时发出指令，如"请西瓜组小朋友去看书"，西瓜组的幼儿知道此指令是与自己有关的。
能有礼貌地、集中注意地倾听他人说话。	略
能结合情境感受到不同的语气、语调所表达的不同意思。	例如：教师用不同的语气、语调表达"我很生气""我很伤心""我很害怕"等，幼儿根据自己的理解做出相应的表情和动作。
能理解多重指令。	略
能听懂普通话。	略
喜欢听适合该年龄段幼儿理解的古诗词和有一定难度的绕口令。	略

目标 2：愿意讲话并能清楚地表达

典型表现	基本理解或举例
愿意与他人交谈，喜欢谈论自己感兴趣的话题。	略
会说本地方言；基本会说普通话，能用普通话进行日常会话。	略
能较为准确和恰当地使用形容词、量词。	形容词：用来修饰名词或代词，如"这是一朵美丽的花"。量词：表示人、事物或动作的数量单位，如"树上飞来了 3 只鸟"。
能够使用复合句基本完整地讲述自己的所见所闻和经历的事情。	复合句一般由两个分句组成。例如："因为外面下雨了，所以我们只能在活动室里玩。""要么看书，要么画画，都可以。"
能大胆、清楚地表达自己的请求、愿望、情感和需要等。	略
会有表情地朗诵诗歌、散文和讲述故事等。	略
讲述比较连贯。	能完整有序地讲述事情的经过，如事情发生的时间、地点、人物、过程、结果。例如："星期天，我和爸爸妈妈去逛超市，在超市买了很多东西。"

目标 3：具有文明的语言习惯

典型表现	基本理解或举例
别人对自己讲话时能回应。	略
能根据场合调节自己说话声音的大小。	例如：在就餐、看图书时，小声交流；在教师或小朋友问话时能大声回答，让每个人都能听到。
不随便插话和打断别人的谈话。	略
说话时的音量和语速适当。	略
能主动使用礼貌用语，不说脏话、粗话。	略

目标 4：喜欢听故事、看图书

典型表现	基本理解或举例
反复看自己喜欢的图书。	看图书时多次选择同一本。
喜欢把听过的故事或看过的图书讲给别人听。	略
能根据作品提供的线索，进行想象和创造，编构作品内容，仿编诗歌和散文等。	略

续表

典型表现	基本理解或举例
对生活中常见的标识、符号感兴趣，知道它们表示一定的意义。	1. 喜欢观察生活中常见的标识和符号，如交通标志、导向标志、安全标志等，并知道一些简单的标志和符号表示的意义。 2. 对于陌生的标志和符号，能积极主动询问其意义。 3. 生活常见的标识和符号主要有：（1）交通标志，如人行横道、红绿灯等标志；（2）导向标志，如超市、商场中的上下楼梯、卫生间、收银等标志；（3）安全标志，如禁止玩火、禁止下河游泳等标志。

目标 5：具有初步的阅读理解能力

典型表现	基本理解或举例
能大体讲出所听故事的主要内容。	能讲述所听故事里出现的人物和发生了什么事。
知道口头语言和文字的对应转换关系。	略
能结合成人讲述理解画面中的文字。	略
能独立阅读图书，理解画面内容。	略
能根据连续画面提供的信息，大致说出故事的情节。	略
能随着作品的展开产生喜悦、担忧等相应的情绪反应，体会作品所表达的情绪情感。	略
对画面中的文字感兴趣，主动学认常见的汉字。	略

目标 6：具有书面表达的愿望和初步技能

典型表现	基本理解或举例
愿意用图画或符号表达自己的愿望和想法。	例如：幼儿想对妈妈说"我爱你"时，用一颗爱心表达"我爱你"的意思；想写邀请信请好朋友来家里过生日分享蛋糕时，画上一个蛋糕表达自己的愿望。
在成人提醒下，写写画画时姿势正确。	正确的写画姿势：上身坐正，头正，背直，胸口离桌沿一拳左右；两脚平放，左手按纸，右手执笔；眼睛与纸面的距离保持在一尺左右。

三、湖南省4～5岁幼儿社会领域学习与发展的合理期望

湖南省4～5岁幼儿社会领域学习与发展的合理期望一共由7个目标和29条典

型表现组成，部分典型表现以"基本理解或举例"的方式，就教师在理解或实施时可能会把握不清的问题进行了说明。具体内容如下。

目标 1：愿意与人交往

典型表现	基本理解或举例
喜欢和小朋友一起游戏，有经常一起玩的小伙伴。	略
喜欢和长辈交谈，有事愿意告诉长辈。	略

目标 2：能与同伴友好相处

典型表现	基本理解或举例
会运用介绍自己、交换玩具等简单技巧加入同伴游戏。	例如："我是××，我想和你们一起玩。""我给你玩这个玩具，可以让我玩一会儿你的玩具吗?"
对大家都喜欢的东西能轮流、分享。	略
与同伴分享更多，期望将游戏中获得的兴奋和享受最大化。	略
与同伴发生冲突时，能在他人帮助下和平解决。	略
活动时愿意接受同伴的意见和建议。	略
不欺负弱小。	欺负弱小：争抢其他幼儿的玩具，强迫其他幼儿服从自己的意愿，等等。

目标 3：具有自尊、自信、自主的表现

典型表现	基本理解或举例
能按自己的想法进行游戏或其他活动。	在游戏或其他活动时有主见。
知道自己的一些优点和长处，并对此感到满意。	略
自己的事情尽量自己做，不愿意依赖别人。	略
敢于尝试有一定难度的活动和任务。	略

目标 4：关心尊重他人

典型表现	基本理解或举例
会用礼貌的方式向长辈表达自己的要求和想法。	1. 会使用常见的礼貌用语，如"请""我可以……吗?"。 2. 在表达要求和想法时能做到和气而又大方。
能注意到别人的情绪，并有关心、体贴的表现。	略
知道父母的职业，能体会到父母为养育自己所付出的辛劳。	教师和家长可以结合亲子活动、社区参观和角色游戏等活动，帮助幼儿理解父母职业及其工作内容。

目标 5：喜欢并适应群体生活

典型表现	基本理解或举例
愿意并主动参加不同群体的活动。	家庭和幼儿园经常组织不同群体的活动，如家庭的各种聚会，幼儿园的混班、混龄活动等。
愿意与家长一起参加社区的一些群体活动。	略

目标 6：遵守基本的行为规范

典型表现	基本理解或举例
感受规则的意义，并能基本遵守规则。	例如：游戏时遵守游戏规则，过马路走斑马线，不随地乱扔垃圾等。
不私自拿不属于自己的东西。	略
了解幼儿园的各种集体规则，有一定的规则意识。	略
了解简单的公共规则，并自觉遵守。	略
知道说谎是不对的。	教师和家长要及时肯定幼儿诚实守信的行为。
知道接受了的任务要努力完成。	略
在提醒下，能节约粮食、水电等。	略

目标 7：具有初步的归属感

典型表现	基本理解或举例
喜欢自己所在的幼儿园和班级，积极参加集体活动。	能讲出对所在班级和幼儿园的积极看法，参加活动时经常有积极的情绪体验。

续表

典型表现	基本理解或举例
能说出自己家所在地的省、市、县(区)名称，知道当地有代表性的物产或景观。	能简单介绍家乡的主要特产与景观。
知道自己是中国人，是湖南人。	略
在成人的引导下，积极参与民间传统节日的庆祝。	略
奏国歌、升国旗时能自动站好。	教师可观察幼儿平时在升旗仪式上的表现。

四、湖南省 4～5 岁幼儿科学领域学习与发展的合理期望

湖南省 4～5 岁幼儿科学领域学习与发展的合理期望一共由 6 个目标和 42 条典型表现组成，部分典型表现以"基本理解或举例"的方式，就教师在理解或实施时可能会把握不清的问题进行了说明。具体内容如下。

目标 1：亲近自然，喜欢探究

典型表现	基本理解或举例
喜欢接触新事物，经常问一些与新事物有关的问题。	新事物：没有操作过的材料物品(如磁铁、放大镜)，或以前不知道的现象(如蝉蜕皮)。 经常：几乎每次操作新物品或接触新现象时，都能够有相关的提问。
常常动手动脑探索物体和材料，并乐在其中。	乐在其中：愿意操作摆弄物体和材料，操作时间较长，更换材料的频率较低，遇到问题自己想办法解决。

目标 2：具有初步的探究能力

典型表现	基本理解或举例
能对事物或现象进行观察比较，发现其相同与不同。	观察：此处是对比观察，指能将几种事物进行对比，发现异同。 相同与不同：外形特征(颜色、气味、大小、形状等)及内部特征(使用方法、功能等)上的异同。
能根据观察结果提出问题，并大胆猜测答案。	1. 能对结果产生的原因、过程及方法进行提问。例如："为什么会这样？""到底是怎么产生……的？""怎样才能产生……？" 2. 大胆猜测：能对原因、过程、方法提出与其他幼儿不一样的看法。
能通过简单的方法收集信息。	简单的调查：主要指观察、操作小实验、提问这三种方式。
能用图画或其他符号进行记录。	符号：钩、叉、圆圈、三角形、不同长度的线条等。

目标 3：在探究中认识周围事物和现象

典型表现	基本理解或举例
能感知和发现动植物的生长变化及其基本条件。	感知和发现：通过观察、测量等方式发现变化。 生长变化：既包括长高、长大、长粗等量变现象，也包括蚕宝宝变蝴蝶、植物开花结果等质变现象。 基本条件：主要指天气、季节、水、泥土、空气、阳光等自然条件。
能感知和发现常见材料的溶解、传热等性质或用途。	常见材料：包括泥土、沙石、水、盐、糖、纸、木头及各种金属等。
能感知和发现简单物理现象，如物体形态或位置变化等。	略
能感知和发现不同季节的特点，体验季节对动植物和人的影响。	特点：春暖、夏热、秋凉、冬寒。 影响：春生、夏长、秋收、冬藏。
初步感知常用科技产品与自己生活的关系，知道科技产品有利也有弊。	能说出身边常见的科技产品给人们的生活带来的好处和坏处。

目标 4：初步感知生活中数学的有用和有趣

典型表现	基本理解或举例
在指导下，感知和体会有些事物可以用形状来描述。	例如：盘子是圆形的，房子是方形的，等等。
在指导下，感知和体会有些事物可以用数来描述，对环境中各种数字的含义有进一步探究的兴趣。	例如：电话号码、门牌号码、时钟、日历和商品的价签等。

目标 5：感知和理解数、量及数量关系

典型表现	基本理解或举例
能感知和区分物体的粗细、厚薄、轻重等量方面的特点，并能用相应的词语描述。	略
按物体的内部特征（性质、功能、用途等）进行分类。	例如：苹果和饼干都是吃的，小汽车和积木都是玩具。
按物体间的数量关系进行分类。	略
对物体进行多重分类。	略
能通过数数比较两组物体的多少。	例如：在点数饼干后，能说出"你有 3 块饼干，我有 4 块饼干，我的饼干比你的多"。

续表

典型表现	基本理解或举例
能通过实际操作理解数与数之间的关系。	例如：在玩摘水果的游戏时，能说出"我摘了 4 个苹果，他摘了 1 个苹果，我们一共摘了 5 个苹果"。
会用数词描述事物的排列顺序和位置。	例如：能描述"我在第二排的第一个，他在第一排的第三个"。
进行 50 以内的唱数。	略
用点数的方法对 10 以内数量的物体进行准确计数。	略
感知 10 以内数量，发现物体数量不会因其排列方式的改变而变化。	例如：6 粒纽扣紧密地排成一行，松散地排成一行，围成一个圆圈，其数量都是 6。
学习 10 以内的序数，能从不同的方向正确指出某一物体在序列中的位置。	略
学习 10 以内的序数，能从不同的方向正确指出某一物体在序列中的位置。	略
将数字与相应数量的集合匹配。	例如：可以用数字卡片 5 来标识 5 辆小汽车的数量。
认识 10 以内的数字，并理解数字的抽象意义。	略
在数量比较的基础上将数量为 7 以内的集合按多少排序。	略
认识 10 以内数序，感知 10 以内相邻数的等差关系。	略
按大小、长短、高矮、粗细差异对 7 个以内物体进行排序。	略
理解 5 以内数量的分解与组合。	例如：知道 5 可以分成 2 和 3，1 和 4 合到一起就是 5，等等。

目标 6：感知形状与空间关系

典型表现	基本理解或举例
能感知物体的形体结构特征，画出或拼搭出该物体的造型。	例如：能用绘画或拼搭的方式粗略表现公路、大桥、旋转木马等物体的基本外形。
能感知和发现常见几何图形的基本特征，并能进行分类。	例如：知道圆形、长方形、三角形、椭圆形的边角特征，并能根据边角特征排除大小、颜色的干扰，按图形名称进行分类。

典型表现	基本理解或举例
认识并命名立体图形上的平面图形，如三角形、长方形、正方形、梯形、圆形、椭圆形等。	略
认识平面图形（如三角形）的各种变式。	略
不用借助分割线的提示，进行简单的几何图形组合与分解。	略
能使用上下、前后、里外、中间、旁边等方位词描述物体的位置和运动方向。	例如：能说出"顺顺站在我的后面""盼盼到圆圈里面来"等描述位置的话语。
有意识地运用平移、旋转和翻转进行图形拼搭。	略
探索图形、常见物品中简单的镜像对称关系。	略
用首尾相接摆放单位量的方式，进行长度的自然测量。	略
通过用单位面积（方块）覆盖的方式，体验面积和面积测量的意义。	略
体会生活中很多事情都是有一定顺序和规律的，如一周七天的顺序是从周一到周日，四季的变换等。	略

五、湖南省 4～5 岁幼儿艺术领域学习与发展的合理期望

湖南省 4～5 岁幼儿艺术领域学习与发展的合理期望一共由 4 个目标和 11 条典型表现组成，部分典型表现以"基本理解或举例"的方式，就教师在理解或实施时可能会把握不清的问题进行了说明。具体内容如下。

目标 1：喜欢自然界与生活中美的事物

典型表现	基本理解或举例
在欣赏自然界和生活环境中美的事物时，关注其色彩、形态等特征。	例如：能说出"银杏叶是黄色的，像一把小扇子"。
喜欢倾听各种好听的声音，感知声音的高低、长短、强弱的变化。	例如：在韵律活动中，能根据声音的高低、长短、强弱等变化做出相应的动作。

目标 2：喜欢欣赏多种多样的艺术形式和作品

典型表现	基本理解或举例
能够专心地观看自己喜欢的文艺演出或艺术品，有模仿和参与的愿望。	例如：观看舞蹈时模仿演员的动作造型等。
欣赏艺术作品时会产生相应的联想和情绪反应。	例如：根据画面猜测活动的内容，能说出"这些人像是在做饭，他们看起来很高兴"。

目标 3：喜欢进行艺术活动并大胆表现

典型表现	基本理解或举例
经常唱唱跳跳，愿意参加歌唱、律动、舞蹈、表演等活动。	略
经常用绘画、捏泥、手工制作等多种方式表现自己的所见所想。	经常：指每周 3 次以上。

目标 4：具有初步的艺术表现与创造能力

典型表现	基本理解或举例
能用自然的、音量适中的声音基本准确地唱歌。	判断标准：(1)节奏基本准确；(2)声调不太高、不太低；(3)不扯着嗓子唱，用自然的声音；(4)歌词表达基本清晰。
能通过即兴哼唱、即兴表演或给熟悉的歌曲编词来表达自己的心情。	略
能用拍手、踏脚等身体动作或可敲击的物品敲打节拍和基本节奏。	略
能运用绘画、手工制作等表现自己观察到或想象到的事物。	例如：画自己的家乡有名的建筑(如湘江大桥)，画心目中想象的"未来的汽车"，用泥捏"小泥人"等。
会正确使用剪刀、胶水等工具。	略

第二节　湖南省 4~5 岁幼儿学习的基本内容

一、湖南省 4~5 岁幼儿健康领域学习的基本内容

(一)身心状况

人体主要器官的名称及功能；逐步形成接受疾病预防与治疗的积极态度和行

为；正确的坐、立、行姿势；正确表达情绪的方式；调节、控制自己情绪的简单方法；自己与他人的不同及其合理性；对自己的缺陷的接纳；对他人缺陷的包容和同情；与同伴合作游戏的乐趣；知道快乐有益于健康；知道太胖或太瘦都不健康；对新环境感兴趣。

(二)动作发展

1. 大肌肉运动方面

常见的大肌肉运动活动的名称和基本规则；进行大肌肉运动的乐趣；克服运动中的困难的勇气；战胜运动中的困难或解决运动中的问题之后的快乐；基本动作技能：上下肢协调走，听信号有节奏地走，变速走，变向走，慢跑，快跑，直线跑，曲线跑，绕障碍跑，四散追逐跑，走、跑交替，远足，双脚跳，单脚跳，助跑跨跳（跳距不少于 40 厘米），单手投掷，连续不断地拍球，立定跳远，原地蹬地起跳触物，高处跳下（从 30~35 厘米高处），钻，爬过较长的障碍物，平衡；运动器械与游戏技能：投掷小沙包，自抛自接球，两人互相抛接球，双手交替拍球，攀登各类攀登设备，玩大型活动器械，简单的徒手操和轻器械操；服从集体运动指令的意识与能力：听口令和信号做动作，听信号变换队列，随音乐节奏做徒手操和轻器械操；能注意活动中的安全与合作，爱护公物，能及时收拾小型体育器材。

2. 精细动作方面

各个手指的名称；手和脚的主要功能；运用手指或脚趾配合完成任务的乐趣；控制小肌肉完成动作；手脚协调完成任务；使用工具和材料。

(三)生活习惯与生活能力

1. 生活与卫生习惯方面

基本的生活卫生和健康常识，如保持个人卫生的好处和正确方法；感冒等常见疾病的预防和治疗；结合品尝经验，进一步认识各类常见食物，爱吃各类食物的同时，懂得要科学合理地进食，逐渐形成良好的饮食习惯；常用的基本生活用品的名称、特点、作用和使用方法；健康的生活和卫生习惯，如坚持早晚刷牙，勤洗头、勤理发、勤剪指甲，正确盥洗的习惯，不挑食，不浪费，主动饮水等。

2. 生活自理方面

基本的生活自理技能，如自己使用筷子吃饭，自己穿脱并整理衣服，自己简单整理床铺，自理大小便，正确使用手纸，整理活动用具，保持玩具清洁等。

3. 安全自护方面

生活和运动中的安全常识，如五官的保护方法、生活中常用的电话号码、紧急情况下的自救方法、生活中的药品及化学制品的注意事项等；在成人帮助下学习处理常见外伤的最简单的方法；认识安全标志，在成人提醒下遵守交通规则；生活和运动中的安全自护技能和习惯，如避开危险事物的习惯，正确应对摔伤等意外事故的技能；遇到危险时告诉成人，有初步的自我保护意识。

二、湖南省 4～5 岁幼儿语言领域学习的基本内容

(一)倾听与表达

倾听与表达的兴趣、习惯；文明的语言习惯，如回应别人的话，根据场合调节自己说话声音的大小，主动使用礼貌用语，不说脏话、粗话；讲述自己的所见所闻和经历的事情，看图讲述。

(二)阅读与书写准备

阅读和欣赏文学作品的兴趣；文学作品欣赏和早期绘本阅读的能力；仿编诗歌，续编或创编故事；生活中常见的标识、符号及其意义；用图画和符号表达自己的愿望和想法。

三、湖南省 4～5 岁幼儿社会领域学习的基本内容

(一)身体管理

认识自己，如自己的兴趣爱好与特殊才能，自己是独一无二的，等等；知道自己的身高、体重与外貌特征；了解自己的兴趣爱好；采用适当的方式表达自己的生理或心理需要；调整和形成适宜的照顾自我的行为；具有一定的自我保护能力。

(二)情绪管理

辨认自己常出现的复杂情绪；运用动作、表情、语言表达自己的情绪；知道自己的复杂情绪出现的原因；运用等待或改变想法的策略调节自己的情绪。

(三)物品管理

能主动将个人物品放在固定的位置；能有意识地将用过的材料进行初步分类并归放；知道生活、学习或游戏物品拿取、归放和整理的基本规则和要求；喜欢承担班级物品整理工作中力所能及的任务，有一定的责任意识。

(四)学习品质

对感兴趣的事物提出问题，喜欢问为什么；能持续专注地做一件事(10～20 分钟)，遇到问题时会寻求帮助；能运用多种材料；能顺利适应大部分活动的转换；能独立从事活动并展现自信。

(五)人际认知

认识幼儿园中的同伴和教师；初步了解自己与他们的关系。

(六)人际情感

辨识各种故事和文本中主角的情绪；以表情和肢体动作表达家人、朋友或动物的情绪；理解生活环境中他人情绪产生的原因。

(七)人际交往

会运用介绍自己、交换玩具等简单技巧加入同伴游戏；对大家喜欢的东西能轮

流、分享；关心他人、帮助弱小的小伙伴和有困难的人；会运用协商、轮流、道歉等解决同伴冲突的简单方法；与同伴发生冲突时能在他人帮助下和平解决；活动时愿意接受同伴的意见和建议；会用礼貌的方式向长辈表达自己的要求和想法。

（八）社会认知

了解幼儿园各种集体规则，有一定的规则意识；了解简单的公共规则，并自觉遵守；进一步了解周围的社会机构；感知与了解自己的生活与他人劳动的关系，尊重劳动者。初步的道德意识，如知道不能把集体或他人的东西占为己有。

（九）社会情感

愿意并主动参加群体活动；愿意与家长一起参加社区的一些群体活动。

（十）社会归属感

积极参加集体活动，能为班级做一些力所能及的事，形成初步的集体意识；能感受到家庭生活的温暖，爱父母，亲近与信赖长辈；了解父母的职业和工作内容、父母工作的辛苦、父母对自己的感情；知道当地有代表性的景观；在成人的引导下，积极参与民间传统节日的庆祝，知道端午节、中秋节、儿童节等节日的名称、意义和主要庆祝活动。

四、湖南省 4～5 岁幼儿科学领域学习的基本内容

（一）科学探究

1. 生命科学

辨别和比较动物和植物的特征（除了颜色、大小和形状之外的特征）；知道生物的不同组成部分对生物有不同的作用（如兔子的长腿有助于其跳跃）；开始理解植物也是生物，而一些会动的东西不是生物（如玩具小汽车是没有生命的）；开始理解所有动物都需要食物、水和居所；知道植物需要水、光线和土壤；了解动物和植物的需求需要得到满足，否则就会死去；知道生物的行为具有差异性；知道生物依赖自己的行为去获取基本的需求；了解植物不能像动物那样到处移动，但是能对周围环境做出反应（如植物生长的向光性）；感知并描述部分生命周期；发现动物和植物都经历了出生、生长和发育、繁殖、死亡的过程；体会自己曾经是婴儿，将会长大；感知和体会自然界中生物是多种多样、千差万别的；观察生物之间的相同点、不同点；尝试对不同物种或同一物种进行概括（如大多数植物有绿叶，燕子、海鸥都是鸟）；体会生物要依赖其他生物和非生物来满足自身的需求；开始思考生物、生物的需要及其生活环境之间的关系。

2. 物质科学

根据物体的特性区分物体；发现物体的性质会影响其运动（如圆的球会滚动）；发现材料的性质会发生改变（如红色和黄色颜料混合变成了橘黄色）；了解物体的特性是可以测量的；认识到液体总是向下流淌；感知和体验材料具有溶解、传热等性质或用途；发现物体的形态或位置会发生变化；尝试采用不同的方式让物体运动；感知和体会物体的运动可以被阻止；发现物体在不同光滑程度的平面上，运动的快慢会不同；感知声音的不同特性，可以是响亮的或者轻柔的(音量)，可以是尖锐的或者低沉的(音调)；尝试改变声音的特征(如让鼓更响)；探索各种能让物体产生声音的方法；感知声音可以通过物体传播；探索光和影子的关系；尝试改变影子的特征(如让影子更长)；感知静电现象；体验热的物体会变冷，冷的物体会变热；感知磁铁之间具有相互作用；感知热可以通过多种方式产生(如燃烧、摩擦)。

3. 地球与空间科学

能够描述沙、石、土、水、空气的类型和特点(如水是透明的、可以流动的)；知道地球上的物质具有不同的用途(如石头可以用来建造房子)；感知各种天气现象及其特点(如不同天气时的云的形态)；了解四季的名称；感知季节是不断变化的；发现不同季节有各自的特点；感知各个季节的典型特征(如秋天叶子落了)；体验和发现周围的环境在每个季节的变化；感知和体验不同季节的有特色的天气状况(如春天的风、夏天的雨、冬天的雪等)；知道太阳和月亮每天都在运动，了解月相是不断变化的(如月亮有时是圆的，有时是弯的)；知道地球上的物质提供了人类使用的多种资源；知道人类的生活离不开空气；体验季节对自己生活和活动的影响。

4. 科学技术

现代家用电器的使用方法，它们在家庭生活中的作用；常用科技产品与自己生活的关系，科技产品的利弊；身边常见科技玩具的特点及动力来源；运用工具和材料制作简单的科技小玩具的乐趣与方法。

(二)数学认知

1. 集合与统计

对物品进行排序、比较和统计的乐趣；从一堆物体中把不属于这一集合的元素找出来；按物体量的差异(粗细、厚薄、轻重等)和数量进行 7 个以内物体的正逆排序；按简单的模式(特定规则指示)排序；简单的统计知识(会收集简单的资料)。

2. 数

运用数字解决生活中的简单问题的乐趣；10 以内数在生活中的实际意义；正确点数 10 以内的物体，按数取物或按物找(说)数(10 以内)；学习目测数群，学习不受物体空间排列形式和物体大小等外部因素的干扰，正确判断 10 以内的数量；10 以内相邻两数间的多"1"和少"1"的等差关系；10 以内数的守恒；10 以内的序数；10 以内数的顺数和倒数；认读 10 以内的阿拉伯数字；运用已有的知识经验，解决新问题，学习新知识，促进初步的推理和迁移能力的发展。

3. 量

按量对物品进行分类、根据量的差别解决生活中的简单问题的乐趣；量的比较与自然测量，按物体的某一特征(粗细、厚薄、宽窄等)和数量进行分类；从几个物体中找出等量的物体。

4. 时间

初步理解昨天、今天、明天的时间概念，知道它们之间的关系，学习正确运用这些时间词汇；珍惜时间。

5. 空间

有关几何形体的知识，如长方形、椭圆形、三角形和梯形，常见几何图形的基本特征及其变式，按图形的某一特征分类，平面图形间的简单关系，用常见平面图形进行组合拼搭；运用几何形体知识解决生活中简单问题的乐趣和简单方法；有关空间方位的知识，如上下、前后、里外、中间、旁边的空间方位，按指定的方向（向上、向下或向前、向后）运动，学习区分和说出以自身为中心的前后方位；运用空间方位知识解决生活中的简单问题的乐趣和简单方法；能注意和发现周围环境中物体量的差异、物体的形状，以及它们在空间中的位置，等等。

五、湖南省 4～5 岁幼儿艺术领域学习的基本内容

（一）感受与欣赏

周围环境中各种声音的特点及简单的变化规律，如下雨的声音、风扇的声音、汽车发动的声音等；主题鲜明、结构短小的歌曲和器乐曲的内容与情感；倾听和辨别周围环境中的各种声音的乐趣；运用语言交流对声音和音乐的大小、强弱、音高、音色、快慢等方面的感受。

自然界及周围环境中常见事物的色彩美、形态美、线条美等，如秋天的树叶、中秋节的月饼盒、各种各样的汽车等；不同形式的美术作品中形象的造型美、色彩美等，如蒙德里安的《红黄蓝的构成》、美丽的中国瓷瓶等；欣赏美的事物和艺术作品的乐趣；初步的审美情趣与能力。

（二）表现与创造

用正确的姿势、自然的声音演唱音域在 c1～b1 之间的歌曲，初步接唱和对唱，尝试为熟悉、短小、工整而多重复的歌曲创编歌词；跟随音乐做简单的基本动作和模仿动作，在简单的舞蹈表演和集体舞中使用一些道具，用动作、表情与同伴交流的简单方法，用创造性动作随乐舞蹈的乐趣；打击乐器（如三角铁、双响筒等）的演奏方法，参与部分打击乐演奏配器方案的设计，根据指挥的手势开始、结束和变化演奏，自觉遵守打击乐演奏活动中的一些常规，养成爱护乐器的习惯。

用语言、动作、表情等表达自己的感受、理解和想象，如欣赏《向日葵》时，用肢体、语言表现自己对作品的理解，描述自己创作的特别之处；运用绘画、捏泥、手工制作等不同形式的材料表现；运用绘画、手工等形式和同伴一起大胆、自由地表现自己观察到或想象的人或事物。

第三节　湖南省幼儿园 4～5 岁幼儿学习活动的计划

一、湖南省幼儿园 4～5 岁幼儿园本学习活动体系

具体内涵及制定步骤参见"湖南省幼儿园 3～4 岁幼儿园本学习活动体系"。

二、湖南省幼儿园 4～5 岁幼儿班级学期工作计划

4～5 岁幼儿班级学期工作计划依据 4～5 岁幼儿园本学习活动体系，在深入分析本年龄班幼儿实际情况的基础上，提出学期工作目标、重点，列出每月主题活动、大型活动和保育工作重点。具体示例如下。

××幼儿园中班秋季学期工作计划

幼儿情况分析	本学期，我班共有××名幼儿，其中男孩××名，女孩××名，有××名幼儿转出，有××名幼儿转进。 经过一年的小班生活，幼儿各项能力有所提高，体质有所增强，都能适应集体生活了，喜欢和老师、小朋友一起学本领。大部分幼儿的生活自理能力较好，能够大胆、清楚地用普通话表达自己的愿望和请求，很喜欢参加体育活动、做游戏，对于一些体育器械能熟练地使用，并会一物多玩。 由于平时家长宠溺，幼儿的规则意识差，玩耍时出现霸道、攻击性的一面，而且依赖性强，与同伴的交往、合作等方面有所欠缺。在平时的各类游戏中，幼儿经常出现争抢玩具，破坏他人玩具的行为。部分幼儿说话断断续续、不能清楚地表达自己的意思，尤其在陌生人面前不愿表达。 本学期我们将在充分观察、了解幼儿的基础上，让幼儿主动、自主地学习，帮助幼儿适应集体生活的同时，培养幼儿的基本生活能力和行为学习习惯，从而使幼儿健康、快乐成长。
教师情况分析	本学期，××老师、××老师和我继续担任××班的老师，组成结构为两教一保。班级三名成员各有自己的特长，××老师比较擅长语言、社会、健康等领域的教学活动组织，××老师比较擅长艺术、科学等领域的教学活动组织和游戏、区域等类型活动的组织，保育老师工作细致、考虑全面，关注孩子的生活护理和安全工作。我们班组成员将互帮互助，严于律己，团结协作，不断反思，共同进步！
工作重点	教育教学：完成五个主题活动的教学任务；定期开展各类大型活动；培养幼儿一日生活常规和良好生活习惯。 卫生保健：做好教室、盥洗室、玩具等各项卫生消毒工作；关注每位幼儿身体状况；及时处理各种突发状况。 安全工作：牢记安全第一原则，眼里时刻有孩子；排查教室内外的安全隐患；提醒和教育幼儿学会保护自己和不做危险的事情。 家园共育：根据班级幼儿的年龄特点并结合教学主题、节日主题、季节主题等教育契机，开展多样化的家长开放日活动，提高家长参与班级活动的积极性。

续表

每月工作安排	月份	主题活动	大型活动	保育工作重点
	9月	我升中班了	家长会	测查幼儿学期初身高、体重等生长发育情况
	10月	多彩的秋天	秋游	加强幼儿进餐习惯的培养
	11月	超市真方便	防暴演习	加强秋冬季幼儿护理工作
	12月	热闹的马路	冬季运动会	鼓励幼儿自己穿脱衣服
	次年1月	过新年	家长开放日	做好放假前物品消毒和整理工作

三、湖南省幼儿园4~5岁幼儿学习活动的月、周计划

4~5岁幼儿学习活动月计划与4~5岁幼儿班级学期工作计划相近，不作单独说明。

4~5岁幼儿学习活动周计划依据4~5岁幼儿学习活动月计划，以实施主体学习活动为纲，提出了本周每天学习活动的具体安排。具体示例如下。

××幼儿园中班秋季学期第××周学习活动计划

年　月　日—　月　日

主题名称	超市真方便
环境创设	1. 布置主题墙"超市真方便"。 2. 与幼儿一同制作环保购物袋吊饰悬挂在活动室的天花板上。 3. 创设五个及以上活动区。
区域活动	1. 语言区：超市真方便。投放社区小超市和大型超市的图片、绘本《谢谢你帮忙》。 2. 科学区：好玩的镶嵌板。投放各种颜色和大小的圆形、椭圆形、半圆形的图形卡片若干，配套的蓝色图形卡纸底板。 3. 美工区：食品包装厂。投放各类食品包装的图片、各种各样的包装纸、剪刀、双面胶、废旧纸盒。 4. 建构区：超级市场。投放各种废旧材料：纸箱、纸盒、瓶子、酸奶杯、积木、积塑、食品盒子等。 5. 角色区：娃娃超市。投放各种各样的食品袋、洗涤用品、生活用品、仿真钞票、收银机。 6. 运动区：送货员。在活动室、走廊投放小型运动器材、各种各样的食品包装、篮子等，提供分区域的户外大型运动器材，扭扭车、三轮车、独轮车、小推车等。
游戏活动	体育游戏：冰糕化水（周一）；智力游戏：炒青菜（周二）；智力游戏：买菜（周三）；体育游戏：超市的卷心菜（周四）；音乐游戏：妈妈宝宝逛超市（周五）。
集体教学活动	语言：逛超市（周一）；健康：快乐的送货员（周二）；艺术：制作购物袋（周三）；社会：文明小顾客（周四）；科学：各种各样的蔬菜（周五）。
生活活动	值日生（周一）；今天吃什么（周二）；送玩具回家（周三）；多喝白开水（周四）；我会排队（周五）。

续表

家园共育	1. 安全乘坐电梯：观看有关进超市安全乘坐电梯的短片，了解在超市要如何安全乘坐电梯。 2. 制订购物计划：家长和幼儿一起制订一个日常购物计划，并带幼儿按计划到超市购物。

主教：　　　　协教：

四、湖南省幼儿园 4～5 岁幼儿一日活动计划

可参考 3～4 岁幼儿一日活动计划，并结合 4～5 岁幼儿的特点适当加以灵活调整。

第四节　湖南省幼儿园 4～5 岁幼儿学习活动的实施

一、湖南省幼儿园 4～5 岁幼儿学习活动架构的设计

参见"湖南省幼儿园 3～4 岁幼儿学习活动架构的设计"。

二、湖南省幼儿园 4～5 岁幼儿学习活动的主题

结合湖南省 4～5 岁幼儿的实际生活经验和一般兴趣需要，共遴选了 12 个主题，供幼儿园选取。其中主题 1～6 建议秋季学期进行，主题 7～12 建议春季学期进行，见下表。

秋季学期主题	1. 我升中班了	春季学期主题	7. 为我们服务的人
	2. 多彩的秋天		8. 动物世界
	3. 超市真方便		9. 夏天的秘密
	4. 热闹的马路		10. 家乡的特产
	5. 过新年		11. 小卡通，大世界
	6. 我爱玩水		12. 各种各样的纸

三、湖南省幼儿园 4～5 岁幼儿主题学习活动的建议

主题 1："我升中班了"（建议 2～3 周时间完成）

主题核心价值	1. 引导幼儿初步体验成长的快乐，培养积极向上的个性品质。 2. 初步培养幼儿的独立自主意识与生活自理能力。

主题学习活动建议	环境创设	1. 主题墙分类展示幼儿和家长共同收集的反映自己成长历程的照片。 2. 教师指导幼儿利用自己的绘画作品或同伴合作拍的照片布置"我的本领大"展示墙，主要展示幼儿最近一年学到的新本领，如自己穿脱衣服、自己整理物品、做家务、照顾弟弟妹妹等。
	区域活动	运动区："流星球"(肩上挥臂投掷)、"跳一跳"(双脚连续向前跳)、"我会踩高跷"(平衡踩高跷)、"小手小脚动起来"(观察身体图形标志并做出相应动作)。 语言区："我长大了(一)"(较为连贯地叙述出图画书中的主要内容)、"我长大了(二)"(用图画或符号表达自己的想法，并自制图画书)、"自信小不点"(根据图书中的连续画面大致说出故事情节，体会作品的情绪情感)、"胆小先生"(看图说出故事内容并喜欢把看过的图画书讲给别人听)。 角色区："我是小厨师(一)"(回顾参观餐厅的经验，师幼共同布置餐厅)、"我是小厨师(二)"(按照厨师、服务员、顾客的职责和典型行为初步进行合作游戏)、"我是小厨师(三)"(利用代币开展小餐厅里的买卖游戏)。 建构区："我的新教室(一)"(用平铺、垒高、围合、盖顶、连接等技能搭建新教室的基本结构)、"我的新教室(二)"(尝试看简单的图纸进行教室内部结构搭建)、"我的新教室(三)"(对新教室的各区域进行合理规划和建构)。 科学区："图片排序"(用数词描述事物的排列顺序)、"拼图小能手"(图形组合)、"什么东西会滚(一)"(探索可滚动物体的形状特征)、"什么东西会滚(二)"(探索让原本不可滚动物体可滚动的方法)、"有趣的多米诺骨牌"(探索骨牌的多种玩法)。 种植区：可开展"量一量植物有多高"、照料植物等活动。 表演区："我们是中班小朋友"(用自然、音量适中的声音唱歌)、《胆小鬼》(大胆地用动作、声音、表情等方式表现歌曲)、"胆小先生(一)"(根据故事情节大胆想象动作进行表演)、"胆小先生(二)"(续编故事内容并进行表演)。 美工区："我的小巧手(一)"(用捏泥的方式表现自己的外貌特征)、"我的小巧手(二)"(尝试使用不同美术工具和操作材料大胆表现各种小动物)、"我的小巧手(三)"(看懂简单折纸步骤图，并能进行简单的折纸活动)、"送给老师的礼物(一)"(用绘画工具表现班级教师的主要外形特点)、"送给老师的礼物(二)"(综合运用各种手工材料制作教师节礼物)。 生活区："我是生活小能手(一)"(折叠不同生活用品)、"我是生活小能手(二)"(练习舀、倒、夹等精细动作)、"我是生活小能手(三)"(根据提供的材料进行洗、切等精细动作的练习)、"我是生活小能手(四)"(运用小工具进行剥与夹的练习)。
	游戏活动	体育游戏："小青蛙捉害虫"(双脚平稳连续向前跳)、"好玩的自制体育器械"(全身运动)、"放鞭炮"(四散跑)。 智力游戏："捉大个子"(猜测手指头)、"猴子学样"(用不同的方式进行模式排序)、"照相"(细致观察并描述人物特征)。 音乐游戏："小狼和小兔"(感受音乐节奏并做出反应)、"谁是小熊"(感受音乐节奏并协调反应)、"摘果子"(感受音乐节奏并做出肢体动作)。

续表

主题学习活动建议	集体教学活动	健康活动："安全通道"(失火时自我逃生过程)、"小小运动员"(双脚并拢屈膝跳)、"我不害怕"(感受并学习克服害怕)。 语言活动："胆小先生"(理解故事中角色行为前后的变化及变化原因)、"我又长大了一岁"(用较完整的语言讲述图片内容)、"自信小不点"(倾听并理解故事内容)。 社会活动："我升中班了"(感受升中班的变化)、"我是小小值日生"(体验值日生的工作)、"教师的节日"(用自己的方式表达对老师的情感)。 科学活动："我真能干"(用数词描述事物的排列顺序)、"什么东西会滚"(观察比较滚动物体的形状特征)、"玩具动起来"(操作玩具并对玩具进行分类)。 艺术活动："长大了的我"(用绘画的形式表现长大了的自己)、"我们是中班小朋友"(用自然音量适中的声音唱歌)、"胆小鬼"(用动作、声音、表情创造性地表演)。
	生活活动	1. 进餐或睡眠前为幼儿讲些有关成长的小故事。 2. 户外活动时间组织幼儿与小班弟弟妹妹一起进行跨班游戏。 3. 进餐、睡眠、盥洗和如厕等生活活动前后，组织幼儿自己的事情自己做，也可鼓励幼儿与同伴自由交流自己学到的新本领。 4. 离园前组织幼儿收拾整理个人物品。
	家园共育	1. 和幼儿一起收集幼儿小时候使用过的各类物品及不同时期的照片，讲述幼儿小时候的趣事。 2. 给幼儿一些做家务的任务。 3. 指导幼儿学习自己穿衣、刷牙，使用筷子等。 4. 和幼儿一起制作一件小礼品送给弟弟妹妹。 5. 以班级或年龄组为单位，开展幼儿自理能力比赛、以自理为主题的集体亲子活动。 6. 带幼儿一起做 50 以内的唱数。

主题 2："多彩的秋天"(建议 3~4 周时间完成)

主题核心价值		1. 引导幼儿观察、感受和表现秋天里大自然和社会发生的变化，并萌发热爱大自然、热爱生活的情感。 2. 激发幼儿对大自然和社会生活的好奇心，并在探究季节变化的过程中积累相关的知识经验，发展相关能力。
主题学习活动建议	环境创设	1. 主题墙分类展示幼儿和教师共同收集的反映秋天里人们的活动，反映秋天特点的动植物、树叶、水果等内容的图片。 2. 设置专栏展示幼儿通过观察秋天的景象做出的各种美工作品，以及树叶粘贴画等利用秋天特有的自然资源设计制作的小工艺品。 3. 开辟专门区域分类展示幼儿收集和制作的树叶、果实等作品。
	区域活动	运动区："打麦子"(扔准目标)、"运果子"(保持身体平衡推小车)、"摘果子"(原地跳跃)、"农夫果园"(掌握绕障碍跑的动作要领)、"丰收列车"(快速钻过较窄的通道)。 语言区："秋天的故事"(阅读绘本，获取有关秋天季节特征的信息)、"落叶跳舞"(看图说出图画书中的落叶造型)、《七个阿姨来摘果》(有节奏地、流畅地念唱儿歌并念准近音词读音)、"秋游故事合辑"(自制秋游故事图书并讲

主题学习活动建议	区域活动	述秋游小故事）。 　　角色区："秋天的集市（一）：开张宣传"（采用多种手段宣传集市开张）、"秋天的集市（二）：正式营业"（体验秋天集市顾客及卖家的角色）、"秋天的集市（三）：新鲜果汁"（自制新鲜果汁进行售卖）、"秋天的集市（四）：美味豆浆"（与生活区联动销售豆浆）。 　　建构区："丰收的秋天（一）：动物储藏室"（有目的地运用围合、垒高、架空等技能搭建单个建筑）、"丰收的秋天（二）：动物储藏基地"（有目的地运用围合、垒高、架空等技能搭建集群建筑）、"丰收的秋天（三）：丰收列车"（运用围合、垒高、架空等技能搭建列车）。 　　科学区："树叶的秘密（一）：树叶的脉络"（观察不同形状的树叶并记录自己的发现）、"树叶的秘密（二）：树叶的'照片'"（探索复制树叶的多种方法）、"树叶的秘密（三）：永久的树叶"（参照流程图制作树叶标本）、"树叶的秘密（四）：不一样的树叶"（依据形状、颜色等特征对树叶进行分类）、"秋天的果实"（根据图片认识水果的基本特征并计数）、"果实中的色彩"（提取果实中的颜色，自制颜料）、"萝卜苗长虫了（一）：发现虫卵"（利用工具观察虫卵的样子）、"萝卜苗长虫了（二）：叶子有虫洞了"（探索虫洞与影子的关系）、"萝卜苗长虫了（三）：虫卵越来越多"（探讨灭虫的办法）、"萝卜苗长虫了（四）：灭虫小分队成立啦"（继续探讨有效的灭虫办法）、"萝卜苗长虫了（五）：美味萝卜泡菜"（制作萝卜泡菜）。 　　表演区："秋天"（随乐做简单的动作表演）、"母鸡和苹果树"（分角色进行故事表演）、"小树叶"（根据音乐内容进行自主表演）。 　　美工区："树叶拼贴画"（用拼贴的形式制作树叶拼贴画）、"向日葵"（尝试用自己喜欢的方式表现向日葵）、"小刺猬"（尝试用橡皮泥揉椭圆形的刺猬身体）、"菊花"（欣赏菊花的形态美并画一画）、"秋天的树林"（运用线条和纹样装饰描绘树林）、"秋天的水果画"（体验拓印的基本流程与方法）。 　　生活区："美味萝卜泡菜"（尝试制作萝卜泡菜）、"有用的种子（一）：种子分类"（探索分种子的不同方法）、"有用的种子（二）：打豆浆"（探究豆浆机的使用方法，尝试制作豆浆）、"有用的种子（三）：种子拼贴画"（用种子拼贴的形式创作）。
	游戏活动	体育游戏："小小投掷手"（体验各种投掷方法）、"老鹰抓小鸡"（在追逐游戏中快跑和灵活反应）、"地雷爆炸"（保持平衡在高跷上走）。 　　智力游戏："变数量"（体验数量的加减）、"好吃的玉米糖"（数量8、9与物品的对应）、"水果拼图"（部分与整体的对应）。 　　音乐游戏："听听是什么声音"（感知和辨别各种乐器的音色）、"小树叶"（随乐用动作表现角色）。
	集体教学活动	健康活动："农夫果园"（绕障碍跑）、"丰收列车"（钻）、"多吃水果营养好"（了解水果含有丰富营养）。 　　语言活动："我喜欢吃的水果"（谈话）、"七个阿姨来摘果"（有节奏、有韵律地进行朗诵）、"小兔搬家"（用语言讲述画面内容）。 　　社会活动："一起摘果子"（体验同伴间相互合作的过程）、"分享水果"（体验和同伴分享的过程）、"重阳节"（了解重阳节的相关习俗）。

续表

主题学习活动建议	集体教学活动	科学活动："多姿多彩的菊花"(观察)、"种子食品品尝会"(感知种子的作用及多样性)、"秋季运动会"(5 以内序数)。 艺术活动：《小树叶》(学唱歌曲，体验歌曲所表达的情感)、"种子拼贴画"(用种子拼贴的形式创作)、"落叶"(感受音乐的旋律并用身体动作表现大树和落叶)。
	生活活动	1. 户外活动时间组织幼儿捡树叶，并进行清洗和分类整理，放到美工区和科学区作为操作材料。 2. 引导幼儿入园前和离园前关注气温，并根据气温的变化自己增加衣物。 3. 饮水环节提醒幼儿多喝温开水，预防感冒。
	家园共育	1. 和幼儿一起收集秋天的树叶和果实。 2. 带幼儿去公园观察秋天给植物带来的变化。 3. 带幼儿参观秋天粮食丰收的场景。 4. 和幼儿一起去果园摘果子或到市场买水果。

主题 3："超市真方便"(建议 2~3 周时间完成)

主题核心价值		1. 帮助幼儿形成积极乐观的生活态度，萌发初步的健康生活意识和社会规则意识。 2. 引导幼儿初步了解社会的运行方式及不同职业的人们之间的协作方式，养成适应社会群体生活的良好行为习惯。
主题学习活动建议	环境创设	1. 教师指导幼儿利用亲子共同收集的各种包装袋、食品盒、食品罐、购物篮等废旧材料，布置区角"娃娃超市"。 2. 主题墙分类展示教师和幼儿在超市拍摄的反映超市中的人、事、物及主要规则的照片。 3. 家园联系栏张贴"幼儿理财能力的培养"等方面的宣传资料。
	区域活动	运动区："送货员"(动作协调、安全快速地推小车)、"西瓜滚滚乐"(向前翻滚)、"合作运粮"(携物快速跑)、"瓶罐保龄球"(对准目标投掷)。 语言区："逛超市"(看图说出故事中人物去超市购物的大致过程)、"熊猫百货商店"(根据画面讲述熊猫百货商店的故事)、"我的购物之旅(一)"(讲述购物时所需要注意的事项和发生的事)、"我的购物之旅(二)"(购物流程图与数字匹配，并用简短话语讲述出来)、"生鲜理货员"(生鲜食物图文匹配)。 角色区："小超市(一)：我来开超市"(合理布置小超市)、"小超市(二)：超市试营业"(宣传策划开张工作)、"小超市(三)：超市开业啦"(协商分配角色，进行购物游戏)、"小超市(四)：我当收银员"(用 5 元以内面额的代币进行购物)。 建构区："超市(一)"(运用垒高、架空等方法搭建超市货架)、"超市(二)"(运用围合、垒高、架空、转接等多种方法搭建超市整体结构)、"超市(三)"(运用多种方法搭建以超市为中心的整个街区)。 科学区："食品记忆棋"(记忆不同食品卡片的位置)、"罐子排排队"(由粗到细对 5~7 个物体进行排序)、"溶解实验"(探究不同材料的溶解特性)、"购物飞行棋"(进行 6 以内的加减运算)、"商品对应"(根据参考图将商品分类摆放)、"有趣的包装袋"(探究不同包装袋的作用并进行分类)、"配餐我知道"(了解饮食营养结构进行配餐)、"食品宝宝找家"(将食品进行分类，选择健康食品)。

主题学习活动建议	区域活动	表演区："熊猫百货商店"（与同伴分角色合作表演熊猫百货商店的故事）、"买菜"（利用道具有表情、有动作地表现歌曲）。 美工区："新鲜的蔬菜水果"（用团、压、搓等方法制作蔬菜水果）、"环保购物袋"（用撕、剪、贴、绘画、泥塑等形式装饰购物袋）、"蔬菜印画"（用蔬菜水果切片蘸颜料拓印）、"海鲜大餐"（用剪、贴、折等方式制作纸盘海鲜）、"小吃来啦"（用分泥、团圆、搓长等方法塑造特色小吃外形）、"超市宣传单"（综合运用画、剪、粘、撕等方式设计宣传单）、"超市招牌"（综合运用各种方式设计和制作超市招牌）。 生活区："剥大蒜"（学习剥大蒜）、"百香果蜜"（用勺子舀百香果肉放入密封罐）、"柠檬蜜"（将柠檬切片、挑籽放入密封罐内）、"桂花蜜"（交换练习舀和铺的动作）。
	游戏活动	体育游戏："运牛奶"（大肌肉动作平衡、协调）、"超市的瓶瓶罐罐"（利用废旧材料玩体育游戏）、"超市的卷心菜"（合作进行快速走）。 智力游戏："你最喜欢吃什么"（看数字说出食物的种类）、"炒青菜"（识别蔬菜的名称）、"超市货架有几层"（用手指动作表现儿歌内容）。 音乐游戏："妈妈宝宝逛超市"（根据节奏型仿编游戏歌词）、"小红帽购物"（听音乐信号迅速做出反应）。
	集体教学活动	健康活动："快乐的送货员"（助跑跨跳）、"健康食品我爱吃"（了解健康食品与身体健康的关系）、"小狐狸的开心商店"（用恰当的方式调整情绪）。 语言活动："逛超市"（讲述逛超市的所见所闻）、"熊猫百货商店"（用合适的量词描述商品）、"阿波林超市历险记"（故事欣赏）。 社会活动："超市的变迁"（了解商品交易方式的变迁）、"我是文明小顾客"（了解并遵守基本的购物行为礼仪）、"我当超市服务员"（体验超市服务员的工作）。 科学活动："食品的保存方法"（了解日常食物的保存方法）、"瓶瓶罐罐一起玩"（比较、测量和描述物体的粗细）、"各种各样的外包装"（认识不同材质并进行分类）。 艺术活动："买菜"（根据生活经验创编歌词）、"制作环保购物袋"（创意装饰购物袋，有初步环保意识）、"我们身边的广告"（认识广告，欣赏广告的艺术性）。
	生活活动	进餐、睡眠、盥洗和如厕等前后，引导幼儿说说自己去过的商场或超市，并讨论如何在超市购物。
	家园共育	1. 带幼儿逛超市，让幼儿学习自主购买1~2件生活必需品，体验购物流程及规则。 2. 完成亲子记录单"超市里有哪些商品""到超市买东西要说些什么？做些什么？"的调查记录工作。 3. 和幼儿一起收集废旧食品包装盒、饮料瓶等送到幼儿园，为幼儿玩超市游戏提供物质基础。 4. 和幼儿一起整理不需要的玩具，并到跳蚤市场上出售。 5. 在家和幼儿一起玩买卖东西的游戏。

主题 4："热闹的马路"(建议 3～4 周时间完成)

主题核心 价值		1. 引导幼儿关注马路上的公共环境，认识多种交通工具，理解马路上的多种事物与人们生活的关系。 2. 帮助幼儿了解基本的交通规则，增强交通安全意识，学习基本的公共场所行为规范，为成为合格的社会公民奠定基础。
主题 学习 活动 建议	环境 创设	1. 主题墙分类展示幼儿和家长一起收集的各种反映马路上的人、事、物的图片。 2. 家园联系栏发布简单的交通标志和交通规则的资料，以及带领幼儿外出参观的指导策略。 3. 开辟专门区域，分类展示幼儿用纸盒制作的手工及绘画作品《马路上的故事》。 4. 教师指导幼儿用自己的绘画作品设计制作"文明过马路"宣传展板。
	区域 活动	运动区："红灯停绿灯行"(根据信号灯骑行)、"拖车小能手"(听指令拖动小车平稳快速跑)、"马路历险"(根据游戏关卡指令通关)、"好玩的轮胎"(探索轮胎的多种玩法)。 语言区："交通工具大集合"(自主阅读绘本，认识不同交通工具的特征和作用)、"猜猜这是什么车(一)"(听声音猜车)、"猜猜这是什么车(二)"(匹配车子局部与整体图片)、"猜猜这是什么车(三)"(图文匹配)、"一辆云车子"(有感情地朗诵散文诗)、"猪先生的面包汽车"(按页码顺序阅读图书并连贯地讲述画面内容)、"马路上有什么"(能仔细观察图片并进行准确表述)。 角色区："汽车 4S 店(一)"(分角色进行汽车展销及内饰用品买卖与安装游戏)、"汽车 4S 店(二)"(分角色进行汽车展销及内饰用品区和汽车修理区游戏)、"小白兔旅游巴士"(分角色进行旅游景点讲解和观光)、"最美交警"(分角色表现十字路口交通通行的场景)。 建构区："马路(一)"(结合经验搭建简单的马路场景)、"马路(二)"(利用多种材料进行精细的马路场景搭建)、"马路(三)"(运用连接、拼合、镶嵌等技能拼搭不同的汽车，如公共汽车、轿车、卡车)。 科学区："汽车连连看"(汽车类型配对)、"汽车回家"(识别、记忆 10 以内的数字)、"卡车修理工"(操作感知不同的嵌合方式)、"交通标志"(识别、匹配交通标志)、"绿化小能手"(运用不同材料按 AABB 模式进行排序)、"交通棋(一)"(根据棋谱规则进行游戏)、"交通棋(二)"(自主设计交通路线进行游戏)。 表演区："火车呜呜叫"(随乐进行简单的节奏打击)、"郊游"(根据音乐进行演唱及简单动作创编)、"你别想让河马走开"(创造性地表现角色动态、语言，表演故事内容)、"马路上的红绿灯"(在游戏情景中理解各种信号灯的意义)、"汽车开来了"(根据音乐的强弱、速度、节奏，大胆想象和表现生活中所见的车子)。 美工区："马路上的风景(一)：车轮画"(用不同花纹的车轮进行滚动绘画)、"马路上的风景(二)：热闹的十字路口"(运用剪、贴的技巧进行创作)、"马路上的风景(三)：各种各样的路"(结合经验表现创造各种各样的马路)、"马路上的风景(四)：马路边的房子"(结合经验进行场景画创作)、"自制小汽车(一)"(运用多种方法手工制作立体小汽车)、"自制小汽车(二)"(创造性地

主题学习活动建议	区域活动	表现心中的汽车形象)、"自制小汽车(三)"(用多种材料、技能进行汽车结构与外观的表现)。 生活区:"鞋子停车场"(有序、分类整理鞋子)、"蔬果变变变"(运用蔬菜、水果等食物创造性地表现不同交通工具的形象)、"寿司"(在教师指导下尝试按步骤图制作寿司)。
	游戏活动	体育游戏:"救护车运送伤员"(在较窄的物体上平衡走)、"我是快乐的小司机"(用拖物骑行的方式运送物品)、"小车快跑"(识别标志牌,灵活调整奔跑方向)。 智力游戏:"图形火车"(识别、描述、发现不同特征的图形)、"猜猜什么车"(根据语言信息猜测、判断事物)、"大家来乘车"(感知和描述空间方位)。 音乐游戏:"汽车嘀嘀嘀"(用不同的音调表现汽车鸣笛的动态)、"过马路"(在音乐信号指挥下按规则游戏)、"火车开来了"(用肢体动作表现火车鸣笛、运行、到站的动态)。
	集体教学活动	健康活动:"好玩的轮胎"(利用轮胎锻炼手臂力量)、"小小汽车运输忙"(运物快速走、平衡协调)、"不跟陌生人走"(用正确方法拒绝陌生人,进行自我保护)。 语言活动:"我身边熟悉的马路"(讲述)、"弯弯的路,直直的路"(阅读,理解不同的路在生活中的作用)、《环卫工人》(感知儿歌)。 社会活动:"盲人与盲道"(观察和了解盲人与盲道)、"我是文明小乘客"(了解并遵守文明乘车规范)、"遵守交通规则"(了解基本行人交通规则,有交通安全意识)。 科学活动:"各种各样的车"(辨别常见汽车的特征和基本用途)、"马路上的数字"(感受生活中数字的有用和有趣)、"马路上的交通标志"(了解常见交通标志,遵守交通规则)。 艺术活动:"交通安全歌"(歌唱)、"热闹的十字路口"(绘画组合造型表现特定的场景)、"小汽车"(用多种泥工技巧表现马路上的交通工具)。
	生活活动	1. 户外活动时间引导幼儿玩过马路的游戏。 2. 引导幼儿在入园离园的路上坚持用安全文明的方式过马路。
	家园共育	1. 带幼儿观察马路上的汽车、十字路口、交通警察、交通标志及设施等,并讨论其作用。 2. 鼓励幼儿在家里画马路,并介绍自己画的马路。 3. 和幼儿一起收集各种交通工具的图片、书本、模型。 4. 带领幼儿参观车展或到汽车销售店参观,认识几种国产品牌汽车。 5. 用绘画或剪贴的方式完成亲子记录单"我认识的汽车"。 6. 在日常生活中以身作则,提醒幼儿了解并遵守交通规则。 7. 和幼儿玩交通警察和汽车司机的角色扮演游戏。 8. 带幼儿一起帮助环卫工人捡拾垃圾。

主题 5："过新年"(建议 2～3 周时间完成)

主题核心价值		1. 支持幼儿在参与迎新年的活动中获得丰富的节日体验。 2. 帮助幼儿了解中国传统节日的文化风俗，萌发爱家人、爱生活、爱祖国的美好情感。
主题学习活动建议	环境创设	1. 主题墙展示幼儿成长变化的系列照片；张贴图文并茂的春节年饰。 2. 教师指导幼儿制作成长心愿树。
	区域活动	运动区："打雪仗"(肩上挥臂投掷)、"滚雪球"(手推球快速跑)、"踩爆竹"(踩踏和躲闪)。 语言区："新年好故事"(自主阅读绘本，了解新年的习俗和民间故事)、"年的来历"(根据故事内容基本讲出"年"的来历)、"新年好诗"(学习诗歌中的对话句式，尝试进行仿编)、"新年好童谣"(有节奏地朗诵儿歌并发准"ao"的音)、"十二生肖(一)"(学念十二生肖儿歌并进行排序)、"十二生肖(二)"(生肖图文匹配)、"新年趣事"(用符号或绘画等形式记录自己的新年趣事，并与同伴分享)。 角色区："年货大市场(一)"(创设年货大市场，选角色尝试开展游戏)、"年货大市场(二)"(模仿年货市场摊主的吆喝和其他宣传方式)、"年货大市场(三)"(正式开展年货市场买卖游戏)。 建构区："新年灯会园(一)"(合作搭建灯会园的主体造型)、"新年灯会园(二)"(用多种材料表现灯会园的细节)、"新年灯会园(三)"(合作设计和搭建灯会园内外的安全和便民设施)。 科学区："小动物过冬"(动物与冬眠方式匹配)、"冬天的取暖用具"(不同取暖用具与取暖原理图卡匹配)、"装糖果"(点数 10 以内的数量，记录数字并按数量从小到大排序)、"美丽的冰花"(感知水遇冷结冰的凝固现象并尝试制作冰花)。 表演区："十二生肖"(按出场顺序，创造性地表现十二生肖的形象特点)、"雪花飘飘"(跟随音乐用肢体动作表现雪花飞舞的情景)、"新年喜乐会"(运用多种服饰、道具创造性地进行歌、舞、节奏乐表演)。 美工区："娃娃新衣"(运用不同的图案进行娃娃的装饰造型)、"一串鞭炮"(用连接的方法表现一串鞭炮)、"美丽的焰火"(用吹画的形式表现新年焰火)、"红灯笼"(用折、剪、粘贴等多种方式制作红灯笼)、"美丽的窗花"(按步骤剪出由直线构成的简单窗花)、"美味的年夜饭"(运用搓泥、压饼、分泥等方法创作年夜饭)。 生活区："围围巾"(掌握围围巾的方法)、"福气糕"(在教师指导下按步骤制作福气糕)、"好吃的香蕉饼"(尝试制作香蕉饼)、"苹果派"(在教师指导下按步骤图制作苹果派)。
	游戏活动	体育游戏："挤油渣"(用力向外推挤并保持身体平衡)、"踩爆竹"(敏捷踩踏及躲闪)、"滚雪球"(按不同路线推物前进，保持身体平衡)。 智力游戏："找朋友"(根据特征给年货分类)、"找红包"(按照口令做相应动作)、"新年传话筒"(认真倾听并发准字词读音)。 音乐游戏："好朋友，行个礼"(听辨音乐信号，按规则合作游戏)、"找一个朋友碰一碰"(根据音乐信号做动作)。

主题学习活动建议	集体教学活动	健康活动:"小小舞狮队"(与同伴合作舞狮)、"新年大闯关"(探索球的多样玩法)、"不暴饮暴食"(有意识地合理控制自己的进食量)。 语言活动:"办年货"(基本完整地讲述办年货的生活经验)、"花灯谣"(区分并发出相似的押韵字音)、"'年'的由来"(用连贯的语言说出"年"的来历和过年习俗)。 社会活动:"十二生肖"(了解十二生肖的传说和意义)、"中国娃娃过新年"(了解并运用传统礼节与人交往)、"有礼貌的小客人"(使用基本礼貌用语进行社会交往)。 科学活动:"送干果"(不受物体的大小、形状、颜色、排列形式等干扰判断物体的数量)、"冬天的取暖用具"(认识不同取暖用具并了解发热原理)、"新年礼物"(用多种符号方式记录物体数量并按数量分类)。 艺术活动:"火红的年饰"(感受年饰的美及其寓意)、"雪花飘飘"(用肢体动作表现雪花飞舞的情景)、"美丽的窗花"(沿直直的轮廓线剪出简单的窗花)。
	生活活动	1. 教育幼儿吃早餐注意干稀搭配。 2. 教育幼儿冬天不露小肚皮,将内衣塞进裤头,注意腹部保暖。
	家园共育	1. 亲子共同商量制订节日作息计划,幼儿萌发基本的健康生活意识。 2. 引导幼儿了解新年的风俗习惯和礼节,亲子共同打扫房间、清理物品。 3. 与幼儿讨论压岁钱的使用,引导幼儿建立初步的健康消费观。 4. 带幼儿准备制作饺子的相关材料,积极参与包饺子的家庭活动。 5. 带幼儿参加庙会,制作花灯,感受传统文化。

主题6:"我爱玩水"(建议3~4周时间完成)

主题核心价值		1. 引导幼儿通过各种玩水和探究水的活动,逐步认识水的多种特性以及水与人们生活的密切关系。 2. 初步培养幼儿爱惜水资源、保护水资源的意识和习惯。
主题学习活动建议	环境创设	1. 主题墙分类展示幼儿收集的各类河流、湖泊、大海图片或照片及各种玩水的情景图片或照片。 2. 主题墙分类展示幼儿收集的有关水的来源、废水处理等相关的各种节约或浪费水资源的资料。 3. 幼儿共同设计制作展板,用于展出亲子设计的节水标志。
	区域活动	运动区:"一起来戏水"(追逐、躲闪)、"看谁瞄得准"(用肩上挥臂的动作进行投掷)、"装水小能手"(平稳地将水倒进瓶口大小不一的容器中)、"小船过河"(按指定的方向吹动树叶)。 语言区:"水里的秘密"(阅读绘本,了解水下各种动植物的生存状态)、"神奇的河流"(看图讲述河流的起源及其流经的地貌)、"小水滴旅行记"(阅读绘本,了解水循环的过程并进行讲述)、"雨点沙沙"(朗诵儿歌并进行表演)、"节约用水小卫士"(看图讲述水与人类生活的密切关系并讨论如何节水)。

续表

主题学习活动建议	区域活动	角色区："水果榨汁店(一)：前期准备"(合理布置水果榨汁店)、"水果榨汁店(二)：开张宣传"(了解店铺开张的准备事项，加入其中进行宣传策划工作)、"水果榨汁店(三)：正式营业"(协商分配角色，礼貌进行交易)、"水果榨汁店(四)：榨汁店游戏"(掌握游戏规则，有序进行游戏)。 建构区："游泳馆(一)"(合作设计游泳馆)、"游泳馆(二)"(根据绘画图纸搭建出游泳馆的外形)、"游泳馆(三)"(设计游泳馆内部结构及完善周边建筑)、"水上乐园(一)"(合作设计水上乐园，初步搭建出水上乐园的形态)、"水上乐园(二)"(有创意地搭建水上乐园内部设施)。 科学区："谁不见了"(探究常见材料的溶解特性)、"沉浮"(感知不同材料的沉浮特性及其影响因素)、"污水净化"(探索污水过滤的简单原理)、"好玩的泡泡(一)：自制泡泡水"(尝试自主或与同伴合作制作泡泡水)、"好玩的泡泡(二)：怎么吹出大泡泡"(探索不同材料制作的泡泡水与吹出泡泡大小的关系)、"好玩的泡泡(三)：怎么吹出大泡泡"(探索不同泡泡工具与吹出泡泡大小的关系)、"好玩的泡泡(四)：泡泡怎样才能不破"(探索吹出不容易破的泡泡的方法)、"好玩的水瓶(一)"(用多种方式探索物体的轻重并排序)、"好玩的水瓶(二)"(探究水位升高的方法和原理)、"好玩的水瓶(三)"(发现不同颜色混合的秘密并进行记录)。 表演区："七彩音乐瓶"(尝试用筷子和音乐瓶进行演奏)、"泡泡不见了"(随乐用身体表现泡泡的形态)、"小雨和小花"(随乐用肢体动作与同伴合作表现小雨和小花之间的嬉戏)、"小水滴旅行记"(能够结合主题生成相应剧本或者进行舞蹈动作设计)。 美工区："有趣的油水分离画"(用油水分离的方式进行创作)、"折纸船"(根据折纸步骤图尝试折小船)、"神奇的水拓画"(按水拓画步骤图大胆创作、设计不同的图案)、"设计节水标志"(综合运用绘画、手工等形式，并用多种材料设计节水标志)。 生活区："鲜榨果汁(一)"(初步尝试看步骤图进行榨汁练习)、"鲜榨果汁(二)"(掌握榨果汁的方法，独立完成榨汁)、"水果花茶(一)"(了解制作花茶的步骤和方法，初步尝试制作花茶)、"水果花茶(二)"(能与同伴合作完成水果花茶的制作)。
	游戏活动	体育游戏："小雨点"(听指令并做出反应)、"小船过河"(按指定方向吹树叶)、"打水仗"(奔跑躲避等全身协调动作)。 智力游戏："切水果"(运用简单的形容词)、"小猫钓鱼"(理解7以内数与物的匹配)、"快乐渔场"(按数取物并比较数量大小)。 音乐游戏："小司机"(随乐模仿动作)、"吹泡泡"(随乐用肢体动作模仿泡泡)。
	集体教学活动	健康活动："运水"(走、跑、平衡等大肌肉动作)、"身体需要水"(了解健康饮水习惯)、"小雨滴找朋友"(体验跳的过程)。 语言活动："我喜欢水"(倾听和讲述自己理解的水与生活、水与自然的关系)、"雨点沙沙"(感知诗歌的韵律美)、"小水滴旅行记"(倾听故事，理解水滴变化的三种形态)。 社会活动："水是我们的好朋友"(环境保护)、"莎莉，离水远一点"(学习自我保护)、"合作真快乐"(了解与同伴合作赛龙舟的方法)。

主题学习活动建议	集体教学活动	科学活动："玩水工具大集合"(理解 6 与 7 之间"多 1"和"少 1"的关系)、"水瓶排排队"(感知物体轻重并按轻重进行正逆排序)、"沉沉浮浮"(探究或沉或浮物体的基本特性并记录猜想和发现)。 艺术活动："水族馆"(随音乐旋律表现角色)、"小雨和花"(根据韵律进行动作创编)、"有趣的水墨拓印画"(用水、墨、宣纸进行拓印)。
	生活活动	1. 引导幼儿主动饮用白开水。 2. 带领幼儿欣赏和讨论展出的有关水的资料。 3. 引导幼儿在各个生活环节中注意节约用水。
	家园共育	1. 和幼儿一起在身边找找水,说一说自己用水的情景。 2. 带幼儿去专门的儿童戏水场所游泳。 3. 和幼儿一起玩水枪,泡糖水或牛奶,折纸船。 4. 带幼儿一起参观附近的河流、湖泊、自来水厂等。 5. 引导幼儿主动饮用白开水,不贪喝饮料。

主题 7:"为我们服务的人"(建议 3~4 周时间完成)

主题核心价值		1. 帮助幼儿从社会职业的角度认识周围环境中的人,建立初步的社会角色与分工协作意识。 2. 引导幼儿在生活中尊重为自己服务的人,珍惜他们的劳动成果。
主题学习活动建议	环境创设	1. 主题墙分类展示幼儿与家长共同收集的身边各行各业人员及其工作环境的照片。 2. 张贴幼儿画作,展示亲子任务中的照片。
	区域活动	运动区:"小兔送快递"(双脚曲线行进跳)、"篮球健将(一)"(掌握单手、双手拍球方法)、"篮球健将(二)"(灵活运用多种方式运球)、"警察抓小偷"(追逐跑、躲闪跑)。 语言区:"各种各样的职业(一)"(阅读、讲述图书中各种职业的主要工作内容与职业特点)、"各种各样的职业(二)"(匹配职业信息)、"各种各样的职业(三)"(用符号表现幼儿园为我们服务的人)、"各种各样的职业(四)"(自制职业小图书)、"猜猜我是谁?"(听描述猜出职业)。 角色区:"幸福餐厅(一):创建餐厅"(利用材料布置餐厅场景)、"幸福餐厅(二):招聘"(分角色进行合作游戏)、"幸福餐厅(三):开张"(使用 5 元以内面额的代币进行买卖交易)、"幸福餐厅(四):促销"(运用多种策略增加店铺效益)、"幸福餐厅(五)"(增加新品以及特色服务,提高餐厅品质)。 建构区:"城市立交桥(一)"(搭建单纯式立交桥)、"城市立交桥(二)"(完善立交桥周围设施)、"城市立交桥(三)"(设计不一样的立交桥)。 科学区:"有用的电话号码"(操作数字卡片连成特殊号码,并与职业相匹配)、"开锁匠"(正确匹配钥匙和锁眼)、"小小科学家"(使用放大镜观察物体并进行记录)、"小小修理工"(探索不同修理工具的使用方法)、天气预报(记录昨天、今天、明天的天气)。 表演区:"理发师(一)"(用跳跃轻快的声音演唱歌曲并运用工具表现不同理发动作)、"理发师(二)"(根据歌曲情景表演理发师和顾客)、"闪亮 T 台秀(一)"(规划、设计走秀舞台)、"闪亮 T 台秀(二)"(随乐进行走秀表演)、"闪

续表

主题学习活动建议	区域活动	亮 T 台秀（三）"（设计定点动作，自信展现自我）。 　　美工区："我是服装设计师"（掌握设计、剪裁、装饰服装的方法）、"手工小能人（一）：装饰"（运用黏土和装饰材料设计各式生活、交通工具）、"手工小能人（二）：剪纸"（对折剪纸）、"我喜欢的职业"（运用各种绘画工具表现职业工作内容及场景）、"我是美发师"（运用各式方法进行编发）。 　　生活区："香蕉奶昔"（学习制作香蕉奶昔的基本步骤和方法）、"做汤圆"（按步骤制作汤圆）、"好吃的面条"（学会煮面条）。
	游戏活动	体育游戏："干净洗衣店"（两手搓的动作和手臂大动作）、"警察叔叔与汽车"（了解警察工作的辛苦）、"救救我的好妈妈"（跳、钻、投掷）。 　　智力游戏："我们的飞机场"（设计、构造想象中的飞机场）、"服装对对碰"（了解警察、医生、清洁工人制服的特点）、"多功能小区"（创设含有公共设施的小区）。 　　音乐游戏："我帮爷爷奶奶捶捶背"（随歌词和音乐旋律表现歌曲中的角色的动作和情绪）、"鞋匠舞"（体验小鞋匠在劳动中的愉悦心情）、"快乐的小厨师"（体会厨师的辛苦）。
	集体教学活动	健康活动："我是侦查员"（合作进行接力跑）、"解放军炸碉堡"（投掷纸球）、"好吃的紫包菜"（讨论紫包菜的基本营养并品尝紫包菜）。 　　语言活动："理发"（文学作品欣赏）、"叔叔阿姨真辛苦"（谈话）、"有趣的吆喝"（体验市场上的各种吆喝的作用及带来的乐趣）。 　　社会活动："参观消防队"（感受消防队员的辛劳与伟大，了解简单的防火知识）、"去医院看病"（了解医生的基本工作及看病流程）、"城市美容师"（感受环卫工人的工作内容及其与人们生活的关系）、"警察叔叔本领大"（了解警察的工作和简单的安全常识）。 　　科学活动："学当快递员"（10 以内序数）、"面包从哪里来"（了解食物的制作过程）、"丝绸从哪儿来"（了解常见生活物品的制作过程）。 　　艺术活动："学做解放军"（欣赏歌曲，跟随音乐做动作）、"为家人设计拖鞋"（创意手工）、"我眼中的老师"（绘画）。
	生活活动	1. 进餐、睡眠、盥洗和如厕等前后，让幼儿欣赏主题墙上展示的各行各业典型人物形象照片，并说一说自己长大后要做什么。 2. 引导幼儿观察幼儿园清洁工、食堂厨师的劳动。
主题学习活动建议	家园共育活动	1. 带幼儿观察执勤的巡警和交警等，谈论他们为人们提供的服务。 2. 谈论家人和熟悉的亲戚朋友的职业。 3. 带幼儿对一种不熟悉的职业进行访问，了解其工作内容和为人们提供的服务。 4. 引导幼儿为别人提供一次服务，如给环卫工人送一杯水等。

主题 8："动物世界"（建议 2～3 周时间完成）

主题核心价值	1. 丰富幼儿对动物的认识，进一步培养幼儿探索周围世界的兴趣。 2. 鼓励幼儿关心周围环境，爱护动物，萌发初步的人与自然和谐共存意识。

主题学习活动建议	环境创设	1. 主题墙分类展示幼儿和教师共同收集的动物图片、幼儿和家长在动物园拍下的照片，以及幼儿和家长一起收集的关于动物生活习性的资料。 2. 指导幼儿用自己收集和绘制的动物形象布置"小小动物园"。
	区域活动	运动区："看谁跑得快"（运用不同材料模仿动物行走）、"营救小动物"（运用沙包、飞盘等器械进行单臂投掷）、"动物捕食"（与同伴进行追逐、躲闪跑）、"绕过陷阱"（在较窄的低矮物体上平稳行走）、"小青蛙跳荷叶"（双脚行进跳）、"小兔摘萝卜"（双脚左右行进跳）。 语言区："动物世界（一）"（阅读绘本，了解动物特征与习性）、"动物世界（二）"（感知动物身体形态特征，匹配图、文、模型）、"我最喜欢的动物"（完整说出"我最喜欢的动物是……"并说出理由）、"动物应该穿衣服吗"（用符号记录自己的想法并讲述理由）、"小兔子开铺子"（数、量、物体匹配）。 角色区："动物医院（一）：创设"（合理布置动物医院场景）、"动物医院（二）：明确职责"（分角色进行合作游戏）、"动物医院（三）：营业"（开展医院常见工作）、"动物医院（四）：社区义诊"（与其他区域联动进行角色游戏）。 建构区："搭建动物园（一）"（合理规划动物园场地并进行搭建）、"搭建动物园（二）"（拼插动物造型）、"搭建动物园"（三）（依据动物特点搭建动物园内部结构）。 科学区："动物斑纹连一连"（将动物与其斑纹进行一一匹配）、"动物拼图"（观察动物典型特征进行拼图）、"动物分类"（运用多种方式给动物分类）、"给小动物送花"（按数取物）、"小动物的家"（图形拼接、组合）、"动物电话本"（数字对应并有序摆放）、"动物手影"（利用光影表现动物外形特征）。 表演区："萤火虫"（依据歌词内容进行动作创编与表演）、"动物化装舞会"（用动作、表情创造性地表现动物形象）、"三只蝴蝶"（合作表演故事情节）。 美工区："动物绘画"（运用各种绘画工具对喜欢的动物进行绘画表征）、"黏土动物"（感知动物基本外形特点并进行黏土制作）、"动物剪纸、动物折纸"（学会看剪纸、折纸图示）、"可爱的小动物"（用刮画方式创作小动物造型）、"狮王进行曲"（运用剪、卷等方法制作狮子的鬃毛）、"纸杯、纸盘动物"（运用剪、贴等方法在纸杯、纸盘上表现动物的主要特征）。 生活区："动物饼干"（按步骤图制作动物饼干）、"动物饭团"（学习制作饭团）、"动物穿衣"（上下交错进行编织）。
	游戏活动	体育游戏："猪小弟运西瓜"（两人近距离互相抛接球）、"营救小动物"（钻、爬、跨、跑）、"毛毛虫运货"（与同伴合作手脚一致前进）。 智力游戏："猫和包"（事物的主要特征，对指令及时做出反应描述）、"动物找朋友"（了解相邻数的概念）、"美丽的动物花环"（用多种方法数环状物体）。 音乐游戏："我爱我的小动物"（节奏感）、"猫和老鼠"（用动作表现猫和老鼠的音乐形象）、"蚊子嗡嗡嗡"（用动作表现情节）。
	集体教学活动	健康活动："小猫和蝴蝶"（追逐跑）、"乌龟和兔子"（手脚着地屈膝爬行和轻跳）、"小熊的牙"（用正确的方法主动刷牙）。 语言活动："动物大聚会"（根据语言的描述猜出相应的动物）、"小动物进城"（描述动物的主要特征）、"勇敢的小刺猬"（用较完整、连贯的语言讲述故事）。

续表

主题学习活动建议	集体教学活动	社会活动："傻小熊进城"(认识不同场所的设计标识及其特点)、"小狗请客"(认识过生日的常见方式和基本礼仪)。 科学活动："美丽的蝴蝶"(单一特征的多角度分类)、"尾巴的功能"(认识常见动物尾巴的特征)、"动物怎样出生"(了解胎生和卵生)。 艺术活动："萤火虫"(用肢体动作表现)、"毛毛虫和蝴蝶"(连环画)、"花格子大象"(运用不同图案和色彩进行手工装饰)。
	生活活动	1. 引导幼儿在进餐、睡眠、盥洗和如厕等前后，与同伴交流自己所了解的动物知识。 2. 引导幼儿在餐点时间讨论所吃的食物与什么动物有关。 3. 让幼儿照顾班级自然角或幼儿园饲养区的小动物。
	家园共育	1. 带幼儿参观动物园，帮助幼儿记录其感兴趣的几种动物的名称，引导幼儿画出其主要特征并将作品带回幼儿园。 2. 与幼儿一起收集一些有趣的动物生活习性等方面的资料。 3. 与幼儿一起欣赏《动物世界》等专题片。 4. 亲子阅读有关动物的书籍。 5. 带幼儿一起观察常见的动物，讨论这些动物的外形和习性。

主题 9："夏天的秘密"(建议 2～3 周时间完成)。

主题核心价值		1. 帮助幼儿正确认识夏天的各种事物和现象，充分感受夏天的季节特征。 2. 支持幼儿在认识夏天的过程中积累关于自我保护、生活习惯方面的经验和知识。
主题学习活动建议	环境创设	1. 主题墙分类展示幼儿和教师共同收集的有关夏天特征的图片。 2. 开辟专门区域，分类摆放幼儿收集和制作的扇子等夏季生活物品。 3. 教师组织幼儿在自然角栽种夜来香、太阳花等夏季开花的植物。
	区域活动	运动区："跳房子"(单双脚交替跳)、"小青蛙大逃亡"(配合手臂和腿的动作进行跳跃)、"电风扇"(头顶沙包连续转圈)、"赛龙舟"(下蹲行走)。 语言区："夏日大百科"(大致讲述图书内容)、"夏天在哪里"(连贯、清晰地讲述图片中夏天的特征)、"我想这样过夏天"(基本完整地讲述夏天想做的事情)、"避暑好方法"(完整、连贯地讲述防暑降温方法)、"小动物避暑"(匹配动物与对应避暑方法并进行讲述)、"夏日趣事"(制作小书《夏日趣事》)。 角色区："冷饮店(一)"(布置冷饮店并制定游戏规则)、"冷饮店(二)"(分角色进行合作游戏)、"冷饮店(三)"(用 5 元以内面额的代币开展买卖游戏)、"冷饮店(四)"(分工开展促销活动)、"冷饮店(五)"(用绘画或符号形式进行记录)、"冷饮店(六)"(自制新品吸引顾客)。 建构区："搭龙舟(一)"(能用排列、组合、接插、镶嵌等多种方法搭建龙舟主体)、"搭龙舟(二)"(利用辅助材料搭建龙舟内部结构)、"水上乐园"(能运用围合、搭高、拼插、对称等方法搭建围墙和不同游乐设施)、"夏日美丽的公园"(尝试运用辅材搭建并装饰公园)。 科学区："看谁冷得快"(探索让热水快速变冷的方法并进行记录)、"美丽的贝壳链"(探索对呈封闭状排列物体的数数方法)、"夏日昆虫"(区分夏天常

主题学习活动建议	区域活动	见的昆虫)、"奇妙的光"(探索不同物品的透光性并做记录)、"吸水的秘密"(探索不同物品的吸水性并做好记录) 表演区：《多愉快》(合乐演奏歌曲)、"粽子里的故事"(分角色表演故事)、"丑小鸭(一)"(听音乐做小鸭走路、戏水动作)、"丑小鸭(二)"(表现猎人的凶恶和丑小鸭的害怕心情)、"丑小鸭(三)"(听音乐表现丑小鸭在湖中的场景)、"丑小鸭(四)"(分角色完整表演故事)、"树荫"(改编文学作品进行表演)、《夏天的雷雨》(用一问一答的形式两两结伴演唱歌曲)。 美工区："夏日美景"(综合运用画、剪、撕、贴等方式创造性地表现夏天的美景)、"夏日冰激凌"(用团、搓、捏等方法制作冰激凌)、"我的小拖鞋"(运用对称方法制作拖鞋)、"夏日的泳衣"(运用扎染方式装饰自己的泳衣)、"夏日里的声声蝉鸣"(看步骤图折纸)、"凉凉扇意"(绘制图案并折扇)、"夏天的风铃"(运用自然材料制作风铃)。 生活区："水果沙拉"(用水果和沙拉酱制作水果沙拉)、"水果拼盘"(用切好的水果摆放各种拼盘造型)、"自制冰棒"(按步骤自制牛奶冰棒)。
	游戏活动	体育游戏："打蚊子"(能快速、敏捷地躲闪)、"小青蛙大逃亡"(弹跳)、"爱清洁的小能手"(快速蹲走及快跑)。 智力游戏："种莲子"(根据言语描述迅速做出判断)、"好饿的毛毛虫"(感知星期表示的时间顺序)、"藏图游戏"(通过细致的观察,快速记忆图片的位置)。 音乐游戏："种葵花"(辨别和表现音乐的强弱)、"小花猫挂铃铛"(随乐做出迅速的判断及反应)、"谁不见了"(在音乐中找出躲藏者)。
	集体教学活动	健康活动："雪糕好吃我不贪"(知道贪吃雪糕对身体的伤害)、"避暑的好方法"(掌握几种正确的避暑方法)、"小小送水工"(平衡)。 语言活动："树荫"(掌握故事情节尝试复述故事)、"夏天在哪里"(欣赏并理解诗歌内容)、《夏天的颜色》(绘本阅读)。 社会活动："去游泳馆游泳"(了解游泳馆的礼仪)、"扇子的历史"(认识扇子的制作和由来)、"大家一起过六一"(愿意献出爱心,帮助贫困山区的孩子度过一个快乐的"六一")。 科学活动："夏天里的昆虫"(认识夏天的昆虫,感知昆虫的基本特征)、"美丽的贝壳链"(点数首尾相连排列的一组物体的数量)、"电风扇"(探索旋转现象)。 艺术活动："夏天的雷雨"(能用一问一答的形式两两结伴演唱)、"我爱洗澡"(能大胆运用肢体动作表现洗澡情境)、"蚂蚁和西瓜"(运用粘贴和添画的方法创造蚂蚁和西瓜的有趣表现)。
	生活活动	1.引导幼儿在户外活动时与同伴一起发现夏天的变化。 2.引导幼儿在进餐、睡眠、盥洗和如厕等前后,讨论夏天的天气特点。 3.引导幼儿在饮水时讨论喝水的小知识,如天气炎热应多喝开水,少吃冷饮。
	家园共育	1.带幼儿郊游,观察夏天大自然的特点。 2.和幼儿一起整理衣柜,讨论夏装的特点。 3.和幼儿谈论是否喜欢夏天及其原因。 4.和幼儿讨论防暑降温的方法,和幼儿一起进行社会调查,如"成人防暑知识小调查",并指导幼儿记录"凉快招数"。 5.带幼儿去专门的儿童戏水场所游泳。

主题 10："家乡的特产"（建议 2～3 周时间完成）

主题核心价值		1. 丰富幼儿的社会经验、生活知识，使幼儿萌发热爱家乡的意识。 2. 提供自主探究的机会，支持幼儿寻找方法解决问题，学会有效观察和记录。
主题学习活动建议	环境创设	1. 主题墙分类展示幼儿与家长共同收集的与湖南特色小吃有关的图片。 2. 开辟专门区域，分类展示亲子用废旧物品制作的表现特色小吃的作品。
	区域活动	运动区："运特产"（持物快跑）、"家乡运动场"（向上攀爬）、"我会踢毽子"（单脚踢毽子）、"家乡的隧道"（快速匍匐钻爬）。 语言区："家乡的书籍"（理解画面内容，简单描述家乡特产的相关信息）、"家乡特产大百科"（看图说出家乡特产的名称及由来）、"我的家乡特产海报"（连贯清晰地讲述自己制作的家乡特产海报）、"我爱家乡山和水（一）"（有感情地念儿歌）、"我爱家乡山和水（二）"（用"有……有……还有……"句式描述家乡山水）。 角色区："美食一条街（一）"（共同讨论创设美食一条街）、"美食一条街（二）"（分工合作扮演角色）、"美食一条街（三）"（自制家乡特色美食）、"美食一条街（四）"（运用多种手段招揽美食店生意）。 建构区："家乡的公园（一）"（运用架空、垒高、交错叠加等技能搭建公园的凉亭）、"家乡的公园（二）"（搭建公园的基本外部形态）、"家乡的房子（一）"（搭建家乡房子的主要特征）、"家乡的房子（二）"（拼插家乡房子周围的景色）。 科学区："家乡名胜"（观察名胜特征特点进行拼图）、"家乡特产分类"（理解特产的不同属性并分类）、"家乡特产屋"（等分数量）、"家乡的地图"（匹配、标注对应物）、"家乡特产拼版"（按照数量的逐一递减排序拼接）。 表演区："家乡大戏台"（合作用双簧的艺术表现形式表演《月亮粑粑》）、"家乡音乐会"（运用肢体动作表现具有地方特色的音乐作品）、《捏面人》（用语言、表情和动作随乐表现歌曲内容）。 美工区："家乡特色小吃"（运用压、捏、搓等方式创造性地表现家乡特色小吃）、"橘子洲焰火晚会"（运用刮画方式表现夜晚焰火的形态）、"家乡新房子（一）"（组合图形表现房子造型）、"家乡新房子（二）"（运用生活材料组合房子造型）。 生活区："长沙葱油粑粑（一）"（按照步骤图制作葱油粑粑）、"长沙葱油粑粑（二）"（尝试分工合作制作葱油粑粑）、"糖油粑粑（一）"（按照步骤图制作糖油粑粑）、"糖油粑粑（二）"（尝试分工合作制作糖油粑粑）。
	游戏活动	体育游戏："家乡游"（跨、跳、钻、爬、平衡）、"跳房子"（跳跃与平衡）、"城市建设运输忙"（持物绕障碍跑）。 智力游戏："猜猜这是什么"（感知常见事物的基本轮廓，初步发展抽象思维）、"找相同"（在比较中感知事物形状的异同）、"旅游棋"（按规则与同伴进行棋类游戏）。 音乐游戏："快乐大舞台"（用歌唱、舞蹈、节奏乐器演奏等多种形式大胆表现）、"大家一起去旅行"（用舞蹈动作表现乘车旅行的情景）、"夸家乡"（配合歌曲节奏进行歌词改编）。

主题学习活动建议	集体教学活动	健康活动："建设我们的小吃店"（跑、钻、爬）、"家乡伙伴一起玩"（尝试合作完成游戏）、"特产好吃不贪吃"（合理控制饮食）。 语言活动："家乡特色小吃"（谈论自己熟悉的家乡特色小吃）、"我爱家乡山和水"（感受儿歌的节奏和韵律，理解儿歌的内容）、"月亮粑粑"（感受方言的魅力，按节奏打击乐器并念童谣）。 社会活动："家乡的特产"（了解丰富多样的家乡特产）、"家乡新变化"（了解家乡人们生活的变化与差异）、"我们的母亲河——湘江"（感受美丽的湘江风光，萌发热爱家乡的情感）。 科学活动："各种各样的特产"（10 以内数量的分类与记录）、"饼干商店"（依据图形的颜色、形状、大小特征进行层级分类）、"我爱家乡的茶"（用多种感官感知茶叶，了解茶叶的种类及泡茶方法）。 艺术活动："火宫殿"（运用搓泥、压饼、分泥等方法来制作家乡的特色小吃）、"浏阳河"（感知湖南民歌一问一答对唱的特色）、"家乡新房子"（运用不同的图形组合表现房子造型）。
	生活活动	1. 引导幼儿在进餐、睡眠、盥洗和如厕等前后，谈论自己知道和喜欢的湖南特色小吃。 2. 让幼儿在餐前观看特色小吃的宣传视频。 3. 引导幼儿吃东西时细嚼慢咽，东西再好吃也不能狼吞虎咽。
	家园共育	1. 带幼儿逛特产超市、特色小吃街，并品尝味道。 2. 与幼儿共同用废旧材料制作表现特色小吃的作品。 3. 与幼儿共同制作、品尝特色小吃。

主题 11："小卡通，大世界"（建议 2～3 周时间完成）

主题核心价值		1. 支持幼儿探究动画世界的奥秘，充分感受动画带来的快乐。 2. 引导幼儿借助动画世界认识真实世界，进一步激发其科学探究与艺术表达的兴趣。
主题学习活动建议	环境创设	1. 主题墙分类展示幼儿收集的自己喜欢的动画形象图片。 2. 开辟专门区域展示幼儿收集的自己喜欢的与动画人物有关的书籍、玩偶、道具等。 3. 设置"我们创作的动画"展板，展示幼儿自己创作的动画形象。
	区域活动	运动区："愤怒的小鸟"（肩上正面投掷）、"小熊过桥"（持物在平衡木上走）、"灌篮高手"（双手投篮）、"穿越大森林"（手脚屈膝直线、曲线爬）、"小小营救员"（直线快跑和绕障碍快跑）。 语言区："好看的动画书"（阅读画面，了解故事内容）、"卡通故事趣味多"（倾听故事，运用指偶讲述故事内容）、"三个和尚"（利用图片较完整地讲述故事）、"西游记"（利用皮影卡片较完整地进行故事讲述）、"句式轮盘"（学习用"因为……所以……"的句式完整表述）、"我的卡通绘本"（用较为连贯的图画、符号进行自己想法的表征）。 角色区："卡通主题餐厅（一）"（讨论餐厅职业角色及职责，并分配角色）、"卡通主题餐厅（二）"（扮演餐厅中人员的角色进行相应活动）、"卡通主题餐厅（三）"（自制卡通新品吸引顾客）、"卡通主题餐厅（四）"（开展大促销活动）、

主题学习活动建议	区域活动	"卡通主题餐厅(五)"(提供送外卖服务)、"卡通主题餐厅(六)"(增加店内特色服务)。 建构区:"卡通城堡(一)"(搭建城堡的基本结构)、"卡通城堡(二)"(搭建城堡群)、"卡通城堡(三)"(用沙子堆砌卡通城堡)、"卡通城堡(四)"(给城堡增加护城河、围墙等辅助物)。 科学区:"卡通拼图"(观察卡通形象的局部特征进行拼图)、"卡通角色排排队"(按一定的规律对卡通角色排序)、"小猫钓鱼"(将能被磁铁吸引与不能被磁铁吸引的物品分类并记录)、"三只小猪"(探索益智玩具的玩法)。 表演区:"卡通的歌"(用自己创编的动作边唱边演)、"熊和石头人"(跟随音乐做动作)、"熊出没"(与同伴商量角色分工进行韵律游戏)、"卡通 T 台秀"(跟随节奏进行 T 台走秀表演)、"好看的皮影戏"(用在美工区制作的皮影人物表演故事)。 美工区:"卡通杯子"(运用多种方法制作卡通杯子)、"百变圆圈"(运用添画的方式表现卡通人物)、"动画设计师"(运用绘画的方式表现动画人物的主要特征)、"自制皮影戏人"(尝试自制卡通人物,大胆表现人物的特征)。 生活区:"小猪佩奇饼干"(按步骤制作小猪佩奇饼干)、"卡通面点"(按步骤制作卡通面点)。
	游戏活动	体育游戏:"螃蟹赛跑"(手脚着地侧爬)、"看谁打得准"(单手肩上投掷)、"植物大战小老鼠"(敏捷地躲闪跑,躲避布包)。 智力游戏:"猜猜我说的小卡通"(大胆、细致地描述人物的特点)、"动画城"(大胆猜测动画角色)、"对对碰"(运用部分与整体的关系进行图形组合与分解)。 音乐游戏:"熊和石头人"(大胆地随乐自由创编动作)、"小兔和狼"(和同伴一起大胆用身体动作表现角色)、"魔镜"(随乐做动作)。
	集体教学活动	健康活动:"小怪兽"(跨、钻爬、跳)、"黑猫警长"(绕障碍跑)、"爱护眼睛"(知道保护眼睛的重要性和方法)。 语言活动:"我喜欢的动画片"(愿意与人谈论,讲述比较连贯)、《孙悟空打妖怪》(有节奏地朗诵儿歌)、《猫和老鼠》(绘本阅读)。 社会活动:"不可以做的事情"(讨论不可以做的事情)、"谁最勇敢"(大胆表现卡通角色的神态、动作)、"我的动画时间"(与同伴分享喜欢的动画)。 科学活动:"米老鼠变魔术"(感知图形的组合与变化)、"我最喜欢的动画片"(简单调查统计)、"卡通娃娃"(感知部分和整体)。 艺术活动:"卡通的歌"(有感情地演唱歌曲)、"卡通总动员"(用线条、色块大胆表现自己的想法)、"卡通杯子"(独立设计、制作,尝试用卡通的手法装饰杯子)。
	生活活动	1. 引导幼儿进餐、睡眠、盥洗和如厕等前后,与同伴分享看过的动画,模仿动画角色的动作神态。 2. 自由活动时,带领幼儿一起制作故事书。 3. 自由活动时,带领幼儿制作魔术动画书(准备一叠纸,每张纸上画上动态不同的小人,将纸叠在一起快速翻动,就会呈现动画的效果)。 4. 过渡活动时,组织幼儿玩手影游戏。

主题学习活动建议	家园共育	1. 陪幼儿一起看动画片，并引导幼儿讲述里面的故事。 2. 和幼儿一起唱喜欢的动画片的主题曲。 3. 带幼儿去影院欣赏 3D 动画影片。

主题 12："各种各样的纸"(建议 2～3 周时间完成)

主题核心价值		1. 进一步发展幼儿节约自然资源、保护自然环境的自觉意识与积极态度。 2. 提供探究的机会，鼓励幼儿动手动脑，发展科学探究与艺术表达的兴趣与能力。
主题学习活动建议	环境创设	1. 主题墙展示幼儿制作的纸作品；展示纸的发明过程。 2. 收集不同的纸制品，布置成纸制品展览会。
	区域活动	运动区："谁的纸飞机飞得远"(肩上投掷)、"纸箱打地鼠"(迅速蹲下躲避)、"纸球玩玩乐"(尝试报纸球的不同玩法)、"纸箱取宝"(根据口令按不同方式行走)。 语言区："纸的由来"(阅读画面，并用自己的话简单表述造纸流程)、"图书修理"(简单修补损坏的图书)、"我来做小书"(探索制作小书的方法)、《纸风筝》(朗诵儿歌并用表情、动作表现儿歌内容)。 角色区："中国银行(一)"(讨论银行职业角色职责及存取钱流程，尝试分工开展游戏)、"中国银行(二)"(正确组合 5 元以内面额的代币进行存取活动)、"纸工艺品店(一)"(进行纸工艺品买卖)、"纸工艺品店(二)"(买卖中推销纸类产品)。 建构区："纸杯建筑"(运用纸杯进行立体搭建)、"纸牌建筑"(运用纸牌进行立体搭建)、"纸筒建筑"(运用纸筒进行立体搭建)、"纸质建筑"(运用纸制品进行立体搭建)。 科学区："摸纸猜纸"(用手触摸各种纸张并猜出其名称)、"有用的号码牌"(根据空间方位提示摆放卡片)、"纸花开了"(观察、比较并记录各类纸的吸水速度)、"我会造纸"(依据流程图初步尝试造纸)。 表演区：《小人书不要哭》(合作进行歌曲演唱)、《纸娃娃》(分角色进行歌曲表演)、"废纸时装秀"(伴随音乐节奏进行展示表演)、"想飞的纸人(一)"(听故事进行想象表演)、"想飞的纸人(二)"(创编纸人台词)、"想飞的纸人(三)"(合作表演作品)。 美工区："百变折纸"(观察折纸图示流程并运用对折等方法折纸)、"染纸"(根据步骤图进行染纸)、"纸筒画"(在纸筒上进行绘画)、"废纸时装"(用废旧材料进行美术创作)、"纸袋时装设计"(用材料装饰纸袋)、"花草纸书签"(运用干花、草、纸制作书签)。 生活区："香香的蛋挞(一)"(按照步骤图制作蛋挞)、"香香的蛋挞(二)"(制作水果蛋挞)、"香香的蛋挞(三)"(分工合作制作蛋挞)。

续表

主题学习活动建议	游戏活动	体育游戏："和书一起玩"(练习走、跑、跳的技能)、"抛接纸球"(会敏捷踩踏及躲闪)、"小猴玩纸棒"(探究纸棒的多样玩法)。 智力游戏："投纸球"(多种方式正确点数纸球的数量)、"拉大锯"(与同伴合作游戏)、"巧取纸片"(根据纸片的堆砌特征,快速地取出纸片)。 音乐游戏："神奇的纸袋乐器"(主动选择自制纸袋乐器为音乐伴奏)、"小人书不要哭"(能分角色进行游戏,表达不同情感)。
	集体教学活动	健康活动："好玩的报纸"(探索报纸的不同玩法)、"玩纸盘"(能与同伴合作传递纸盘)、"手纸擦擦擦"(会用正确的方法擦屁股)。 语言活动："垃圾的悄悄话"(理解并模仿角色语言进行故事表演)、"纸箱妙妙妙"(学会续编故事结尾)、《纸风筝》(朗诵并用动作表情表现儿歌)。 社会活动："纸的由来"(了解纸的由来,萌发节约用纸的环保意识)、"神奇的再生纸"(关注再生纸的使用)。 科学活动："纸的用处大"(了解各类纸的名称、特征及用途)、"有用的图纸"(感知二维坐标)、"纸的力量"(感知纸的弹力大小与折叠次数、材质的关系)。 艺术活动："我来做小书"(运用粘贴、打孔、穿线、别针等方法制作小书)、"纸娃娃"(有感情地演唱,体会关爱他人的美好情感)、"画在纸筒上(按自己的意愿大胆地在纸筒上进行艺术表现)。
	生活活动	1. 教幼儿正确使用餐巾纸,学习擦嘴巴和手的正确顺序。 2. 教幼儿学习擦椅子的方法,使椅子变干净。
	家园共育	1. 亲子共同折纸飞机,锻炼幼儿手部小肌肉的灵活性。 2. 亲子探索用废旧牙膏盒、香皂盒、纸板等制作小汽车。 3. 家长带幼儿参观新华书店,了解书籍的分类及买书的流程。

第五节　湖南省幼儿园 4～5 岁幼儿学习活动的评价

一、湖南省幼儿园 4～5 岁幼儿园本学习活动体系的评价

参见"湖南省幼儿园 3～4 岁幼儿园本学习活动体系的评价",并结合 4～5 岁幼儿学习活动的特点适当加以调整。

二、湖南省幼儿园 4～5 岁幼儿学习活动实施途径的评价

4～5 岁幼儿学习活动实施途径也包括环境创设、区域活动、游戏活动、集体教学活动、生活活动、家园共育六个方面；其各个途径评价的项目和内容可由各幼儿园参照"湖南省幼儿园 3～4 岁幼儿学习活动实施途径的评价"拟定,并结合 4～5 岁幼儿学习活动的特点适当加以调整。

三、湖南省 4～5 岁幼儿发展评价

(一)评价说明

参见"湖南省 3～4 岁幼儿发展评价"。

(二)评价注意事项

参见"湖南省 3～4 岁幼儿发展评价"。

(三)评价要点

详见"湖南省 4～5 岁幼儿学习与发展的合理期望"中的"基本理解或举例"。

第四章

湖南省幼儿园 5~6 岁幼儿学习活动指导方案

Chapter Four

第一节　湖南省5～6岁幼儿学习与发展的合理期望

湖南省5～6岁幼儿学习与发展的合理期望，是依据《指南》和湖南省的整体情况，针对湖南省5～6岁年龄段的幼儿在6岁末期"应该知道什么""能做什么""大致可以达到什么发展水平"等问题进行的具体说明。但由于幼儿学习与发展的个体差异、幼儿园办园条件及地区经济社会发展差异的广泛存在，幼儿园大班教师应当在湖南省5～6岁幼儿学习与发展的合理期望的基础上，综合运用观察、访谈、测量、作品分析等方法，逐步建立本园5～6岁幼儿学习与发展的合理期望，并在大班一年的学习活动过程中动态灵活地把握。不可生搬硬套，更不可简单地将"合理期望"当作硬性的教学目标或当作评价幼儿学习与发展水平的"标尺"。

一、湖南省5～6岁幼儿健康领域学习与发展的合理期望

湖南省5～6岁幼儿健康领域学习与发展的合理期望一共由9个目标和37条典型表现组成，部分典型表现以"基本理解或举例"的方式，就教师在理解或实施时可能会把握不清的问题进行了说明。具体内容如下。

目标1：具有健康的体态

典型表现	基本理解或举例
身高和体重适宜。	在以下数值范围内都属于适宜： 男孩：身高106.1～125.8厘米；体重15.9～27.1公斤 女孩：身高104.9～125.4厘米；体重15.3～27.8公斤。
经常保持正确的坐、站和行走姿势。	走姿：身体直立、收腹直腰、两眼平视前方，双臂放松在身体两侧自然摆动，脚尖微向外或向正前方伸出，跨步均匀，两脚之间相距约一只脚到一只半脚，步伐稳健，步履自然。
懂得体检的意义并主动配合。	略

注：身高和体重数据来源于《2006年世界卫生组织儿童生长标准》6周岁儿童身体和体重的参考数据。

目标2：情绪安定愉快

典型表现	基本理解或举例
经常保持愉快的情绪。知道引起自己某种情绪的原因，并努力缓解。	例如：向相关人员表达自己的想法或感受，寻找合适的方式(如在合适的时间玩自己喜欢的游戏)来疏解情绪等。
表达情绪的方式比较适度，不乱发脾气。	略
能随着活动的需要转换情绪和注意。	略

目标 3：具有一定的适应能力

典型表现	基本理解或举例
能在较热或较冷的户外环境中连续活动半小时以上。	较热：35℃≥户外温度≥28℃。 较冷：10℃≤户外温度≤17℃。 例如：在炎热的夏季或寒冷的冬季能在户外活动。
天气变化时较少感冒，能适应车、船等交通工具造成的轻微颠簸。	略
喜欢随父母一起出外旅游，适应良好。	略
能较快融入新的人际关系环境。	例如：在做客、更换班级、外出旅行时，能较快适应环境，乐意接受新的朋友。

注：户外气温数值来源于天气网，根据湖南省历年 5 月至 7 月白天平均气温和 11 月至次年 1 月白天平均气温分别确定"较热"和"较冷"的气温数值范围。

目标 4：具有一定的平衡能力，动作协调、灵敏

典型表现	基本理解或举例
能在斜坡、荡桥和有一定间隔的物体上较平稳地行走。	略
能以手脚并用的方式安全地爬攀登架、网等。	手抓紧，脚踩稳，手脚有序交替攀登。
能连续跳绳。	以游戏的方式练习，避免机械训练。
能躲避他人滚过来的球或扔过来的沙包。	略
能连续拍球。	以游戏的方式练习，避免机械训练。

目标 5：具有一定的力量和耐力

典型表现	基本理解或举例
能双手抓杠悬空吊起 20 秒左右。	略
能单手将沙包向前投掷 5 米左右。	1. 投掷 3 次，以最远距离为准。 2. 站在 2 米宽的边线中间抛沙包，若沙包偏出两边边线，不计分。
能单脚连续向前跳 8 米左右。	中间不换脚。
能快跑 25 米左右。	略
能连续行走 1.5 公里以上（途中可适当停歇）。	在户外远足活动或旅行时进行。

目标6：手的动作灵活协调

典型表现	基本理解或举例
能根据需要画出图形，线条基本平滑。	略
能熟练使用筷子。	熟练：指动作协调、流畅。例如：能自如地使用筷子夹菜、吃面条。
能沿轮廓线剪出由曲线构成的简单图形，边线吻合且平滑。	略
能使用简单的劳动工具或用具，在成人指导下做力所能及的家务劳动和值日生工作。	例如：用抹布、扫帚独立完成擦桌子、扫地等简单劳动任务。

目标7：具有良好的生活与卫生习惯

典型表现	基本理解或举例
养成每天按时睡觉和起床的习惯。	例如：会看时钟，调闹钟，无须成人提醒，按时睡觉、起床。
能主动参加体育活动。	主动参与体育活动，或者看到体育器材或代用品，主动玩体育游戏；体育活动中表现积极。
吃东西时细嚼慢咽。	略
主动饮用白开水，不贪喝饮料。	略
主动保护眼睛。不在光线过强或过暗的地方看书，连续看电视等不超过30分钟。	略
每天早晚主动刷牙，饭前便后主动洗手，方法正确。	正确的洗手方法：（1）湿：在水龙头下把手淋湿，擦上肥皂或洗手液；（2）搓：手心、手臂、指缝相对搓搓20秒；（3）冲：用清水把手冲洗干净；（4）捧：用清水将水龙头冲洗干净，再关闭水龙头；（5）擦：用干净的毛巾/纸巾擦干或用烘干机烘干。 正确的刷牙方法：顺着牙缝上下刷。

目标8：具有基本的生活自理能力

典型表现	基本理解或举例
知道根据冷热增减衣服。	略
会自己系鞋带。	略
能按类别整理好自己的物品。	例如：在整理小书包时，能将自己的图书、衣物、玩具等物品分类放置、摆放整齐。

目标 9：具备基本的安全知识和自我保护能力

典型表现	基本理解或举例
未经大人允许不给陌生人开门。	略
能自觉遵守基本的安全规则和交通规则。	例如：行人走路靠右；过马路看红绿灯，红灯停、绿灯行，走斑马线等。
运动时能注意安全，不给他人造成危险。	例如：在接力跑中，能按规定线路跑动，不与他人碰撞。
知道一些基本的防灾知识。	防灾知识：遇地震，先躲避，桌子床下找空隙，靠在墙角屈身体，抓住机会逃出去，远离所有建筑物，余震蹲在开阔地；火灾起，怕烟熏，鼻口捂住湿毛巾，身上起火地上滚，不乘电梯往下奔，阳台滑下捆绳索，盲目跳楼会对身体造成伤害……

二、湖南省 5~6 岁幼儿语言领域学习与发展的合理期望

湖南省 5~6 岁幼儿语言领域学习与发展的合理期望一共由 6 个目标和 32 条典型表现组成，部分典型表现以"基本理解或举例"的方式，就教师在理解或实施时可能会把握不清的问题进行了说明。具体内容如下。

目标 1：认真听并能听懂常用语言

典型表现	基本理解或举例
在集体中能注意听老师或其他人讲话。	在教师或其他人说话时，能眼睛看着说话者，不随意插嘴、不左顾右盼，有恰当的反应。
喜欢听优美的古诗词和有趣的绕口令。	略
听不懂或有疑问时主动提问。	遇到困难或疑问时，主动询问教师或同伴"是什么""为什么"。
能辨别普通话声调、语调和语气的不同变化。	略
能结合情境理解一些表示因果、假设等相对复杂的句子。	例如："因为我们是好朋友，所以这本图书我们要一起看。""如果明天不下雨，我们就去户外游乐场玩。"
能理解并执行复杂的多重指令。	略

目标 2：愿意讲话并能清楚地表达

典型表现	基本理解或举例
愿意与他人讨论问题，敢在众人面前说话。	略

典型表现	基本理解或举例
会说当地话和普通话，发音正确清晰。	重点注意区分前、后鼻音和平、翘舌音。
能主动、热情、有礼貌地与人交谈。	略
能有序、连贯、清楚地讲述一件事情。	能按顺序讲述事情发生的时间、地点、人物，以及事情的经过和结果。
能连贯地讲述事件以及对图片和物品的认识。	略
能主动、大胆地使用适当的词、句、语段来表达，乐于参加讨论和辩论，敢于发表不同的意见。	略
讲述时能使用常见的形容词、同义词等，语言比较生动。	例如："绿油油的草地上，跑来一只雪白雪白的小兔子。"
会使用复杂结构的句型，如复合句。	例如：复合句"我看见亮亮在看图书"，组合句"星期天我和爸爸妈妈去了公园，公园里不仅花多，而且人也很多"。

目标3：具有文明的语言习惯

典型表现	基本理解或举例
别人讲话时能积极主动地回应，能使用恰当的礼貌用语。	略
懂得按次序轮流讲话，不随意打断别人。	例如：在集体活动中，要表达自己的意见时，知道举手示意老师。
能依据所处情境和谈话对象调整说话的语气，使用恰当的语言。如在别人难过时会表示安慰。	例如：小朋友受伤时，安慰小朋友"我在这里陪你"。想要玩对方玩具时，用商量的语气说"我们俩交换玩具玩可以吗?"。别人无故抢走自己的东西时严肃地说"这是我的，请你还给我"。
在不同的场合，会用恰当的音量、语速说话。	略
养成平心静气说话的习惯。	略

目标4：喜欢听故事，看图书

典型表现	基本理解或举例
专注地阅读图书。	能持续自主阅读10分钟以上。
喜欢和他人一起谈论图书和故事的有关内容。	主动与同伴、教师、父母等谈论图书和故事的内容。

续表

典型表现	基本理解或举例
对图书和生活情境中的文字符号感兴趣，知道文字表示一定的意义。	略
有表情地表演故事、童话、诗歌和散文。	略

目标 5：具有初步的阅读理解能力

典型表现	基本理解或举例
能说出所阅读的幼儿文学作品的主要内容。	能说出故事中出现的人物，能说出发生了什么事。
能根据故事的部分情节或图书画面的线索猜想故事情节的发展，或续编、创编故事。	续编或创编故事能力的考察维度主要包括情节的关联性、合理性、创造性等。
能独立仿编或与同伴共同创编诗歌和散文的完整或部分内容。	略
对看过的图书、听过的故事能说出自己的看法。	略
理解画面内容，会用恰当的扩句和缩句来合理表述。	略
能初步感受和表达文学语言的美。	能模仿教师的表情、动作和抑扬顿挫的声音来表现文学作品的语言节奏、韵律和情绪情感。

目标 6：具有书面表达的愿望和初步技能

典型表现	基本理解或举例
愿意用图画和符号表现事物或故事。	图画：将事物或故事画下来。例如：用图画的形式将植物的发芽、开花、结果等生长历程记录下来。 符号：将事物或故事用符号表现出来。例如：用"↓"和"↑"符号表示"沉"与"浮"。
会正确书写自己的名字。	例如：在美工作品上写自己的名字。若名字笔画复杂，写出笔画较为简单的小名即可。
写画时姿势正确。	正确的写画姿势：上身坐正，头正，背直，胸口离桌沿一拳左右；两脚平放，左手按纸，右手执笔；眼睛与纸面的距离保持在一尺左右。 正确的执笔方法：三指执笔，笔杆斜靠在虎口处，向右下方偏斜，与纸面成 50 度左右。

三、湖南省 5～6 岁幼儿社会领域学习与发展的合理期望

湖南省 5～6 岁幼儿社会领域学习与发展的合理期望一共由 7 个目标和 29 条典型表现组成，部分典型表现以"基本理解或举例"的方式，就教师在理解或实施时可能会把握不清的问题进行了说明。具体内容如下。

目标 1：愿意与人交往

典型表现	基本理解或举例
有自己的好朋友，也喜欢结交新朋友。	例如：在家庭居住的小区、幼儿园都有喜欢一起玩耍的小伙伴，有新朋友加入游戏时能开心接纳并很快熟悉。
有问题愿意向别人请教。	有疑问或遇到困难时愿意向他人请教。例如："这是什么？""这个怎么用？""可以帮我吗？"
有高兴的或有趣的事愿意与大家分享。	例如：能告诉老师和班级的小朋友自己去过什么地方，看到过什么有趣的事情等。

目标 2：能与同伴友好相处

典型表现	基本理解或举例
能想办法吸引同伴和自己一起游戏。	略
活动时能与同伴分工合作，遇到困难能一起克服。	例如：与同伴一起玩娃娃家游戏，商量好爸爸、妈妈、宝宝等角色的分配，面对缺乏游戏材料等问题时共同想办法解决。
与同伴发生冲突时能自己协商解决。	例如：不小心碰倒了同伴搭建好的积木时，能够通过主动道歉、和同伴一起修复的方式解决问题。
知道别人的想法有时和自己不一样，能倾听和接受别人的意见，不能接受时会解释理由。	例如：当有新的同伴要求加入游戏时，告诉他"这一轮游戏人已经满了，下一轮一定让你玩"。
不欺负别人，也不允许别人欺负自己。	略

目标 3：具有自尊、自信、自主的表现

典型表现	基本理解或举例
能主动发起活动或在活动中出主意、想办法。	略
做了好事或取得了成功后还想做得更好，遇到困难能够坚持而不轻易求助。	做好事：如帮小伙伴摆好椅子、放好水杯、挂好毛巾等。

续表

典型表现	基本理解或举例
自己的事情自己做，不会的愿意学。	例如：在各类活动后自己收拾整理好活动材料，活动中遇到不会的事情，不轻易说"我不会"，愿意尝试一番。
主动承担任务，遇到困难能够坚持而不轻易求助。	略
与别人的看法不同时，敢于坚持自己的意见并说出理由	略

目标 4：关心尊重他人

典型表现	基本理解或举例
能有礼貌地与人交往。	略
能关注别人的情绪和需要，并能给予力所能及的帮助。	例如：发现身边有人生病或不开心时，会想办法给予帮助或安慰，如坐在身边陪一陪、帮助擦擦眼泪等。
尊重为大家提供服务的人，珍惜他们的劳动成果。	略
接纳、尊重与自己的生活方式或习惯不同的人。	略

目标 5：喜欢并适应群体生活

典型表现	基本理解或举例
在群体活动中积极、快乐。	积极：指乐于参与或发起活动、表达想法、提供建议等。
对小学生活有好奇和向往。	例如：喜欢参观小学，对小学生生活表现出好奇，乐于模仿小学生的各种活动等。

目标 6：遵守基本的行为规范

典型表现	基本理解或举例
理解规则的意义，能与同伴协商制定游戏和活动规则。	例如：玩"老鹰捉小鸡"的游戏时，共同商量谁当"老鹰"、谁当"母鸡"、谁当"小鸡"。当发现"小鸡"太多影响到游戏开展时，能重新调整规则，减少"小鸡"的数量，使游戏顺利玩下去。
爱惜物品，用别人的东西时也知道爱护。	略
做了错事敢于承认，不说谎。	略
能认真负责地完成自己所接受的任务。	例如：当值日生期间能认真负责地完成当天的值日任务。

续表

典型表现	基本理解或举例
爱护身边的环境，注意节约资源。	例如：知道爱护环境的必要性和意义，不浪费食物和日常生活用品，节约用水，不乱扔垃圾等。

目标 7：具有初步的归属感

典型表现	基本理解或举例
愿意为集体做事，为集体的成绩感到高兴。	例如：愿意担任值日生，主动为班级服务；在班级集体展示与比赛等活动中表现积极。
能感受到家乡的发展变化并为此感到高兴。	能说出家乡的发展变化，表达自己的感受。
初步感知我国优秀的民间艺术和优秀的传统文化。	能说出几种民间艺术和传统文化形式。
知道自己的民族，知道中国是一个多民族的大家庭，各民族之间要互相尊重，团结友爱。	能说出自己的民族及其主要特征、中国的主要民族及其主要特征。
知道国家一些重大成就，爱祖国，为自己是中国人感到自豪。	能说出中国在世界上领先的显著成就，并为此感到自豪。

四、湖南省 5～6 岁幼儿科学领域学习与发展的合理期望

湖南省 5～6 岁幼儿科学领域学习与发展的合理期望一共由 6 个目标和 47 条典型表现组成，部分典型表现以"基本理解或举例"的方式，就教师在理解或实施时可能会把握不清的问题进行了说明。具体内容如下。

目标 1：亲近自然，喜欢探究

典型表现	基本理解或举例
对自己感兴趣的问题总是刨根问底。	略
能经常动手动脑寻找问题的答案。	略
探索中有所发现时感到兴奋和满足。	兴奋和满足的表现：如高兴的表情（笑）、升高的音调（欢呼）及兴奋的动作（拍手）等。

目标 2：具有初步的探究能力

典型表现	基本理解或举例
能通过观察、比较与分析，发现并描述不同种类物体的特征或某个事物前后的变化。	前后的变化：既包括变大、变小、变高、变矮等量变，也包括毛毛虫变蝴蝶、鸡蛋变小鸡等质变。

续表

典型表现	基本理解或举例
能用一定的方法验证自己的猜测。	例如：通过做实验的方法验证自己"什么颜色的物体就有什么颜色的影子"的猜测。
在成人的帮助下能制订简单的调查计划并执行。	例如：在成人帮助下，制订"哪些地方垃圾多"的调查计划，包括调查问题、调查的对象、调查的方法、调查的结果统计等。
能用数字、图画、图表或其他符号记录。	其他符号：如钩、叉、圆圈、圆点、波浪线等。
探究中能与他人合作与交流。	例如：与他人分工合作完成某个任务，能倾听他人的意见或与他人进行讨论。

目标 3：在探究中认识周围事物和现象

典型表现	基本理解或举例
能察觉到动植物的外形特征、习性与生存环境的适应关系。	例如：能说出动物的冬眠、动植物的特殊本领等。
能发现常见物体的结构与功能之间的关系。	例如：杯子能装水，是因为杯子中间是空心的，并且杯子周围和底是封闭的。
能探索并发现常见的物理现象产生的条件或影响因素，如影子、沉浮等。	略
感知并了解季节变化的周期性，知道变化的顺序。	略
初步了解人们的生活与自然环境的密切关系，知道尊重和珍惜生命，保护环境。	密切关系：植物对人类的作用；良好的自然环境对人类生活的好处，人类活动对自然环境造成的积极影响和不良影响。 尊重和珍惜生命：保护或照料动植物，不故意伤害动植物。 保护环境：如不乱丢果皮纸屑、不浪费资源和能源等。

目标 4：初步感知生活中数学的有用和有趣

典型表现	基本理解或举例
能发现事物简单的排列规律，并尝试创造新的排列规律。	可结合生活活动、美工区、建构区等多种活动进行体验。
能发现生活中许多问题都可以用数学的方法来解决，体验解决问题的乐趣。	例如：买东西时，算一算应该给多少钱，给了多少钱，需要找多少钱。感受数学在解决生活中一些问题时的作用。

139

目标 5：感知和理解数、量及数量关系

典型表现	基本理解或举例
初步理解量的相对性。	例如：狗比大象小，但是狗又比老鼠大；小明比小红高，但比小强矮；等等。
能借助实际情境和操作理解"加"和"减"的实际意义。	例如：我今天上午看了 3 本书，下午看了 6 本书，今天一共看了几本书？下午比上午多看几本书？
能通过实物操作或其他方法进行 10 以内的加减运算。	例如：借助数手指或摆弄木棍等材料来进行 10 以内加减运算。
学习对物体进行多重角度分类、层级分类以及同时按物体的两种以上特征进行分类。	略
进行 100 以内的唱数。	略
运用接数、按群计数、目测数群等多种计数方法计数。	略
区分基数和序数。	略
借助百数表初步感知 100 以内数的系统，初步理解数系统的排列规律。	略
发现事物简单的排列规律，并尝试创造新的排列规律。	略
能比较不相邻的两个数或三个数的大小关系。	略
理解 10 以内数与数之间的数差关系的可逆性、传递性。	可逆性：如 8 比 7 多 1，7 比 8 少 1。 传递性，如 8 比 7 多 1，7 比 6 多 1，所以 8 比 6 多 2。
按大小、长短、高矮、粗细、厚薄、宽窄差异对 10 个以内物体进行正向排序和逆向排序。	略
能用简单的记录表、统计图等表示简单的数量关系。	例如：用 8 个圆圈表示 8 个苹果。
理解估数的意义，对物体数量有初步的数感。	略
根据已知线索，推断未知物体的数量。	略
进行 10 以内数的分解与组合，理解分合中的互换、互补关系。	例如：8 可以分成 5 和 3，8 可以分成 3 和 5；3 和 5 合起来是 8，5 和 3 合起来是 8。
体验数量的多种分合方法。	略

续表

典型表现	基本理解或举例
能对一定数量的物体进行等分，如二等分和四等分。	略

目标 6：感知形状与空间关系

典型表现	基本理解或举例
能用常见的几何形体有创意地拼搭和画出物体的造型。	略
认识球体、长方体、正方体、圆柱体，并能识别出长方体、正方体的面。	略
理解图形的对称性并学习等分图形。	略
用图形及图形组合进行较为复杂的组合与分解，理解其中的组合替代关系。	略
进行图形拼搭时，有意识地预测旋转和翻转的结果。	略
理解简单示意图中的空间关系。	略
理解并重现观察三维物体的不同视角。	略
能按语言指示或根据简单示意图正确取放物品。	例如：玩"寻找宝藏"的游戏时，能根据同伴的"向前走""向左走"等语言提示，也能根据提示图中箭头所指方向和路线寻找宝藏。
能辨别自己的左右。	略
学习用符号表示物体在二维空间中的位置和运动方向。	略
重复使用一个单位量进行长度的自然测量。	例如：用自己的脚、用积木、用地板砖进行长度测量。
理解测量同一长度时，单位长度的长短和所需单位数量之间的相反关系。	略
通过用单位体积（立方块）填充的方式，体验体积和体积测量的意义。	略

典型表现	基本理解或举例
感知理解时间规律，知道什么时间该做什么事情。	例如：结合时钟和相关场景图示，安排一天的学习生活时间。

五、湖南省5～6岁幼儿艺术领域学习与发展的合理期望

湖南省5～6岁幼儿艺术领域学习与发展的合理期望一共由4个目标和13条典型表现组成，部分典型表现以"基本理解或举例"的方式，就教师在理解或实施时可能会把握不清的问题进行了说明。具体内容如下。

目标1：喜欢自然界与生活中美的事物

典型表现	基本理解或举例
乐于收集美的物品或向别人介绍所发现的美的事物。	例如：各种颜色或形状的树叶、花瓣等，好看的卡片、图画、照片等。
乐于模仿自然界和生活环境中有特点的声音，并产生相应的联想。	例如：模仿鸟叫声、风声、下雨声、汽车鸣笛声，模仿狗叫和狗看家的样子。

目标2：喜欢欣赏多种多样的艺术形式和作品

典型表现	基本理解或举例
愿意参与美术、音乐、故事表演等艺术欣赏活动，能感受和体验自然物、建筑、美术、音乐、戏剧作品或角色游戏中表现的内容。	例如：在美术、音乐、故事表演等艺术欣赏活动中，能积极参与，并能用语言描述自己的感受与对作品的理解，如"这段音乐慢慢的、重重的，像只熊在走路""那座房子像一只大鸟要飞起来，很特别"等。
艺术欣赏时常常用表情、动作、语言等方式表达自己的理解。	略
愿意和别人分享、交流自己喜爱的艺术作品和美感体验。	略

目标3：喜欢进行艺术活动并大胆表现

典型表现	基本理解或举例
积极参与艺术活动，有自己比较喜欢的活动形式。	例如：经常在美工区进行手工制作，能在表演区根据不同的道具、服装来扮演不同角色进行表演，并能分享自己的感受。
能用多种工具、材料或不同表现手法表达自己的感受和想象。	例如：运用唱歌、舞蹈、绘画、手工制作等方式，运用表演道具，以及笔、剪刀、印章、纸张、颜料、黏土等各种操作材料，表演节目，创作作品，表达自己对事物的认识和情感。

续表

典型表现	基本理解或举例
艺术活动中能与他人相互配合，也能独立表现。	例如：进行集体打击乐活动"春天的雨"，知道何时敲击自己的乐器，知道什么时候重重敲，什么时候轻轻敲。

目标 4：具有初步的艺术表现与创造能力

典型表现	基本理解或举例
能用基本准确的节奏和音调唱歌。	略
能用律动或简单的舞蹈动作表现自己的情绪或自然界的情景。	例如：能根据《我爱洗澡》的歌曲做出律动或舞蹈动作，表达自己洗澡时快乐、开心的情绪。
能自编自演故事，并为表演选择和搭配简单的服饰、道具或布景。	略
能用自己制作的美术作品布置环境、美化生活。	略
美工作品中包含一个或者一个以上的基本组成部分的细节。	例如：在进行"我的好妈妈"主题绘画时，能画出妈妈照顾生病的孩子、接送孩子上幼儿园、做饭、亲吻孩子等体现妈妈爱孩子的画面。

第二节　湖南省 5～6 岁幼儿学习的基本内容

一、湖南省 5～6 岁幼儿健康领域学习的基本内容

(一)身心状况

人体的主要器官及功能；正确的坐、立、行姿势；引起喜、怒、哀、乐、惧等情绪的原因；正确表达、调节与控制自己情绪的方法；合作、负责、宽容、谦让、坚强、勇敢、不怕困难；运动保健意识和能力；个人和生活场所的卫生常识，维护公共环境的整洁；正确认识和评价自己；体育活动常识、规则和要求，集体观念，勇敢、坚持到底的毅力及合作精神，运动保健意识和能力。

(二)动作发展

1. 大肌肉运动方面

听信号变速、变方向走；保持队形，节奏一致；在有间隔的物体上走；快跑 25 米以上；连续行走 1.5 公里以上；听信号变速跑或躲闪跑；多种跑步方法(持物跑、后退跑、往返跑等)；绕复杂障碍走、跑交替 30 米左右；良好的弹跳力；跳短绳、合作跳长绳；连续拍球；手眼协调进行投掷；平衡；侧钻、屈身钻、肘膝着地爬等难度动作；有序地过障碍物；手脚交替协调地攀登攀行；四肢力量的锻炼；跟随音乐节奏做徒手操和轻器械操；按信号迅速地集合、分散、整齐队列、变换队形。

2．精细动作方面

常见的手指游戏和精细动作活动的名称与玩法；运用手指开展精细动作活动的乐趣；控制小肌肉完成系鞋带、刷牙等较精准的活动；手眼协调完成任务；有控制地使用学习和生活中常用的工具和材料。

(三)生活习惯与生活能力

1．生活与卫生习惯方面

健康生活的基本常识，如预防龋齿和换牙的知识、健康饮食的知识、个人卫生的知识等；知道男女厕所，初步具有性别角色意识；注意用眼卫生；有规律的生活习惯，如每天按时睡觉和起床，每天早晚主动刷牙，饭前便后主动洗手等；初步理解不同的食物有不同的营养，身体需要各种营养；会使用筷子；良好的进餐习惯，如进餐时举止文明、不挑食、不暴饮暴食等。

2．生活自理方面

个人生活自理方面的知识；成功实现生活自理的乐趣；配合成人接受疾病的预防和治疗；独立穿脱衣服、折叠衣服；根据自身的冷热感觉增减衣服；自己整理床铺；独立自理大便，正确使用手纸。

3．安全自护方面

身体主要器官的保护方法；生活和运动中常见的安全知识；面对危险时沉着冷静的情绪和态度；初步了解应付意外事故(如火灾、雷击、地震、台风等)的常识，具有粗浅的求生技能；成功避开危险的乐趣；遵守安全规则的习惯，躲避危险的正确方法。

二、湖南省 5~6 岁幼儿语言领域学习的基本内容

(一)倾听与表达

与他人交谈的乐趣；在集体中倾听老师或其他人讲话，并做出回应；语言交谈的基本规则，比如轮流讲话，不随意打断别人的说话；说普通话，发音正确清晰；看图讲述或根据自己的经验讲述一件事情；结合情境理解一些表示因果、假设等相对复杂的句子。

(二)阅读与书写准备

阅读和欣赏文学作品的乐趣；欣赏文学作品与早期阅读绘本，与他人一起谈论图书和故事的有关内容；想象文学作品的内容，仿编诗歌，续编、创编故事情节；阅读一定的文字符号，正确书写自己的名字；用图画和符号表现事物或故事。

三、湖南省 5~6 岁幼儿社会领域学习的基本内容

(一)身体管理

了解自己身体与外貌变化的原因，了解自己的特征；认识自己与他人在身体特征与性别上的异同；表达自己的身体状况及其发生的原因；知道一些自我保护常识，并能够初步采用适宜的方式照顾和保护自己。

(二)情绪管理

辨认自己常出现的复杂情绪；以符合社会文化的方式来表达自己的情绪；知道自己在同一事件中产生多种情绪的原因；运用多种策略调节自己的情绪。

(三)学习品质

探索感兴趣的事物；即使遇到问题也能持续专注地做一件事情(20～30 分钟)；有自控力和意志力，敢于尝试有难度的任务；有自己解决不了的问题时愿意向别人请教；有责任心和自信心，如能在劳动过程中有始有终地做完每一件事；能灵活地使用多种材料；能适应与接受活动上的改变；主动寻求并开展活动，有自豪感。

(四)人际认知

知道自己的班级和中小班的不同；认识到自己是幼儿园里的哥哥姐姐；从事件脉络中辨识他人的情绪；适时地用语言或非语言的形式表达生活环境中他人的情绪；理解生活环境中的他人和故事中主要角色情绪产生的原因。

(五)人际交往

了解"朋友"的基本含义、朋友之间的正确交往方式；能想办法吸引同伴和自己一起游戏；活动时能与同伴分工合作，遇到困难能一起克服；与同伴发生冲突时能自己协商解决；接纳、尊重与自己生活方式或习惯不同的人；能有礼貌地与人交往。

(六)社会认知

理解规则的意义，了解基本的社会规范；熟悉周围社会机构的标志；了解周围生活环境中各行业劳动者的工作，尊重他们的劳动。

(七)社会情感

在群体活动中积极、快乐；有高兴的或有趣的事愿意与大家分享；与别人的看法不同时，敢于坚持自己的意见并说出理由；对小学生活好奇并产生向往之情；对外出旅行的喜爱和向往。

(八)行为规范

了解规则的意义，有协商制定规则的意识和简单方法；明确知道个人物品和材料归放的位置，活动结束后能够主动分类和整理；有明确的秩序感和物品使用规则意识；做了错事敢于承认，不说谎；主动承担并认真负责地完成所接受任务的意识和习惯；爱护环境、节约资源的意识和习惯。

(九)社会归属感

了解自己所在的幼儿园，愿意为集体做事，有初步的集体荣誉感和责任感；了解当地的人文风俗，萌发爱家乡的情感；知道国家一些重大成就，爱祖国，为自己是中国人感到自豪；初步感知我国优秀的民间艺术和优秀的传统文化；知道自己的民族，知道中国是一个多民族的大家庭；了解世界文化，如主要的国际性节日及活动、外国文化习俗的趣味性。

四、湖南省5~6岁幼儿科学领域学习的基本内容

(一)科学探究

1. 生命科学

能理解生物的结构和功能之间的关系(如植物的根的作用)；开始理解人体内部结构的功能(如跑步的时候心脏跳动更快，大脑是用来思考的等)；比较两种或者更多种生物的相似点与不同点；区分生物和非生物；知道有些需求对所有的动植物都是基本的；理解各种植物和动物满足其基本需要的不同方法；初步了解人对环境的需要(如食物、空气和水)；知道动物的运动与其所处的环境和自身的特征相关(如蚯蚓能够在泥土中钻来钻去)；初步了解生命体个体的行为会受到内部提示(如饥饿)和外部提示(如环境的变化)的影响；感知不同生命体的周期长短和细节是不同的；根据观察，感知和描述植物与动物的生命周期；通过观察和比较，发现动物、植物和它们的亲代是非常相像的；初步了解自己家庭成员涉及的关于人的生命周期的现象；根据生物的相似性和差异性将其分类；感受不同植物和动物的多样性和变化(如不同植物的叶子有不同的形状)；观察和了解同一种生物也具有细微的差别(如同一棵树的两片叶子不是完全相同的)；感知和体会生物会引起它们所生存环境的变化(如植树改善沙尘环境)；体会环境的性质对生物行为模式的影响；初步感知动物的生存离不开植物；运用个人对生命需要的理解，为动植物设计生存环境(如种植)；初步感知和理解动植物的外形特征、习性与生存环境是相互适应的；感知和体验人类的生存依赖于自然环境和人为环境。

2. 物质科学

感知物体的结构与功能之间存在的关系；发现材料的特性可以通过某种途径进行改变(如加热、冷冻、混合、折弯)；发现不同材料的特性通过不同的方式可以进行改变；发现材料有不同的存在状态：固态、液态和气态(如水的三态变化)；使用简单的工具对物体的性质(如大小、重量、温度等)进行测量和比较；感知物体有多种运动方式(如直线运动、圆周运动)；发现物体的运动方式是可以被改变的；发现影响物体运动的因素有多种；感知物体的运动状态会随着外界条件的改变而发生变化(如改变斜坡让球滚得更远)；探索各种机械，发现机械的作用；进一步探索各种力的现象(如浮力、摩擦力、弹力等)；发现声音的特征(如音量、音调)与声音的来源有关；感知噪声的产生及危害；感知光的亮度取决于光源和光源的距离；发现影子的大小和形状与物体和光源的位置有关；体验光对生活的重要性；感知简单的电路；感知电器在日常生活中的用途；尝试使用常见的电子产品；感知磁铁可以互相吸引或者相互排斥，也可以吸引或排斥某些其他材料；体验磁铁在生活中有广泛的

应用；知道热可以在物体之间相互传递。

3. 地球与空间科学

理解沙、石、土、水具有不同的种类，不同种类的特性存在差异（如能理解岩石的形状、软硬、纹理不同）；初步理解地球的物质对于人和动物、植物生存的重要性（如水和空气对生命的意义）；感知每天的天气都会变化；感知天气模式随着季节变化；体验四季的变化顺序；体验季节变化的周期性；知道天气可以通过相关测定的量来表示（如温度、风速、风向等）；初步体会和了解不同季节与动物、植物的关系；初步感知和理解季节变化与人类生活的关系；初步了解地球的表面在不断地变化（如风化和侵蚀的影响）；知道地球的变化会影响人类的生活；了解空气污染对人类有危害（如雾霾的危害）；知道要节约用水、保护水源的清洁；初步了解自然灾害对人类生活的影响（如地震）。

4. 科学技术

运用科学技术解决生活中常见问题的乐趣和简单方法；基本的操作方法与制作技能；常见科学技术产品的演变及在人们生活中的应用；科技产品的操作方法或日常生活用品、常见工具的使用方法；利用科技材料进行设计与制作的简单方法。

（二）数学认知

1. 集合与统计

运用集合与统计知识解决生活中常见简单问题的乐趣和基本方法；集合的包含关系，根据指示找出集合中的子集；集合的交、并、补运算；按物体两种或两种以上特征、运用标记进行逐级分类；进行 10 个以内物体的正逆排序，了解序列之间的传递性和双重性关系；按模式（特定规则指示）排序，自己设计某种模式并进行排序；了解简单的统计知识，解决生活中的实际问题，会对收集的资料进行判断。

2. 数

生活中常见的数字及其含义；认识 5 元、10 元以内的人民币，能说出它们的单位名称（角、元），知道它们的值是不同的；10 以内的数概念，如零，单、双数和相邻数，目测数群及按群计数，10 以内数的组成，总数和部分间的关系，部分与部分之间的互补、互换关系；10 以内阿拉伯数字的书写；10 以内数的加减运算，如用数的分解和组成进行 10 以内的加减运算及列式，符号"＋""－""＝"的意义，简单的口述应用题，10 以内加减法的含义；运用 10 以内数的加减法解决生活中常见的简单问题的乐趣和方法。

3. 量

量的比较与自然测量：比较远近，量的守恒，自然测量。

4. 时间

学习看日历，知道一星期中每天的名称和顺序；学习一些表示时间的词汇，在日常生活中，感受和注意时间的长短和更替，知道要珍惜时间；进行自我时间管理的简单方法及初步习惯；知道时钟的整点和半点，日历中年、月、星期的名称及顺序。

5. 空间

探索几何形体和空间方位的乐趣；运用几何形体和空间方位知识解决生活中的常见问题的乐趣和基本方法；有关几何形体的知识，如球体、正方体、长方体、圆柱体，能根据图形特征进行分类，平面图形和立体图形间的关系，轴对称图形，整体和部分的分合关系；学习等分实物或图形，对几何形体进行二等分、四等分；学习以自身为中心和以客体为中心区分左右；会向左、向右方向运动。在日常生活中，能注意自己（或物体）在空间中的位置和运动方向。

五、湖南省 5～6 岁幼儿艺术领域学习的基本内容

（一）感受与欣赏

周围环境中的各种声音，如建筑工地上各种机器发出的声响、自然界中的各种声响等；主题和情感色彩鲜明、结构适中的歌曲和乐曲；经典名曲，如《金蛇狂舞》《戏说脸谱》《动物狂欢节——终曲》等。倾听、欣赏周围环境中有趣的声音、歌曲和乐曲的乐趣。分享、交流自己所发现的周围环境中的各种声音及音乐作品的美。

自然界和周围环境中美的物品，如中国建筑、中国结、少数民族服装、礼盒；不同风格和形式的艺术作品，如京剧脸谱、美术作品《大碗岛的星期天下午》。欣赏周围环境中美的物品和艺术作品的乐趣。介绍、分享、交流自己所发现的生活物品、艺术作品的美。

（二）表现与创造

常见的乐器的名称、特点及演奏方法；常见的音乐和歌唱表演形式的名称及特点。演奏乐器的乐趣；用各种表演形式唱歌的乐趣。用领唱、齐唱、两声部轮唱、简单的两声部合唱等歌唱表演形式来演唱音域在 c_1～c_2 之间的歌曲；舞蹈或生活中的场景表演；打击乐器的奏法（三角铁、镲、蛙鸣筒、鼓等），设计打击乐配器，开展齐奏、轮奏、合奏等多种乐器演奏形式，进行节奏和声音表现。

日常生活中的物品和简单的艺术作品中蕴含的均衡、对称、变化等形式美；常见的美术工具和手工工具的名称、特点及使用方法。运用各种工具进行美术和手工创作的乐趣。运用不同的工具和材料进行创作，表现所见、所闻、所感、所想事物的方法；用自己创作的美术和手工作品布置环境、美化生活的方法和习惯。

第三节　湖南省幼儿园 5～6 岁幼儿学习活动的计划

一、湖南省幼儿园 5～6 岁幼儿园本学习活动体系

具体内涵与制定步骤参见"湖南省幼儿园 3～4 岁幼儿园本学习活动体系"。

二、湖南省幼儿园 5～6 岁幼儿班级学期工作计划

　　5～6 岁幼儿班级学期工作计划依据 5～6 岁幼儿园本学习活动体系，在深入分析本年龄班幼儿实际情况的基础上，提出学期工作目标和重点，以及每月主题活动和大型活动安排。具体示例如下。

××幼儿园大班秋季学期工作计划

幼儿情况分析	本学期，我班共有××名幼儿，其中男孩××名，女孩××名，有××名幼儿转出，有××名幼儿转入。 　　生活自理能力是幼儿适应社会生活最基本的能力之一。秋季学期，我班通过开展值日生、小班长的活动，幼儿的自理能力得到了很大的提升。本学期将继续关注培养。大班的任务意识是接轨小学的重要一环，为此我们将坚持布置多种形式的小作业、小任务，培养孩子们的任务意识，养成良好的学习习惯。 　　在一日活动中，出现集体活动中的交头接耳、进餐中的窃窃私语、盥洗室中的追赶打闹，都在无形中折射出孩子们不能专注地做好每一件事，经常游离在活动之外，为此，新学期我们将要重点加强对幼儿倾听习惯的培养，开展一些培养专注力的小游戏、训练幼儿的倾听习惯，变被动倾听为主动倾听。
教师情况分析	本学期，××老师、××老师和我继续担任××班的老师，组成结构为两教一保。班级三名成员各有自己的特长，××老师比较擅长语言、社会、健康等领域的教学活动组织，××老师比较擅长艺术、科学等领域的教学活动组织和游戏、区域等类型活动的组织，保育老师工作细致、考虑全面，关注孩子的生活护理和安全工作。我们班组成员将互帮互助，严于律己，团结协作，不断反思，共同进步！
工作重点	教育教学：完成五个主题活动的教学任务；定期开展各类大型活动；培养幼儿一日生活常规和良好生活习惯。 　　卫生保健：做好教室、盥洗室、玩具等各项卫生消毒工作；关注每位幼儿身体状况；及时处理各种突发状况。 　　安全工作：牢记安全第一原则，眼里时刻有孩子；排查教室内外的安全隐患；提醒和教育幼儿学会保护自己和不做危险的事情。 　　家园共育：召开微信家长会，加强与家长的交流，告知本学期工作重点，做好幼小衔接的动员工作；做好插班新生幼儿家访工作，了解幼儿成长环境及性格特点；调动家长积极性，开展家长志愿者活动，与家委会合力组织大型活动。

每月工作安排	月份	主题活动	大型活动	保育工作
	9 月	我的成长	家长会	测查幼儿学期初身高、体重等生长发育情况
	10 月	我是中国人	秋游	及时提醒出汗的幼儿更换毛巾，以防感冒
	11 月	大家一起来运动	运动会	提醒幼儿注意保护眼睛
	12 月	美丽的湖南	迎元旦	鼓励幼儿按类别整理自己的物品
	次年 1 月	生活中的秘密	家长开放日	做好放假前物品消毒和整理

三、湖南省幼儿园5～6岁幼儿学习活动月、周计划

5～6岁幼儿学习活动月计划与5～6岁幼儿班级学期工作计划相近，不作单独说明。

5～6岁幼儿学习活动周计划依据5～6岁幼儿学习活动月计划，以实施主体学习活动为纲，提出了本周每天学习活动的具体安排。具体示例如下。

××幼儿园大班秋季学期第××周学习活动计划

年　月　日—　月　日

主题名称	我是中国人
环境创设	1. 创设"我是中国人"的主题墙。 2. 将幼儿的作品"大红灯笼"及家长收集的民族服饰图片，以不同的形式吊挂在活动室、走廊的天花板或窗台、栏杆等处。 3. 创设五个及以上活动区。
区域活动	1. 科学区：自制指南针。投放磁铁、丝线、硬卡纸等指南针自制材料。 2. 建构区：吊脚楼。投放吊脚楼图片、积木、竹子、纸盒、积塑等建构材料。 3. 语言区：我爱我的祖国。投放一些传统文化故事的书本或视频。 4. 美工区：大红灯笼。投放多种多样的灯笼的挂图、剪刀、胶水、红色卡纸、线、笔、灯笼制作步骤图。 5. 表演区：我为祖国过生日。创设小舞台，投放适合表演的服装、自制话筒。 6. 运动区：户外区域活动。提供足球、篮球、羊角球、拱门、垫子、跳绳等体育器械材料。 7. 角色区：中国主题餐厅。投放厨师、服务员、收银员角色卡，各种废旧材料制作的餐点、餐具、餐桌、椅子、收银机、仿真人民币卡片、炊具等。
游戏活动	体育游戏：迈大步(周一)；智力游戏：哪里不一样(周二)；体育游戏：双人角力(周三)；智力游戏：猜花片(周四)；智力游戏：小矮人与大巨人(周五)。
集体教学活动	语言：民族服饰(周一)；健康：能干的建筑工人(周二)；社会：祖国妈妈过生日(周三)；艺术：龟兔赛跑(周四)；科学：好玩的陀螺(周五)。
生活活动	危险物品我不带(周一)；值日生真神气(周二)；天天锻炼身体好(周三)；安全用剪刀(周四)；整齐的书包(周五)。
家园共育	1. 胜利花：家长与幼儿共同制作胜利花，走进老兵的家或为幼儿讲述抗战故事，缅怀历史。 2. 我们的节日：在传统节日或纪念日(如中秋节、国庆节、抗战胜利纪念日)，带领幼儿参加相关活动，引导幼儿了解节日或纪念日的意义。

四、湖南省5～6岁幼儿一日活动计划

可参考3～4岁幼儿一日活动计划，并结合5～6岁幼儿的特点适当加以灵活调整。

第四节　湖南省幼儿园 5～6 岁幼儿学习活动的实施

一、湖南省幼儿园 5～6 岁幼儿学习活动架构的设计

参见"湖南省幼儿园 3～4 岁幼儿学习活动架构的设计"。由于这个年龄班幼儿即将进入小学学习，因而增加了幼小衔接的具体活动设计。

二、湖南省幼儿园 5～6 岁幼儿学习活动的主题

结合湖南省 5～6 岁幼儿的实际生活经验和一般兴趣需要，共遴选了 12 个主题，供幼儿园选取。其中主题 1～6 建议秋季学期进行，主题 7～12 建议春季学期进行，见下表。

秋季学期主题	1. 我的成长	春季学期主题	7. 我们爱阅读
	2. 美丽的湖南		8. 快乐旅行
	3. 大家一起来运动		9. 地球妈妈
	4. 身边的动植物		10. 智慧小达人
	5. 我是中国人		11. 我是小小设计师
	6. 生活中的秘密		12. 离园倒计时

三、湖南省幼儿园 5～6 岁幼儿主题学习活动的建议

主题 1："我的成长"（建议 2～3 周时间完成）

主题核心价值		1. 引导幼儿体验成长的快乐，促进幼儿自我意识的发展。 2. 提升幼儿的自我服务能力以及与同伴交往、协作的能力。
主题学习活动建议	环境创设	1. 主题墙分类展示幼儿提供的自己小时候的照片及用过的物品的照片。 2. 教师指导幼儿将自画像"漂亮的我"以及其他反映自己成长的绘画、手工等作品汇编装订成"能干的××"，并开辟专门的"××班的大家庭"展示区域。
	区域活动	运动区：户外体育区域活动（把握区域规则及玩法，自主选择器械进行锻炼）、"袋鼠跳"（利用跳跳袋进行前进跳、转弯跳、障碍跳）。 语言区："我从哪里来"（阅读绘本，获取生命孕育和生命成长过程的信息）、"一个人"（有感情地朗诵诗歌并进行创编）、"说说我自己"（根据自己设计的名片，按照一定的顺序，大胆、自信地介绍自己的信息）、"有朋友真好"（用清楚、连贯的语言围绕"有朋友真好"的话题进行交谈）、"当值日生"（清楚、有条理地使用丰富多样的词句讲述值日生的任务）。 角色区："照相馆（一）：创办"（分工协作，设计和布置照相馆）、"照相馆（二）：宣传开张"（合作开展照相馆开张宣传活动，体验开张的喜悦）、"照相馆（三）：营业"（尝试分角色开展照相馆游戏）。

主题学习活动建议	区域活动	建构区："停车场"(根据图纸，合作搭建停车场)、"大商场"(抓住商场的特征进行合作搭建)。 科学区："七巧造型(一)"(正确判断、分析、比较图形进行对应)、"七巧造型(二)"(利用几何图形特点拼造型)、"神奇的镜子(一)"(探索不同镜面的成像特点)、"神奇的镜子(二)"(探索各种镜面在生活中的运用方式)、"我会认时钟(一)"(认识时钟的基本结构并进行组装)、"我会认时钟(二)"(数字时间卡与指针时间卡匹配)、"我会认时钟(三)"(根据数字时间摆出对应的指针时间)、"我会认时钟(四)"(根据图片场景图找出对应的数字时间卡、时钟时间卡)、"纸盒成长记"(利用工具制作正方体和长方体纸盒)。 表演区：《不再麻烦好妈妈》(有感情地演唱歌曲并进行创编)、"一个人"(用合适的动作与同伴表现出个人的孤独和团体的快乐)、"我做哥哥/姐姐了"(抓住不同角色的身份特点完整表演故事情节)。 美工区："哥哥姐姐的画"(根据自己的感受欣赏、评价哥哥姐姐的画，并模仿创作)、"我喜欢的老师"(画出老师工作时的动态形象)、"现在的我(一)"(抓住自己的主要特点进行美工创作)、"现在的我(二)"(设计和制作自己的名片)、"我设计的停车场"(有目的地设计停车场图纸)。 生活区："我会系鞋带"(用正确的方法系鞋带)、"我会系蝴蝶结"(用穿、绕、扎的技能系蝴蝶结)、"送给朋友的礼物"(用珠子串项链送给好朋友)。
	游戏活动	体育游戏："贴人"(追逐跑)、"穿越封锁线"(利用匍匐爬穿越"封锁线")、"巧搭山洞"(身体合作搭建不同山洞)。 智力游戏："抱抱团"(听口令做出抱团反应)、"拼图找朋友"(快速、正确拼图的方法)、"时间对对碰"(建立时间与生活事件间的联系)。 音乐游戏："我是这样做的"(动作传递的方法)、"嗨，你好！"(听音乐做动作)、"头发变变变"(听音乐，创编吹、梳、烫头发等动作)。
	集体教学活动	健康活动："独自睡觉好"(知道独自睡觉的好处和方法)、"勇敢的孩子"(探索过障碍的不同方法)、"灵活会动的身体"(了解自己身体能动的部位，讨论在运动中保护身体的方法)。 语言活动："有朋友真好"(围绕话题进行交谈)、"一个人"(理解诗歌)、"我做哥哥了"(体会当哥哥姐姐的责任感)、"说出来"(不欺负别人，也不允许别人欺负自己)。 社会活动："当我害怕时"(了解恐惧、控制恐惧)、"我的名片"(认识、了解名片，尝试自己设计名片)、"我的优点和缺点"(了解自己的性格特点)、"我的家人"(了解自己的家人)、"我们爱劳动"(做家务)。 科学活动："镜子里的秘密"(感知发现不同镜子里自己影像的变化)、"我会看时钟"(用语言描述整点和半点)、"我是马路建筑工"(感知图形间的变换组合关系)。 艺术活动：《人人叫我好儿童》(学唱歌曲)、"我真的很不错"(舞蹈欣赏)、《不再麻烦好妈妈》(学唱歌曲)、"劳动最光荣"(韵律)。
	生活活动	1. 引导幼儿轮流当值日生，逐步学习自我约束、自我管理。

续表

	生活活动	2. 引导幼儿和小伙伴一起交流、分享自己的成长变化，并进行个人才艺大比拼。 3. 鼓励和引导幼儿学会刷牙、系鞋带、扣扣子等自我服务劳动。
主题学习活动建议	家园共育	1. 和幼儿一起阅读绘本《小威向前冲》，引导其初步了解"我从哪里来"。 2. 带幼儿比较出生以来不同阶段的照片、玩具、衣服等，让幼儿感受到自己的成长变化。 3. 鼓励幼儿跟社区里的弟弟妹妹交朋友。 4. 鼓励幼儿利用自制的名片大胆向他人介绍自己。 5. 引导幼儿讲讲别人的优点。 6. 引导幼儿坚持早晚自己刷牙。 7. 让幼儿在家里做力所能及的家务。
	幼小衔接	幼儿园：召开"幼小衔接"专题家长会，引导家长从生活、学习、社会三个方面与幼儿园配合做好幼儿的入学准备工作；通过组织体检等一系列活动让幼儿体验自己的成长，进一步培养幼儿的自信、自我控制、自我依赖等品质。 家庭：积极参加幼儿园组织的"幼小衔接"专题家长会，主动配合与实施幼儿园提出的相关建议和要求；安排幼儿固定负责一两项力所能及的家务；带幼儿到小学参观，引导幼儿认识到长大了就要上小学。 小学：接待家长和幼儿参观；安排小学生与幼儿结对上课和开展课间、课外活动。 县、市教育局：发布规范小学招生行为的通知，严格规定就近入学，禁止任何形式的入学考试或面试，并要求小学认真接待前来参观的家长和幼儿。

主题 2："美丽的湖南"(建议 3～4 周时间完成)

主题核心价值		1. 丰富幼儿对湖南的认识，激发幼儿对家乡的归属感、自豪感。 2. 帮助幼儿内化社会行为规范，发展适应社会生活的能力。 3. 利用湖南独有的物产及文化资源，从不同领域促进幼儿全面发展。
主题学习活动建议	环境创设	1. 布置"湖南之最"专栏，分类张贴幼儿与教师共同收集的湖南各地标志性的图片。 2. 利用教师和家长拍摄的幼儿从事具有湖南特色的活动的照片，制作"我是小小湖南人"摄影展板。 3. 教师指导幼儿利用自己的作品举行"爱护我们的家园"的大型画展。
	区域活动	运动区："旋转吧，陀螺"(掌握正确的打陀螺方法)、"踢毽子"(用脚连续踢毽子)、"一起玩长绳"(依次、相互衔接与合作跳长绳)、"有趣拉力带"(感受拉力游戏的力量，利用拉力带和同伴友好游戏)。 语言区："家乡话，话家乡"(听、说湖南各地方言，尝试猜测方言童谣的含义)、"长沙童谣"(对方言感兴趣并且能跟读大部分童谣)、"芒果 TV(一)：长沙小吃"(体验并记录长沙特色小吃美食)、"芒果 TV(二)：小小足迹"(围绕人物、时间、地点、事件四要素进行讲述)、"芒果 TV(三)：湖南名人"(有

续表

		序、连贯地讲述自己知道的名人名事)。
主题学习活动建议	区域活动	角色区："火宫殿(一)：装饰店面"(与同伴协商合理布置店面)、"火宫殿(二)：开张宣传"(宣传策划开张工作)、"火宫殿(三)：正式营业"(协商分配角色进行游戏)。 　　建构区："湖南建筑(一)：烈士塔"(运用垒高、架空等方式合作搭建烈士塔)、"湖南建筑(二)：湘江二桥"(运用架空、合作搭建斜拉桥)、"湖南建筑(三)：风雨桥"(选用合理材料创造性地建构)、"指尖上的湖南之小小湘绣展"(选择合适的材料，搭建作品展示台)。 　　科学区：提供茶叶、炒黄豆等材料，供幼儿开展"泡擂茶""打糍粑""泡芝麻豆子茶"等家乡特产制作探索活动；提供建构游戏材料供幼儿开展"家乡名胜地""我住的地方""幼儿园的楼房"等建构游戏活动。 　　表演区："花鼓戏《刘海砍樵》(一)"(了解花鼓戏特点并模仿花鼓戏的唱腔)、"花鼓戏《刘海砍樵》(二)"(用歌声、动作创造性地表现花鼓戏的唱腔和身段)、"花鼓戏《刘海砍樵》(三)"(改编戏中刘海哥和胡大姐相互称赞的歌词并与同伴合作表演)、"方言歌曲大比拼"(大胆演唱自己熟悉的方言歌曲)、"土家摆手舞"(听韵律做摆手舞的基本动作)。 　　美工区："指尖上的湖南(一)：小小设计师"(自主设计湘绣图案)、"指尖上的湖南(二)：绕线球"(将线条绕成线球)、"指尖上的湖南(三)：我来绣一绣"(学习使用针线进行简单的湘绣)、"长沙小吃"(利用橡皮泥等材料制作长沙小吃)、"快乐的湖南娃"(知道自己的特点，用绘画的形式大胆表现出来)、"湖南的名胜古迹"(用剪或撕贴的方法绘制湖南的名胜古迹)。 　　生活区："芝麻豆子茶"(感受家乡地方特色，自己泡芝麻豆子茶)、"好喝的擂茶"(能有序制作擂茶)、"辣味小吃"(用辣椒制作美食)。
	游戏活动	体育游戏："帮小猫建新家"(灵活、协调地通过障碍)、"小小球王"(灵活地随球运动)、"抽陀螺"(抽陀螺的方法和技巧)。 　　智力游戏："猜方言"(说、听、猜湖南地区具有代表性的方言)、"盲童找路"(蒙眼听指令，正确区分方向)、"猜猜有什么不一样"(同样一组物体可以按照不同的方式进行分类)。 　　音乐游戏："刷牙歌"(随乐创造性地表现)、"拾豆豆"(分角色创编动作)、"欢乐和悲伤"(感受音乐所表现的不同情绪)。
	集体教学活动	健康活动："趣游湘江大桥"(多种方式过桥，跨跳)、"特色小吃别贪吃"(注意饮食卫生)、"小朋友们别上当"(防止上当的方法)。 　　语言活动："我们的家乡"(谈话)、《月亮粑粑》(方言儿歌)、"我是家乡小导游"(讲述描绘家乡风物)。 　　社会活动："湖南的特产"(了解家乡的特产)、"家乡变了样"(感受家乡变化)、"我心中的湖南名人"(了解湖南名人的故事)。 　　科学活动："我的家在哪里"(按线路图行走)、"美丽的苗族服饰花边"(模式排序)、"特色小吃人人爱"(简单用图标统计)。 　　艺术活动：《浏阳河》(歌唱)、《刘海砍樵》(花鼓戏)、"美丽的湘绣"(了解湘绣的制作工艺)。

续表

	生活活动	1. 在过渡环节中引导幼儿观看展出的专栏，并交流自己知道的湖南特色。 2. 午睡前或离园时给幼儿讲述湖南本土有关的民俗和神话故事。
主题学习活动建议	家园共育	1. 与幼儿一起完成"从我家到幼儿园"的线路图，让幼儿感知、认识从家到幼儿园的路线和主要设施标志。 2. 带幼儿参观游览岳麓山、韶山、张家界、凤凰古城等湖南名胜和自己居住地的名胜。 3. 和幼儿一起认识小区里的设施，观察认识安全标志。 4. 与幼儿一起制作家乡的特产。 5. 与幼儿讨论毛泽东、雷锋等湖南名人的故事。 6. 引导幼儿保护环境，不随意丢垃圾、踩草地等。

主题3："大家一起来运动"（建议2～3周时间完成）

主题核心价值		1. 激发幼儿对体育运动的兴趣，帮助幼儿形成良好的运动习惯。 2. 引导幼儿学习保护身体主要器官的方法，积累运动安全的经验，提高生活自理能力和自我保护能力。 3. 培养幼儿不畏艰难、乐于挑战、勇敢坚持等个性品质，促进幼儿与人合作、勇于担当等社会性发展。
主题学习活动建议	环境创设	1. 主题墙分类展示幼儿和家长一起收集的各类运动项目的图片，以及中国奥运冠军的照片。 2. 家园联系栏发布班级亲子运动会的方案。 3. 开辟专门区域，分类展示幼儿用吸管制作的"我爱运动"的手工作品。
	区域活动	运动区："我运动，我健康"（自主选择，遵守规则，锻炼基本动作）、"大油桶，听我的"（保持全身平衡在大油桶上行进）、"竹竿游戏"（多人合作随乐跳竹竿）、"大轮胎"（发展臂力和跳、爬、钻等基本动作）、"好玩的垫子"（利用翻、滚、跳等多种动作在垫子上游戏）、"开火车"（钻爬、合作）、"哪队投得多"（投掷和快速跑）、"趣味躲闪"（追逐跑和躲闪，听信号做出反应）。 语言区："运动员的故事"（有条理地交流著名运动员的故事）、"有趣的运动"（围绕主题进行交流）、"国王减肥记（一）"（用较完整的语言大胆表达自己对故事的理解）、"国王减肥记（二）"（用图文结合的方式设计国王的运动计划表）、"运动标识（一）：规则知多少"（理解、辨别各种有关运动图示的含义）、"运动标识（二）：设计标识"（设计运动标识）、"运动标识（三）：运动标识图书"（自制运动标识图书）、"运动标志（四）：运动计划"（设计一天运动计划内容）。 角色区："健身俱乐部（一）：筹备"（分工协作，设计和布置俱乐部）、"健身俱乐部（二）：开张"（体验健身房开张的喜悦，并做好准备工作）、"健身俱乐部（三）：营业"（分角色体验健身游戏）、"健身俱乐部（四）：健身大比拼"（选择各自擅长的健身项目进行比赛）。 建构区："体育馆（一）：外部结构"（用多种材料和方法搭建体育馆基本框架）、"体育馆（二）：内部设施"（设计搭建各种运动场地）、"体育馆（三）：比赛现场"（运用各种材料，使用卷、搓、捏等技能表现运动场景的人物形态）。

主题学习活动建议	区域活动	**科学区**："爱运动的小朋友"（5 以内的减法运算）、"纸张大力士"（探索纸张站起来的方法）、"不倒翁的秘密"（探索不倒翁不倒的原因）、"关节动起来"（了解运动中人体关节、各部位的协调运动）、"小人快跑"（探索吸铁石的吸附力，使用记录表进行统计）、"布置运动会场"（运用模式排序装饰场地）、"跳格子"（理解 10 以内的单双数）。 **表演区**："健康歌"（根据音乐有节奏地创编舞蹈动作）、"啦啦队"（根据乐曲和节奏进行动作创作表演）、"国王减肥记"（用语言、姿态、表情表现角色特点）、"各种各样的运动"（用肢体动作模仿、表现自己喜欢的运动）。 **美工区**："颜料跑跑跑"（有计划地运用吸管吹画）、"自制运动玩具"（选择合适的材料制作玩具）、"小小运动员"（用绘画的形式表现运动中的人物动态）、"运动员模型"（综合运用搓、团、压、拉等技能）。 **生活区**："夹弹珠"（练习使用筷子夹稳圆形物品）、"美味面食"（按流程图取材，学习制作面食）。
	游戏活动	**体育游戏**："踢毽子"（腿部动作）、"斗鸡"（单脚站立保持平衡）、"双胞胎"（追逐跑）、"跳绳"（双脚连续向上跳）。 **智力游戏**："谁是运动健将"（理解测量工具与结果之间的关系）、"占地盘"（根据单位面积的数量比较判断整个面积的大小）、"身体变形记"（变换身体姿态变出不同造型，想象与合作能力）。 **音乐游戏**："丢手绢"（快速躲闪与奔跑）、"多变的动物"（用不同的动作表现不同的动物形象）、"传纸杯"（配合音乐节奏控制传递速度）。
	集体教学活动	**健康活动**："神气的红旗操"（轻器械操）、"运动安全我知道"（学习运动中的安全自护）、"快乐蹦蹦跳"（立定跳远）、"好玩的篮球"（探索拍球、滚球、抛接球等多种玩法）。 **语言活动**："我喜欢的运动项目"（运用轮流、修补的谈话策略进行交谈）、"国王减肥记"（了解运动与肥胖的关系）、"怎样使身子暖和"（讲述）。 **社会活动**："运动员了不起"（运动员的奋斗故事）、"输和赢"（正确对待竞赛结果）、"文明观赛者"（观赛的礼仪）、"运动场上的规则"（讨论制定运动比赛规则）。 **科学活动**："参观运动场"（面积大小与单位图形的数量关系）、"运动中的人"（图形拼合与拆分）、"我爱运动"（理解减法的实际意义）。 **艺术活动**：《运动员进行曲》（歌曲欣赏）、"啦啦队员最带劲"（观察和表现啦啦队员喊"加油"时的脸部特征）、"大家来锻炼"（表现运动中人物的不同姿态）。
	生活活动	1. 引导幼儿在进餐、睡眠、盥洗和如厕等前后，交流自己喜欢的运动项目、看过的体育竞赛。 2. 户外活动时间，开展小型体育竞赛活动，如攀岩比赛、跑步比赛等。 3. 餐前活动时间，让幼儿观看体育竞赛节目。
	家园共育	1. 收集牛奶瓶，与幼儿共同制作环保拉力器。 2. 与幼儿一起观看体育竞赛节目，了解体育竞赛的规则。 3. 参与班级亲子运动会。 4. 组织亲子足球赛。 5. 组织亲子郊游、爬山等远足活动。

主题 4："身边的动植物"（建议 2～3 周时间完成）

主题核心价值		1. 激发幼儿探究周围事物的兴趣，使其萌发爱护动植物、热爱大自然的积极情感。 2. 提供探究空间，引导幼儿在动手动脑中发展科学探究能力，并积累相关的科学知识和生活经验。
主题学习活动建议	环境创设	1. 组织幼儿用自己收集的动植物图片、标本等，分类布置墙面和走廊。 2. 开辟专门区域展示幼儿绘制的动植物剪纸、绘画等作品。 3. 利用走廊的拐角、靠近阳台的区域设置"种植区"，并提供浇水工具等物品，以及记录表格，创造支持幼儿探究植物生长的条件。
	区域活动	运动区："勇敢的小青蛙"（掌握立定跳的规范动作，会连续立定跳跃）、"马兰花开"（身体动作的协调性与灵敏性）、"蜈蚣走路"（锻炼下肢力量，发展协调性和平衡性）、"花样跳竹竿（一）"（跳跃、躲闪）、"花样跳竹竿（二）"（身体的协调性、动作的灵敏性）、"花样跳竹竿（三）"（双脚交替跳及协调能力）、"快乐的小螃蟹（一）"（手膝侧爬）、"快乐的小螃蟹（二）"（锻炼上肢力量，动作协调和控制）。 语言区："动物的故事"（感知立体绘本的神奇与丰富场景并爱护图书）、"动植物的秘密（一）"（拓展与动植物有关的知识经验）、"动植物的秘密（二）"（观察动植物特点进行交流）、"动植物的秘密（三）"（根据动植物特征创编谜语）、"动植物的秘密（四）"（动植物的图文匹配）。 角色区："小小花店（一）：装饰花店"（与同伴协商，合理布置花店）、"小小花店（二）：开张宣传"（宣传策划开张工作）、"小小花店（三）：正式开业"（了解角色特点和职责，分角色、有礼貌地进行游戏）、"小小花店（四）：插花比赛"（利用材料制作花束并进行投票）。 建构区："恐龙之家（一）：恐龙"（熟练运用各种建构技能，创造性地搭建恐龙）、"恐龙之家（二）：大树"（分工合作，有创意地表现大树）、"恐龙之家（三）：花丛"（运用色彩规律创造性地拼插出立体花篮）、"恐龙之家（四）：空中花园"（用各种材料、方法制作花园）。 科学区："小动物看电影"（运用序数的经验找到正确的位置）、"小兵追击"（感知物体上下左右的空间方位）、"测量小达人（一）"（正确使用测量工具进行测量）、"测量小达人（二）"（使用脚步丈量距离并进行记录）、"测量小达人（三）"（使用其他替代材料进行测量）、"测量小达人（四）"（持续记录植物的生长）、"找一找"（正确使用放大镜的方法）、"动物棋"（区分草食动物、肉食动物）、"变色的兰草花"（观察植物通过茎运输水的现象）、"植物电池"（观察生物发电的现象）、"破译植物密码"（观察碘酒遇到淀粉变蓝色的现象）。 表演区："落叶"（有感情地朗诵诗歌并进行表演）、"小白兔和大灰狼"（大胆用声音、表情、动作创造性地表现不同的角色）、"小动物怎样过冬"（根据歌曲内容，创造性地表演小动物过冬的情景）、"金孔雀与凤尾竹（一）"（根据图谱与同伴共同完成打击乐）、"金孔雀与凤尾竹（二）"（用舞蹈和乐器相融合的方式进行表演、演奏）。 美工区："巧变树叶"（运用重叠、连接、放射摆放、修剪等方法对树叶进行创造性的拼贴）、"美丽的树林"（用各种叶子进行有计划的拓印画）、"中国画"（用绘画工具表现中国画墨色的浓淡变化）、"有趣的动物"（用连接、组合的方法制作蔬菜动物）、"美丽的动物折纸"（根据步骤图提示折各种动植物）、"我喜欢的小动物"（用压、捏、搓等技能创造性地表现小动物）、"创意棉花

主题学习活动建议	区域活动	秀"（运用粘贴、揉搓拧、装饰等方式进行创作）、"菊花"（用交叉、粘贴、折、卷、撕等技能创作菊花）。 生活区："小松鼠的坚果店"（学习运用工具剥坚果）、"美味西瓜汁"（用镊子一颗一颗地挑出西瓜籽后榨成西瓜汁）、"美味果蔬汁"（将白菜掰成一片一片，正确使用削皮刀）、"小花生乐开花"（学习用筷子夹花生，掌握正确使用筷子的方法）。
	游戏活动	体育游戏："我学蚕宝宝"（躬身爬、直身爬和团身爬）、"种花"（钻、爬、走平衡木）、"快乐的小螃蟹"（侧滑步行走）。 智力游戏："蝴蝶飞"（辨别自己的左右）、"谜语派对"（根据谜面猜谜底）、"动物过冬"（根据动物的不同过冬方法进行分类）。 音乐游戏："寻找蜂王"（在"蜂王"的带领下做模仿动作）、"森林寻宝"（了解乐曲轻快、活泼的特点，找出乐曲中的重音部分）、"小白兔和大灰狼"（表现小白兔和大灰狼的角色动作）。
	集体教学活动	健康活动："有毒植物要分清"（了解一些常见的有毒野生植物）、"动物投投乐"（肩上挥臂投掷动作）、"蜘蛛捉虫"（仰撑爬的基本动作）。 语言活动："动物王国"（向同伴介绍生活在大海、陆地、天空中的动物的特征和生活习性）、"落叶"（根据散文诗的结构进行仿编）、"大象救兔子"（讲述大象救兔子的过程）。 社会活动："护花使者"（爱护花朵的基本常识）、"小猫钓鱼"（理解"一心一意""三心二意"的含义，以及专心做事的重要性）、"蚂蚁搬豆"（合作的技能、团结互助的品质）、"狼来了"（不说谎）。 科学活动："想吃苹果的鼠小弟"（感知10以内的顺倒数以及自然数列的等差关系）、"小猫过河"（理解数的组成中总数与部分数之间的包含和等量关系）、"植物的身体"（识别植物"身体"的各个部分，知道一般的植物的结构）。 艺术活动："金孔雀与凤尾竹"（用舞蹈和乐器相融合的方式进行表演、演奏）、"小白兔和大黑熊"（感知乐曲的不同力度、速度所表现的不同音乐形象）、"小鱼捉迷藏"（在不规则的线条中表现鱼的形态，体现装饰鱼纹的创造性）。
	生活活动	1. 引导幼儿观察自然角的植物。 2. 给幼儿欣赏投放的动植物图片。 3. 教幼儿认识幼儿园里一些常见的植物。 4. 引导幼儿互相分享一些与动植物有关的故事和科普知识。
	家园共育	1. 和幼儿一起收集有关动植物的相关资料和图片，并引导幼儿找一找、认一认身边的动植物。 2. 带幼儿养盆栽植物和小动物。 3. 带幼儿参观动物园、植物园、花圃，去赏花、插花、摘草莓等。 4. 带幼儿认识小区里的部分植物，并为它们制作标签。
	幼小衔接	幼儿园：引导幼儿一起制作植物生长观察记录表，种大蒜，观察绿豆发芽，量一量豆荚长高多少等。 家庭：和幼儿一起找一找家里哪些东西需要用到植物。

主题 5："我是中国人"(建议 3～4 周时间完成)

主题核心价值		1. 激发幼儿爱家乡、爱祖国的情感，使幼儿为自己是中国人而感到自豪。 2. 支持幼儿动手制作，创造性地表现中国传统艺术。
主题学习活动建议	环境创设	1. 活动室和走廊分类展示幼儿和教师共同收集的中国地图、国旗、国徽、建筑、各族人民的画像、神话故事人物等图片。 2. 开辟专门区域分类展示幼儿制作的反映中国历史与现实的手工或美术作品。
	区域活动	运动区："大中华，小健儿"(自主选择游戏材料，动作协调、灵活地游戏)、"梅花桩"(掌握在牛奶罐上平稳行走的方法)、"高跷乐"(踩高跷绕过不同障碍物)、"体育大循环"(按一定路线循环游戏，依次进行锻炼)。 语言区："优秀传统文化"(阅读绘本，理解中华优秀传统文化故事的内容)、"民族服饰"(观察不同民族服饰特点进行记录和讲述)、"了不起的中国人"(利用动作、语言、表情等描述心中的伟人事迹)、"十二生肖儿歌"(用快板有节奏地念儿歌；生肖图文匹配)、"百家姓大调查"(调查身边的百家姓并做好记录和统计)。 角色区："民间艺术品大卖场(一)"(共同协商讨论，合理布置卖场环境)、"民间艺术品大卖场(二)"(以简洁精练又富有感染力的语言介绍商铺、"民间艺术品大卖场(三)"(分工合作扮演顾客与售货员角色)。 建构区："民族建筑师"(用圆顶、翘顶、镂空、悬空等方式搭建不同的少数民族建筑)、"长城长"(用平铺、延长、架空等技能搭建长城)、"水立方"(运用几何形体插法、围合连接、整体组合插法等搭建水立方造型)。 科学区："我的祖国真大"(感知中国各省份的地理位置以及匹配各省份的典型特征)、"环游中国"(说出中国各地景点美食及运算 10 以内的加减法)、"指南针的秘密"(使用指南针辨别空间方位)、"五子连连看"(学习五子棋的玩法)、"十二生肖变变变"(观察生肖轮廓并完成连线)。 表演区："我为祖国过生日(一)：民族大联奏"(辨别不同乐器的声音并选择合适的乐器配乐演奏)、"我为祖国过生日(二)：诗歌朗诵"(有感情地、大胆完整地朗诵爱国诗歌)、"我为祖国过生日(三)：歌舞(武)表演"(与同伴协商选择音乐并编排舞蹈动作)、"我为祖国过生日(四)：联合演出"(分工合作，大胆编排祖国庆典节目)。 美工区："美丽的青花瓷"(用喜欢的线条和图案装饰各种花瓶)、"京剧脸谱"(运用左右对称、弧线等方式表现脸谱特点)、"好玩的染纸"(将宣纸折叠、晕染形成不同的花纹)、"有趣的扎染(一)"(阅读步骤，制作蓝印花布)、"有趣的扎染(二)"(尝试运用各种新材料创造性地进行扎染)、"有趣的扎染(三)"(合作制订扎染计划并按计划分工合作)、"水墨藤蔓"(运用点、线等表现藤蔓的造型)、"水墨江南"(用国画的形式描绘出中国的特色建筑和物体)。 生活区："圆圆的月饼"(按照步骤图制作月饼)、"香香的茶"(按步骤图学习泡茶的方法，与同伴分享泡茶的经验)。

续表

主题学习活动建议	游戏活动	体育游戏："勇敢小兵"(行进跳)、"打龙尾"(躲避球及抛球的方法)、"搭城门"(接搭城门、钻)。 智力游戏："中国棋"(解决游戏顺序问题)、"他们穿什么"(搭配少数民族服装与头饰)、"飞船发射"(听到飞船发射信号做相应动作)。 音乐游戏："剪剪纸"(同伴合作表演,用动作表现剪纸情景)、"小小孙悟空"(创造表现孙悟空和猴子的动作)、"大巨人和小矮人"(感受音乐的强弱,体验相反的动作)。
	集体教学活动	健康活动："中华武术操"(感受武术的精气神)、"我是小小解放军"(躲避球的方法与技巧)、"我是祖国坦克兵"(在纸箱中与同伴合作行进走的方法)。 语言活动："民族服饰"(有重点地介绍民族服饰的主要特点)、"有趣的汉字"(知道以"木"为偏旁的汉字均与木有关)、"我们的祖国真大"(在诗歌中体会祖国南北差异)。 社会活动："祖国妈妈过生日"(理解国庆节的含义)、"我的名和姓"(初步了解姓的传统)、"中国茶"(多种方式感知中国茶文化)、"56个民族是一家"(知道我国主要的少数民族及其风俗习惯)、"礼仪之邦"(有礼貌地与人交往)。
	集体教学活动	科学活动："节日的鲜花"(理解数的可分性及总数与部分数之间的包含、等量关系)、"水稻"(感知、认识水稻)、"火箭发射"(10以内的顺倒数)。 艺术活动："有趣的皮影人"(感知皮影人的特点和材质)、"脸谱装饰"(感受京剧脸谱的特点)、"大中国"(与同伴合作演奏)、"北京的金山上"(感受藏族舞蹈的特点)。
	生活活动	1. 进餐时,引导幼儿关注中餐的特点,尝试使用筷子吃饭。 2. 自由活动时引导幼儿说一说自己知道的中国的著名人物。 3. 引导幼儿观看纪录片《厉害了我的国》,了解我国取得的一些重大成就。
	家园共育	1. 和幼儿一起搜集中国的地图、国旗、民族服饰等物品。 2. 给幼儿讲讲有名的中国神话故事与民间传说。 3. 带幼儿在家包饺子,就餐时教幼儿使用筷子。 4. 和幼儿一起收集中国结等有中国特色的物品,引导幼儿说一说自己收集的物品。 5. 陪幼儿看几部具有中国特色的动画片,如《哪吒闹海》《神笔马良》等。

主题6:"生活中的秘密"(建议2～3周时间完成)

主题核心价值		1. 引导幼儿关注生活中的人、事、物,从自身出发对周围的现象充满好奇心和求知欲。 2. 鼓励幼儿大胆探索、敢于创新,提高其搜索信息、运用资源、解决问题的能力。
主题学习活动建议	环境创设	1. 主题墙分类展示幼儿和家长一起收集或探索出的"我的发现"的内容及相关材料。 2. 墙面开辟专门区域张贴"我最想发现的……"亲子调查表格。

续表

主题学习活动建议	区域活动	**运动区**："运动能手"(利用器械自主进行运动，不断探索一物多玩)、"多变的绳子"(创造性地运用绳子玩出不同的花样)、"小脚本领大"(发展脚部肌肉的灵活性和协调性)、"好玩的粘靶"(用正确的投掷的方法进行游戏)。 **语言区**："奇妙的生命"(在阅读中感知生命的秘密)、"我发现的秘密"(记录和交流自己从绘本中发现的秘密)、"图画中的秘密"(根据图片，用"××越××，××就越××"句式描述出来)、"给朋友的信(一)"(感知书信特点，用图文并茂的形式表达情感)、"给朋友的信(二)"(相互表达和倾听朋友写给自己的信)。 **角色区**："美丽的秘密(一)：创办美容美发店"(与同伴合作规划、设计和布置美容美发店场景)、"美丽的秘密(二)：美容美发店开张"(分角色开展美容美发店开张及营业活动)、"电影院的秘密(一)：创办电影院"(与同伴合作设计和布置电影院场景并制定规则)、"电影院的秘密(二)：新片上映"(分工协作，开展电影院开张及新片上映活动)。 **建构区**："隧道的秘密"(在沙堆中挖出较复杂的隧道)、"鸟巢体育馆的秘密"(尝试利用磁力棒创造性地搭建鸟巢体育馆)。 **科学区**："燃烧的秘密"(探索燃烧与空气的关系)、"光影的秘密(一)：烛影"(探索蜡烛火焰通过凸透镜在纸板上成像的原理)、"光影的秘密(二)：电影放映机"(尝试组装简易版电影放映机)、"找房子"(根据多个特征找到相应物品)、"抓抓乐"(感知">"、"="和"<"的含义)、"神奇的力量"(探索摩擦力的存在)。 **表演区**："小小演奏家"(用打击乐器随乐伴奏)、《上楼下楼》(跟随节奏清楚、正确地念绕口令)、《小小雨点》(创造性地用动作、表情表现歌曲)。 **美工区**："旧物新用"(利用废旧光碟制作创意物品)、"我家美食多又多"(使用多种材料、多种方法创造性地制作美食)、"金山农民画"(欣赏并尝试模仿创作金山农民画)。 **生活区**："神奇的面粉(一)：面条造型秀"(感知和描述不同面条的造型特点)、"神奇的面粉(二)：彩色面粉诞生记"(猜测并验证彩色面食的由来)、"神奇的面粉(三)：挤挤欢乐多"(寻找适合工具进行榨汁)、"神奇的面粉(四)：颜色的秘密"(制作彩色面团)、"神奇的面粉(五)：幸福团圆宴"(亲子制作面食挑战赛)。
	游戏活动	**体育游戏**："好玩的酸奶盒"(灵活、协调地绕过 S 形)、"比比谁更快"(跨大步和跳的动作)、"神奇的椅子"(多种方法玩椅子)。 **智力游戏**："面包店和饮料店"(感知整体与部分的关系)、"小石子流浪"(观察同伴的细微变化，寻找藏石子的人)、"有样学样"(反应较快地模仿同伴动作)。 **音乐游戏**："数字歌"(边唱歌边游戏，并读出新数)、"美食总动员"(与同伴合作互换角色进行游戏)。
	集体教学活动	**健康活动**："好玩的易拉罐"(运用多种方法玩易拉罐)、"采摘小能手"(助跑纵跳触物)、"今天吃什么"(为自己设计一天的健康食谱)。 **语言活动**："我发现了……"(谈话)、"彩色的世界"(文学作品散文欣赏)、"上楼下楼"(清晰、有节奏地朗诵绕口令)、"小猫、小孩和大人的话"(坚持自己的意见并说出理由)。

主题学习活动建议	集体教学活动	社会活动："朋友的优点"（发现朋友的优点）、"投票"（感受和理解少数服从多数的原则）、"特殊的电话号码"（会拨打特殊电话号码解决突发状况）、"幕后英雄"（尊重为大家提供服务的人并珍惜他们的劳动成果）。 科学活动："它们还一样长吗"（感知和体验物体的长度守恒）、"哪根蜡烛先熄灭"（发现蜡烛燃烧和空气之间的关系）、"动物天气预报"（动物习性与天气变化的关系）。 艺术活动：《小小雨点》（有感情地演唱歌曲）、"菜篮子"（感受和欣赏绘画作品的色彩和布局美）、"玩转颜色"（利用颜料在宣纸上的变化进行二维创作）。
	生活活动	1. 引导幼儿在进餐、睡眠、盥洗和如厕等前后，说说自己当天对周围环境的新发现。 2. 户外活动时间，引导幼儿观察园内植物或饲养角动物的变化。 3. 引导幼儿起床后与同伴讨论应先穿什么，再穿什么。
	家园共育	1. 鼓励幼儿随时随地说出自己的发现。 2. 完成亲子记录单"我最想发现的……"的调查记录工作。 3. 引导幼儿讨论在家里做事的先后顺序，并督促幼儿按顺序做事。家长布置幼儿任务前交代清楚做事的先后顺序。

主题 7："我们爱阅读"（建议 2～3 周时间完成）

主题核心价值		1. 帮助幼儿培养浓厚的阅读兴趣，形成积极向上的情感态度。 2. 引导幼儿掌握正确的阅读方法，形成良好的阅读习惯。 3. 支持幼儿通过阅读探索和认识真实世界，萌发文学表达及前书写的兴趣。
主题学习活动建议	环境创设	1. 主题墙分类展示幼儿在家长的帮助下收集的古人读书故事的图片和今天人们读书的照片，幼儿参观图书馆、书店以及亲子阅读的照片。 2. 开辟专门区域，供幼儿利用自制图书及书签等其他相关物品建造"自制图书馆"。
	区域活动	运动区："头顶书走"（头顶书本往返走 10 米）、"图书运乒乓球"（持物平衡跑）、"武（舞）功秘籍（一）"（模仿图书中的武功或舞蹈招数）、"武（舞）功秘籍（二）"（单个动作能坚持一段时间）。 语言区："我爱读书（一）"（结合图文理解并讲述故事的内容）、"我爱读书（二）"（用符号或绘画形式续编或创编故事）、"我喜欢的图书"（清楚连贯地讲述出自带图书的主要内容）、"自制故事书（一）"（独立制作故事书）、"自制故事书（二）"（分工制作故事书）、"猜猜这是什么书"（描述图书内容等典型特征信息）、"地图图书"（描述去某个地点的路线）。 角色区："书吧（一）"（按书吧工作人员和读者的角色合作游戏）、"书吧（二）"（给顾客推荐和办理不同会员卡）、"书吧（三）"（使用 10 元面额以内的代币进行买卖交易）、"书吧（四）"（开展图书交流会活动）。 建构区："图书馆（一）"（与同伴合作设计和搭建图书馆）、"图书馆（二）"（有创意地搭建图书馆内部书架）、"一百层的房子（一）"（用卡纸搭建一百层的房子）、"一百层的房子（二）"（用更坚固稳定的材料搭建一百层的房子）。

续表

主题学习活动建议	区域活动	科学区："好玩的游戏书（一）"（理解并遵守规则进行同伴游戏）、"好玩的游戏书（二）"（设计并制作迷宫、棋盘）、"有趣的活字印刷术"（探索活字印刷术的基本原理）、"小小气象员"（用统计图表进行简单的统计分析）。 表演区："森林童话（一）"（按剧情，以符合角色特点的动作、表情、语言进行故事表演）、"森林童话（二）"（合作创编或续编新剧情并分工表演）、"小蝌蚪找妈妈（一）"（用合适的声音、动作表达小蝌蚪在不同情境下的心理状态）、"小蝌蚪找妈妈（二）"（理解故事结构，改编成剧本）、"小蝌蚪找妈妈（三）"（熟悉剧本台词，进行练习）、"小蝌蚪找妈妈（四）"（分角色进行改编故事表演）。 美工区："制作书签"（利用多种材料设计、制作书签）、"海报设计师（一）"（灵活运用各种材料创意性地设计海报）、"海报设计师（二）"（尝试用最简洁有效的方式表达需要展示的内容）。 生活区："做汤圆（一）"（用糯米粉、水等材料做汤圆）、"做汤圆（二）"（尝试包有馅的汤圆）、"做汤圆（三）"（用蔬菜汁和面做彩色汤圆）、"好吃的饺子（一）"（用现成的饺子皮和饺子馅包饺子）、"好吃的饺子（二）"（用多种方法包饺子）。
	游戏活动	体育游戏："运书忙"（与同伴合作，用顶书、膝盖夹书的方式运送图书）、"有趣的圈圈"（听指令游戏）、"赶小猪"（提高动作的协调性和灵活性）。 智力游戏："书中走迷宫"（了解走迷宫的方法与技巧）、"看图传话"（看图说话，并能遵守传话游戏的规则）、"去幼儿园的路上"（会用简单示意图表征物体的空间方位）。 音乐游戏："猪圈里的大灰狼"（区分音乐不同的节奏，并能主动遵守游戏规则）、"喜羊羊与灰太狼"（借助动画角色感受 A、B 两段音乐的不同风格，能尝试按照音乐节奏进行表演）、"香草咪咪"（据音乐的变化提高反应能力和创造力）。
	集体教学活动	健康活动："保护视力"（了解看书的正确方法，学会保护自己的眼睛）、"运书"（发展跑的动作）、"看图做动作"（用肢体表现图片内容）。 语言活动："纸真好玩"（能根据自己的阅读理解自制玩具）、"我最喜欢的图书"（用完整连贯的语言讲述最喜欢的图书）、"阅读地图"（用语言描述去往某个景点行进的路线地图）。 社会活动："关爱书宝宝"（体验整理书籍后的成就感，养成物归原处、及时整理的好习惯）、"参观图书馆"（知道图书馆的功能，初步学会遵守图书馆的基本礼仪和规则）、"图书跳蚤市场"（能在图书买卖的过程中获得成就感）。 科学活动："图书商店"（数组成的互补和互换关系）、"快乐的节日"（认识日历所包含的时间信息）、"图书中的数字朋友"（知道图书中不同数字的意义）、"图书商店"（数组成的互补和互换关系）、"快乐的节日"（认识日历所包含的时间信息）。 艺术活动："小书坏了我来补"（能运用多种方法修补图书）、"设计阅读节海报"（手工为阅读节设计海报）、"小小读书郎"（音乐欣赏）。

续表

主题学习活动建议	生活活动	1. 为幼儿读睡前故事。 2. 引导幼儿欣赏古人读书的故事及照片并与同伴进行交流。 3. 欣赏幼儿参观图书馆和书店的照片，请幼儿自己介绍。 4. 鼓励幼儿爱惜书本、自己整理书本。 5. 引导幼儿在生活中养成爱看书、会看书、乐看书的好习惯。
	家园共育	1. 坚持亲子阅读，并和幼儿讨论读过的书。 2. 给幼儿讲一讲百家姓以及自己姓的来历。 3. 为幼儿设置自己的书柜或书架，让幼儿挑选一些书到幼儿园图书角分享。 4. 和幼儿一起去图书馆和书店借阅和购买书籍。 5. 幼儿园组织关于阅读的家长沙龙活动。
	幼小衔接	幼儿园：培养幼儿的阅读兴趣和良好的阅读习惯；教幼儿掌握正确的阅读姿势；为幼儿安排固定的阅读时间；引导幼儿与同伴交流看完一本书后的想法。 家庭：为幼儿设置自己的书柜或书架；为幼儿购买一些图文并茂的图书，每天安排固定的时间陪同幼儿一起阅读，向幼儿传达阅读的快乐。 小学：借一些小学语文及课外阅读教材给幼儿园，供幼儿自由阅读，提前熟悉小学的课本。

主题8："快乐旅行"(建议3~4周时间完成)

主题学习活动建议	主题核心价值	1. 激发幼儿对旅行的兴趣，使其在真实和模拟的旅行活动中感受生活的丰富多彩和美好，进一步培养幼儿热爱生活的积极态度。 2. 帮助幼儿获得关于人与自然、人与环境以及人与人之间和谐相处的粗浅经验，提高独立生活能力、观察能力、解决问题能力和人际交往能力。
	环境创设	1. 幼儿和家长一起收集著名旅游景点和美食、特产以及相关文化的图片，并由幼儿在教师的指导下在主题墙上分类布置。 2. 幼儿在教师的帮助下，将旅游带回来的物品布置在"旅行纪念品"展示区。 3. 家园联系栏发布"周末亲子游"须知。 4. 幼儿用自己的美工作品和"周末亲子游"的照片制作"旅行的故事"展板。
	区域活动	运动区："翻山越岭去旅行"(保持身体平衡进行攀爬)、"骑车去旅行"(控制骑行的方向)、"袋鼠旅行"(双脚跳过障碍物)、"野战部队"(投掷并躲闪跑)、"穿越景点路线"(交替走、跑、跳完成路线)、"我是高人"(探索平稳地走高跷的方法)。 语言区："我的旅行故事(一)"(有条理地介绍自己旅行中的趣事)、"我的旅行故事(二)"(用符号记录旅行中的趣事)、"我的旅行故事(三)"(自制旅行故事图书)、"大家爱旅行"(记录故事中感兴趣的内容)、"我是小导游"(有条理地介绍自己家乡的景点和美食)、"100只蜗牛去旅行"(将故事图片排序并进行连贯、完整的讲述)。

续表

主题学习活动建议	区域活动	角色区："快乐旅行社（一）"（合理布局娃娃旅行社）、"快乐旅行社（二）"（选举角色岗位并明确职责分工）、"快乐旅行社（三）"（宣传旅行社开业）、"快乐旅行社（四）"（分工合作开展旅行社游戏）。 建构区："我最喜欢的地方（一）"（综合运用已有技能进行建筑物、自然风景物搭建）、"我最喜欢的地方（二）"（依据平面图进行搭建）、"旅行交通工具"（综合运用已有技能拼搭交通工具造型）。 科学区："占地盘"（10 的组成和分解）、"我们来下棋"（不同棋类游戏的玩法与规则）、"谁离幼儿园近"（比较不同长度的量具与测量结果间的反比关系）、"我的祖国河山"（感知中国地图上不同省份的轮廓，进行拼图游戏）、"我熟悉的风景"（匹配各地区风景标志）。 表演区："七只猴子去旅行"（用肢体动作和语言表演故事内容）、"民族大融合（一）"（欣赏并用肢体动作表现少数民族歌曲）、"民族大融合（二）"（自编自演少数民族节目）。 美工区："我去过的地方（一）"（用剪报、照片、绘画等形式来表现自己去过的地方）、"我去过的地方（二）"（将景点的主要路线在平面上呈现）、"有趣的旅游产品（一）"（利用折纸、剪贴、绘画、拼贴等方法表现旅游产品）、"有趣的旅游产品（二）"（用团、捏等技能制作旅行特色小吃）、"我的旅行包"（通过粘贴、剪纸等方式创造性地制作旅行包）、"快乐星期天"（用点彩画法作画）。 生活区："好吃的特色凉面"（用不同调料拌出味道鲜美的凉面）、"好吃的旅行便当"（运用提供的材料制作三明治等旅行便当）、"我们去旅行吧（一）"（根据日常用品清单整理洗漱用品）、"我们去旅行吧（二）"（根据不同的地区气候选择合适的衣物进行整理）、"我们去旅行吧（三）"（整理必带物品和非必带物品）。
	游戏活动	体育游戏："翻山越岭"（用四肢翻越有高度的障碍物）、"寻找景点"（按照旅游图的指示标识有顺序地找到所有的景点）、"请到我家去做客"（迎面接力）。 智力游戏："开火车"（学习玩扑克牌遇到相同数收牌的方法）、"下棋"（学习下棋中前进和后退的方法）、"凑钱购物"（运用数的分解与合成经验进行加减运算）。 音乐游戏："春游快乐多"（感知不同音乐的节奏，并用动作表现节奏）、"多变的天"（分辨不同音乐风格与节奏，通过创编动作表现对音乐的理解）、"节奏接龙"（掌握接龙的方法）。
	集体教学活动	健康活动："旅行中的安全"（了解旅游途中乘坐交通工具的安全常识）、"我们旅行去"（根据不同的旅游路线选择适宜的动作）、"健康郊游餐"（了解郊游适合带的午餐以及营养搭配）。 语言活动："100 只蜗牛去旅行"（理解作品所蕴含的生活启示）、"我去过的地方"（围绕一个主题谈论自己的见解以及现场交流）、《尼尔斯骑鹅旅行记》（绘本阅读）。 社会活动："做个文明小游客"（了解做一个文明游客基本的行为规范）、"我是小导游"（体验当众介绍景点的勇气和方法）、"七只小猴去旅行"（懂得遵守社会行为规则的必要性）。

主题学习活动建议	集体教学活动	科学活动："量量旅游路程有多长"（感知自然测量中的函数关系）、"游览公园"（根据三个数之间的数量关系理解"一共"和"剩下"的含义）、"各种各样的旅行包"（初步了解不同的包有不同的用途，针对不同的需求选择合适的包）。 艺术活动："设计家乡游览图"（在平面上呈现某一熟悉的旅游点的主要路线）、《郊游》（感受连音与休止的区别，用跳跃和连贯两种不同的声音表现歌曲）、《大碗岛的星期天下午》（感知和体验点彩作画的方法）、"最美的风景"（分享、交流自己在旅行中拍摄的最美风景的照片）。
	生活活动	1. 引导幼儿与同伴分享回家的路上见到的有趣事物。 2. 进餐时间告诉幼儿所吃食物是从哪里来的。 3. 与幼儿共同了解常见的快餐与方便食品。 4. 引导幼儿自己收拾整理背包。 5. 引导幼儿说一说入园离园路上乘坐的交通工具。
	家园共育	1. 帮助幼儿收集有关旅行的图片、照片。 2. 与幼儿一起观看电影《爸爸去哪儿》选段。 3. 幼儿向家长介绍家乡的景点，并由家长拍摄留念。 4. 幼儿向家长讲述旅行中的注意事项。 5. 指导幼儿制订一次旅行计划。 6. 指导幼儿准备自己的旅行包。 7. 家长委员会倡导家长自由参与，开展周末亲子游，家长注意行为示范和指导。 8. 旅行中和幼儿一起进行记录，幼儿回幼儿园后进行分享。

主题 9："地球妈妈"（建议 2～3 周时间完成）

主题核心价值		1. 激发幼儿从多个角度探究地球奥秘的兴趣，在培养幼儿探究能力的同时帮助其积累更多的自然科学知识。 2. 进一步强化幼儿关爱自然的情感态度，培养其正确开发利用和保护自然的意识。
主题学习活动建议	环境创设	1. 主题墙分类展示幼儿与家长共同收集的与环保有关的图片。 2. 开辟专门区域，分类展示幼儿设计制作的环保用品。 3. 教师指导幼儿制作环保宣传展板。
	区域活动	运动区："趣味跳高"（平稳地从高处纵身跳下）、"拯救森林"（匍匐前进，灵活的穿越火线）、"躲避外星人"（灵巧地躲过他人丢过来的沙包）、"跳皮筋（一）"（与同伴合作跳皮筋）、"跳皮筋（二）"（边念儿歌边有节奏地跳皮筋）。 语言区："地球的秘密（一）"（清晰、有序地讲述图书内容）、"地球的秘密（二）"（发现自己感兴趣的图书内容，做进一步探究）、"灾害新闻快报"（讲述图片中的各类自然灾害信息）、"地球感冒了（一）"（倾听故事内容并记录地球感冒的原因）、"地球感冒了（二）"（设计保护地球的连环画）、"宇宙中的地球"（大胆探讨地球与宇宙的关系）。

续表

主题学习活动建议	区域活动	角色区："环保局（一）：创设"（运用材料布置环保局）、"环保局（二）：明确职责"（在充分了解角色职责的基础上进行扮演游戏）、"环保局（三）：检查评估"（检查其他区域环境并提出整改意见）、"环保局（四）：民众意见箱"（汇总民众意见并上报环保局）。 建构区："宇宙飞船（一）"（创造性地表现宇宙飞船的外形特征）、"宇宙飞船（二）"（合作搭建飞船的外太空场景）、"航空母舰（一）"（按步骤拼插航空母舰模型）、"航空母舰（二）"（依据设计图纸搭建航空母舰）。 科学区："太空的秘密（一）"（感知太阳、地球、月亮的运行现象）、"太空的秘密（二）"（探究太阳、地球、月亮的运转规律）、"太空的秘密（三）"（阅读宇宙相关书籍后正确摆放行星位置）、"火山爆发（一）"（感知火山爆发现象）、"火山爆发（二）"（探究火山爆发的原理）、"火山爆发（三）"（了解火山信息并进行图文匹配）、"恐龙化石（一）：挖掘"（理解化石形成的过程，操作恐龙化石挖掘材料包）、"恐龙化石（二）：制作"（按照流程图制作动物化石）、"制造再生纸"（按照流程图制造再生纸）。 表演区：环保时装秀（团队协作设计并跟随音乐进行时装表演）、《爱护小树苗》（学唱歌曲并进行肢体语言表演）、"如果地球被我们吃掉了"（设计对话并创造性地表演）、"地球妈妈（一）"（欣赏情景剧，熟悉内容）、"地球妈妈（二）"（依据情景剧的内容进行排练）、"地球妈妈（三）"（分配角色，大方自信地表演）。 美工区："制作环保时装"（运用剪、粘、折、拼接等方法制作服装）、"给地球妈妈的贺卡"（用材料与符号制作贺卡）、"美丽的地球"（创造性地装饰地球模型）、"地球保卫战"（自主表现保护地球的多种方法）。 生活区："我会垃圾分类"（将垃圾正确分类）、"照顾小动物（一）"（喂小动物吃食物并进行记录）、"照顾小动物（二）"（清理小动物的居住地）。
	游戏活动	体育游戏："叮叮当当"（两人一致地走、跑、跨、蹲）、"抓蝴蝶"（四散追逐跑）、"炒黄豆"（两人手拉手翻转）。 智力游戏："说相反"（说出生活常用词汇的反义词）、"开火车"（随儿歌轮流交换角色进行问答）、"手指歌"（有节奏地边念儿歌边做手指动作）。 音乐游戏："谁是小熊"（感受音乐节奏并协调反应）、"快乐大舞台"（用歌唱、舞蹈、节奏乐器演奏等多种形式大胆表现）、"盖房子"（用肢体动作表现盖房子的动态）。
	集体教学活动	健康活动："侦查员送情报"（接力跑）、"小小交警"（走、跑、跳）、"分辨噪声"（辨别噪声）。 语言活动："地球生病了"（文学作品故事欣赏）、"垃圾的悄悄话"（讲述）、"爱护环境从我做起"（谈话）。 社会活动："我觉得自己很棒"（自我意识）、"我是环保宣传员"（学习保护环境）。 科学活动："垃圾分类"（肯定和否定分类）、"一次性物品危害大"（探究质地）、"脏水变干净了"（操作观察过滤水的方法）。 艺术活动：《水族馆》（歌曲欣赏）、"我们美丽的家园"（绘画）、"卫生纸筒造型"（手工）。

主题 学习 活动 建议	生活 活动	1. 带领幼儿认识生活中见到的环保物品。 2. 让幼儿观看展出的逛超市、参观垃圾回收站和参观书店的图片、照片。 3. 引导幼儿在进餐、睡眠、盥洗和如厕等前后，讨论哪些垃圾可以回收、垃圾是如何产生的、怎样减少垃圾，等等。
	家园 共育	1. 带幼儿一起观看环保公益广告。 2. 带幼儿到公共场所寻找与环保有关的标志，并用剪贴和绘画的方式完成亲子记录单"我身边的环保标志"。 3. 带幼儿查看附近受污染的小河、马路、街道、田野等。 4. 与幼儿一起观看天气预报，了解空气质量。 5. 家长以身作则，节约用水、用电、爱护环境卫生等。 6. 家长利用周末与幼儿一起当环保员，为社区打扫、清洁。

主题 10："智慧小达人"(建议 3～4 周时间完成)

主题核心 价值		1. 引导幼儿发现事物间的异同和联系，并综合运用观察、比较、猜测、实验等多种方法，探究身边的事物和现象。 2. 帮助幼儿通过体验和探究活动积累更多生活经验和科学知识，培养不怕困难、敢于尝试、乐于想象与创造等学习品质。
主题 学习 活动 建议	环境 创设	1. 设计"我看到了……""我思考了……""我知道了……"主题墙。 2. 在阳台走廊设置展示台，供幼儿展示自己的小发明。
	区域 活动	运动区："花样玩跳绳"(与同伴合作进行连续跳绳或花样跳绳)、"滚铁环"(手眼协调地滚动铁环)、"翻山越岭"(协调并灵活地在障碍物上行走)、"勇敢小卫士"(匍匐前进，屈膝前进跳)、"智取地图"(踮脚走)。 语言区："我有办法治感冒"(带着问题进行有重点的阅读，并进行记录)、"出谜猜谜(一)"(清楚、连贯地描述卡片关键信息)、"创编谜语(二)"(运用图画、符号、文字等多种形式创意地设计谜语卡)、"聪明的阿凡提"(连贯讲述故事的主要内容)、"奇妙的收藏品"(运用说明性语言描述物品)、"智慧小故事"(阅读绘本并对故事中的主人翁进行评价)。 角色区："智慧科技馆(一)"(合理创设科技馆环境)、"智慧科技馆(二)"(协商分配角色，按职责工作)、"智慧科技馆(三)"(创办科技展览会)、"智慧科技馆(四)"(开展"实验小达人"体验活动)。 建构区："博物馆(一)"(设计、表现博物馆外部特征)、"博物馆(二)"(设计、表现博物馆内部特征)、"博物馆(三)"(运用积塑、辅助材料拼插博物馆作品)、"天文观测台"(选择合适的材料创造性地建构天文观测台)、"立体迷宫"(用拼插玩具搭建迷宫)。 科学区："数字排排队"(排列数序)、"让刷子动起来"(感知旋转原理及方法)、"采蘑菇"(10 以内数量的分解与组合)、"开锁小能手"(探索钥匙和锁配对的方法)、"图形变变变"(图形分合、旋转方位)、"会变的温度计"(用正确方法测量并记录水温)。 表演："对歌大王"(创编歌词并随乐演唱)、"小猴子卖空气"(与同伴合作构思新情节，进行创造性的表演)、"聪明的阿凡提"(大胆地进行故事表

续表

主题学习活动建议	区域活动	演)、"数一数"(重组、创编歌曲进行歌唱)。 　　美工区:"石头画"(创造性地利用石头外形进行单一及组合绘画)、"纸袋变变变"(运用裁剪、粘贴、绘画等方式创作纸袋小动物)、"神奇的蜡刻画"(参照流程图制作蜡刻画)、"我会看,我会折"(看步骤图折小动物造型)、"美丽的陀螺"(按照一定规律对陀螺进行装饰)、"动动巧巧手"(创造性地进行废旧物品再加工)。 　　生活区:"创意三明治(一)"(看步骤图自制三明治)、"创意三明治(二)"(分工合作,制作三明治)。
	游戏活动	体育游戏:"成双成对"(动作的协调性和灵敏性)、"难对付的圆球"(练习用竹棍夹球并进行运送的动作)、"飞行小达人"(身体保持平衡)。 　　智力游戏:"你问我答"(大胆猜测和想象)、"是谁逃跑了"(能根据细节迅速找出逃跑的人)、"猜礼物"(知道平面图形与立体图形的关系与区别)。 　　音乐游戏:"营救蛋宝宝"(在情境中跟随音乐边唱边进行游戏)、"谁是灰太狼"(根据音乐变化做相应的动作)、"木偶漫游记"(学习用游戏的方式表现对音乐的理解)。
	集体教学活动	健康活动:"玩绳花样多"(探索绳子的多种玩法)、"球儿真听我的话"(掌握双脚夹球向前抛的动作)、"我有办法治感冒"(了解预防感冒和治疗感冒的正确方法)。 　　语言活动:"智慧小记者"(积极专注地倾听别人的谈话)、"爷爷一定有办法"(形成仔细观察主动思考的阅读习惯)、"聪明对歌王"(用工整的语言创编对歌的问题和答语)、"变成虫子也要在一起"(用谈判解决矛盾)。 　　社会活动:"跳蚤市场"(与同伴自信大方地交流,顺利完成交易)、"能干的值日生"(有荣誉感、责任感,愿意为大家服务)、"不一样挺好"(接受自己和别人不一样)。 　　科学活动:"什么东西会旋转"(自主探索物品的旋转方法)、"玩飞行棋"(理解和运用 10 以内加减运算)、"滴答滴答一分钟"(感知时间的相对性)。 　　艺术活动:"聪明孩子笨老狼"(了解乐曲中的重音及乐曲结构)、"石头作画真有趣"(根据石头外形进行单一及组合绘画)、《数蛤蟆》(通过对歌形式学会演唱歌曲)。
	生活活动	1. 引导幼儿根据点心品种及人数合理地分点心。 2. 让幼儿练习系鞋带。 3. 引导幼儿根据天气和自身的体感主动增减衣服。
	家园共育	1. 家长和幼儿一起制作风筝,一同外出开展放风筝的游戏。 2. 家长和幼儿一起通过书籍、网络了解马路上不同标志的含义。 3. 和幼儿一起检查家中食品的保质期,掌握基本的食品安全知识。

主题 11："我是小小设计师"(建议 2~3 周时间完成)

主题核心价值		1. 引导幼儿在体验与探究生活中各种常见设计物的过程中，萌发对设计活动的向往，进一步强化热爱生活的积极态度。 2. 初步培养幼儿结合科技与生活需要进行艺术表现与创造的情趣与能力。
主题学习活动建议	环境创设	1. 设计"我是小小设计师"主题墙，包含"桥梁设计""服装设计"等。 2. 展示幼儿和家长共同收集的关于中国古代与现代的著名建筑、发明的图片。
	区域活动	运动区："欢乐足球赛"(用正确方法踢足球)、"创意跳皮筋"(保持身体平衡、协调跳)、"神奇的沙发垫"(保持身体平衡进行翻滚)。 语言区："我设计的卡"(参照样片设计功能卡片)、"图片连着说"(有序、连贯、准确地进行规范性讲述)、"我设计的广告语"(根据广告宣传单画面信息创编广告语)、"生活中的标志"(识别标志并了解其基本含义)、"了不起的设计师"(专注地阅读绘本并与同伴交流故事中的情景以及自己的想法)。 角色区："饰品设计坊(一)"(创设和布置饰品设计坊场所)、"饰品设计坊(二)"(确定人员分工并制定工牌)、"饰品设计坊(三)"(设计制作饰品并体验10元以内的买卖活动)、"饰品设计坊(四)"(根据顾客需求量身定做饰品)。 建构区："不一样的建筑"(合作设计并建构有代表性的建筑群)、"我设计的机器人"(独立设计并拼搭机器人)、"不一样的桥"(运用垒高、延长、组合等建构技能，创造性地表现桥面、桥墩等)、"我们的幼儿园"(根据自己幼儿园的特点进行搭建)。 科学区："乐曲设计师(一)"(组装八音盒并作曲)、"乐曲设计师(二)"(寻找生活中的物品敲击作乐)、"趣味模式(一)"(识别 A、B、C 三个元素的模式排序)、"趣味模式(二)"(设计模式图形)、"我设计的迷宫"(用一定的规律设计迷宫通行路线)、"趣味数字组合(一)"(用数字 1、2、3 完整自由组合车牌号码)、"趣味数字组合(二)"(尝试用数字 0~9 自由组合创编电话号码)、"小裁缝"(设计最节约空间的排列方法)。 表演区："创意服装秀(一)"(搭配并展示自己设计的服装)、"创意服装秀(二)"(根据音乐风格设计动作造型)、"创意服装秀(三)"(根据音乐的风格和节奏选择乐器进行演奏)、"小雨点跳舞(一)"(创编歌词并用准确的节奏进行演唱)、"小雨点跳舞(二)"(创编剧本并合作表演)。 美工区："设计邀请函"(用各种开放性材料大胆想象进行简单的组合装饰)、"发型设计师"(用多种技法塑造不同发型)、"花样纸伞"(设计花纹图案装饰雨伞)、"艺术杯"(用压、粘、搓等方法创作艺术杯)、"服装设计师"(利用各种废旧材料设计制作服装)、"花样拖鞋"(设计并制作花样拖鞋)。 生活区："小小编织师"(用间隔编织的模式进行编织)、"美味的果干"(体验制作果干的方法)、"水果拼盘设计"(综合运用多种方法切、剥水果并进行摆盘设计)。
	游戏活动	体育游戏："会变魔术的纸箱"(动作的协调性和灵敏性)、"花样玩轮胎"(练习平衡走和多种玩法)、"有趣的滑溜布"(锻炼走、跑、跳的能力和上肢力量，有规则意识)。 智力游戏："纸牌接龙"(发现事物简单的排列规律)、"好玩的翻绳"(锻炼手部精细动作)、"猜礼物"(知道平面图形与立体图形的关系及区别)。

续表

主题学习活动建议	游戏活动	音乐游戏："什么乐器唱歌了"(准确地分辨乐器的声响)、"我是机器人"(按音乐节奏做出机器人走、相互传递充电的动作)、"左右传帽"(用身体动作表现渐快、渐慢的音乐)。
	集体教学活动	健康活动："方凳玩法多"(掌握助跑跨跳的基本动作)、"花棍操"(学会与同伴合作练习花棍操)、"制订一周锻炼计划"(坚持锻炼身体)。 语言活动："漂亮的服装"(尝试用完整连贯的语言介绍服装)、"有趣的广告语"(用简练、生动、有趣的语言创编广告语)、"巧哥儿的新发明"(养成不随地乱扔果皮纸屑的卫生习惯)。 社会活动："有卡真方便"(认识一些生活中常见的卡)、"四大发明"(了解四大发明，知道它们与人类生活的关系)。 科学活动："各种各样的帽子"(认识几种特殊帽子的作用和功能)、"做礼品盒"(感知立体图形的特征)、"小小桥梁设计师"(了解桥的演变史，与同伴合作完成设计制作桥梁的任务)。 艺术活动："小小假发设计师"(用剪、撕、贴、卷等方法设计假发)、"中外建筑"(欣赏感受不同建筑的美)、"小雨点跳舞"(感受三拍子的旋律，学会创编歌曲)。
	生活活动	1. 引导幼儿设计班级标志，并用完整连贯的语言向同伴介绍。 2. 让幼儿学会换牙期间牙齿的护理。 3. 引导幼儿设计一天的食谱。
	家园共育	1. 家长和幼儿一起收集中外著名建筑的资料，感受不同建筑的美。 2. 家长和幼儿一起填写"帽子大调查"记录表。 3. 家长带幼儿到理发店体验，积累生活经验。

主题 12："离园倒计时"(建议 3～4 周时间完成)

主题核心价值		1. 帮助幼儿全面了解小学的环境及学习与生活方式，并在体验中逐步做好入学的生活方式和学习习惯准备。 2. 支持幼儿在与小学一年级相关的常见问题情境中培养问题解决能力，提高对小学的适应能力。 3. 引导幼儿在感受自己成长的同时，体验与幼儿园老师之间的师生情谊和好朋友之间的真挚友情。
主题学习活动建议	环境创设	1. 用幼儿和教师共同收集的小学生生活、学习、课外活动的图片布置"小学我来了"主题墙。 2. 在家园联系栏发布相关资料，指导家长配合幼儿园的幼小衔接工作。 3. 用幼儿自己参与拍摄的照片布置"我们毕业了"主题墙。
	区域活动	运动区："好玩的车"(按照交通规则平稳"驾驶"车辆)、"体能大循环"(集体按路线循环进行体育游戏)、"好玩的田字格"(辨别方位跳田字格)、"跳绳"(连续跳绳)、"运球高手"(手眼协调地合作运球)。 语言区："描汉字"(写或画时姿势正确)、"我们爱上学"(专注阅读绘本并清楚地讲述绘本的主要内容)、"我知道的小学"(大胆交流和介绍自己知道的小学)、"毕业趣事"(有序、清楚、连贯地描述图片中的事件)、"成长故事书"(和同伴交流自己的成长故事并制作成长故事书)。

主题学习活动建议	区域活动	**角色区**："我上小学啦（一）"（创设小学区域环境）、"我上小学啦（二）"（共同商讨小学规则和制度）、"我上小学啦（三）"（体验不同学科老师上课的风格）、"我上小学啦（四）"（根据课程表开展相应游戏）。 **建构区**："我心中的小学"（用图画等不同的形式合作设计、搭建想象的小学）、"小学的教室"（合作设计小学教室内的场景并进行搭建）、"我的幼儿园"（运用组合、垒高等技能进行合作搭建，表现幼儿园的典型特征）。 **科学区**："小学生的一天"（读懂并记录整点和半点）、"离园倒计时"（运用10以内的加减法进行统计和倒计时）、"看课程表整理书包"（根据课程表安排整理书包）、"小蚂蚁上学去"（准确描述以他人为中心的方位）。 **表演区**：《感恩的心》（合作表演歌曲）、"毕业歌舞"（自主或与同伴合作表演歌舞）、"毕业诗歌"（有感情地朗诵诗歌）。 **美工区**："我们的幼儿园"（运用合作绘画的方式表现自己的幼儿园）、"我们设计的小学"（用绘画、手工等多种形式表现自己心中的小学）、"我们的老师"（运用绘画的方式表现人物的典型特征）、"漂亮的毕业纪念册"（用剪、贴、画、折等多种形式创意制作毕业纪念册）。 **生活区**："毕业行李箱"（根据旅游地的气候、地形等整理行李箱）、"削铅笔"（正确削铅笔）、"包书皮"（学习包书皮的方法）、"系解裤带和鞋带"（练习自己系解裤带和鞋带）、"整齐的书包"（用科学、合理的方法整理书包）。
	游戏活动	**体育游戏**："抢圈占位"（认真倾听指令，提高灵活反应的能力）、"新兵训练营"（匍匐爬行并钻过障碍物）、"众人划桨开大船"（有节奏地蹲步走）。 **智力游戏**："猜猜乐"（根据同伴提供的线索进行分析判断）、"颠三倒四"（理解并遵守数数游戏规则）、"我的幼儿园生活"（能较清楚、有条理地描述照片的主要内容）。 **音乐游戏**："山谷回音"（节奏感和灵敏的反应能力）、"三五七九"（提高节奏感、肢体动作的协调性）、"照镜子"（根据音乐情绪和节奏创编动作）。
	集体教学活动	**健康活动**："上学路上的安全"（了解上学路上应该注意的安全事项）、"运球高手"（小组接力运球比赛）、"好玩的田字格"（发展跳的大肌肉动作和空间方位）。 **语言活动**：《大卫上学去》（图文结合的阅读）、"我知道的小学"（用完整连贯的语言进行表达）、"谢谢陪我长大的人"（感恩幼儿园每一个人为自己的成长的付出）、"毕业诗"（欣赏和朗诵诗歌，感受诗歌所表达的情感）。 **社会活动**："参观小学"（了解和感受小学生活，激发上小学的欲望）、"美丽的班级树"（建立对班级的归属感和荣誉感）、"课间十分钟"（了解小学的课间时间和活动）、"借文具"（爱惜物品，借用别人的物品也知道爱护）。 **科学活动**："小学生的一天"（认识和记录时间）、"离园倒计时"（10以内的加减）、"看课程表整理书包"（学习看课程表和整理书包中的各种物品）。 **艺术活动**："我们设计的小学"（用绘画、手工等多种形式创造性地表现心中的小学）、"我们的幼儿园"（学习用遮挡的方法有层次地表现幼儿园的主要建筑物和景物的特征）、《毕业歌》（学唱歌曲，体验歌曲所表达的情感）。

续表

主题学习活动建议	生活活动	1. 让幼儿欣赏小学相关照片及图片。 2. 鼓励幼儿做卫生保洁等力所能及的事情，逐步提高幼儿自我服务能力。 3. 进行每日分享，幼儿互相展示制作的手工作品。
	家园共育	1. 指导幼儿整理书包或衣柜。 2. 指导幼儿采访一位小学生，家长做记录。 3. 带幼儿熟悉上学路线。 4. 和幼儿一起回忆一周的活动安排，指导幼儿用图画加文字的形式记录自己的活动计划，并指导其按照计划进行。 5. 亲子绘画小书"我心中的小学"。 6. 幼儿园面向家长组织专题讲座"如何做好入学准备"。 7. 带领幼儿一起制作一些小的手工礼物，送给幼儿园的老师、小朋友。 8. 家长参加幼儿的毕业典礼。
	幼小衔接	幼儿园：组织幼儿园大班教师与小学一年级教师召开联席教研会议，针对幼小衔接问题开展交流；组织幼儿系统、全面地参观小学，并与小学生结对子开展活动，如上课、升国旗、课外活动等；组织幼儿开展"留园纪念"活动，幼儿手工制作一件礼物送给幼儿园作为纪念，幼儿园也送给每个幼儿一件毕业纪念品；召开毕业典礼，为幼儿颁发毕业证书，进一步激发幼儿长大了的意识。 家庭：为幼儿准备基本学习用品，并帮助幼儿熟悉准备和使用学习用品的方法；支持幼儿与小学生交朋友，为其开展课外联谊活动创造条件。 小学：接待幼儿园安排的幼儿集体参观小学活动，并安排小学一、二年级学生与幼儿一对一结对子开展活动，如上课、课外活动、劳动等；引导小学生与幼儿交朋友，适当开展课外联谊活动；安排秋季学期的一年级新生班教师到幼儿园进行观察和交流，并根据需要开展家访。 县市教育局：发布要求小学主动与就近入学的幼儿园开展衔接活动的通知，规定小学安排秋季学期的一年级新生班教师主动与幼儿园和家庭进行联系和沟通，以提前了解幼儿学习与发展的具体状况。

第五节　湖南省幼儿园5～6岁幼儿学习活动的评价

一、湖南省幼儿园5～6岁幼儿园本学习活动体系的评价

参考"湖南省3～4岁幼儿园本学习活动体系的评价"，并结合5～6岁幼儿学习活动的特点适当加以调整。

二、湖南省幼儿园5～6岁幼儿学习活动实施途径的评价

在5～6岁年龄班，除了对环境创设、区域活动、游戏活动、集体教学活动、生活活动、家园共育六个途径进行评价外，还应对幼小衔接进行评价。六个途径评

价的项目和内容大致可以参考"湖南省幼儿园3～4岁幼儿学习活动实施途径的评价",并结合5～6岁幼儿学习活动的特点加以必要调整。幼小衔接活动评价的项目和内容见下表。

评价项目		评价内容
幼儿园	幼儿培养	学习能力:学习习惯的培养;学习兴趣与学习能力的培养;非智力品质(学习品质)的培养。
		生活能力:喜爱运动的情感与运动习惯的培养;良好卫生习惯的培养;独立性和生活自理能力的培养;安全意识的培养。
		社会适应:主动性、积极性、自信心的培养;人际交往能力的培养;规则意识和任务意识的培养;意志力的培养。
	幼小联系	了解小学:了解小学低年级课程标准,了解小学一日常规要求等;对照《指南》规定的五大领域的学习与发展目标,适时适度调整自己的教育行为,有机地做好幼小衔接工作,为儿童顺利进入小学奠定基础。
		幼儿成长档案:收集与幼儿成长相关的幼儿绘画等作品、幼儿参与各种活动的影像资料、每学期幼儿发展评价、家园联系册、教师对幼儿成长的观察记录和教育笔记等,为小学教师了解幼儿学习与发展提供丰富的材料。
	活动组织	通过一日生活、游戏、区域活动、集体教学活动、大班专门的入学教育活动、专题活动、毕业活动等,引导幼儿了解小学生生活,培养幼儿过渡到小学所需的学习能力、生活能力和社会适应能力。
	教师培训	园内把做好幼小衔接工作纳入教师特别是大班教师工作考核内容,促进教师做好幼小衔接工作;对教师做好幼小衔接相关内容的培训。
	家长宣传	幼儿园利用家长学校、讲座、网络、家园联系栏、家长会等多种途径做好幼小衔接的家长宣传、指导工作。
家庭	家园共育	建立良好的亲子关系、亲师关系,保持教育的连续性与一致性,形成教育合力。
	家校共育	家长积极参加小学的开放活动,尽快了解小学的基本情况,做好新生入学的必要准备。
小学	小幼联系	了解幼儿园:组织教师认真学习《指南》、观摩幼儿园教育教学活动,深入了解幼儿园教育教学工作的特点,并在此基础上组织校本教研,调整和改进一年级的教育教学工作。
		接待观摩:认真接待幼儿园大班"参观小学"活动或幼儿园大班与小学生的联谊活动,让幼儿参加隆重而庄严的升旗仪式,观看课间操,并与一年级小学生一对一结对子参观小学、听学习经验介绍、一起上课,初步了解小学生的学习与生活,激发幼儿对小学生活的向往。

续表

评价项目		评价内容
小学	家校合作	派出经验丰富的骨干教师提前半个学期到幼儿园开展幼小衔接专题活动、主要针对幼儿园大班家长的校园开放活动、提出幼小衔接具体要求及建议的新生家长预备会、新生入学一个月情况汇报交流会，定期组织教育专家进行专题讲座等。
教育部门	行政管理	幼儿园管理：加强对幼儿园设立的管理，坚持设立幼儿园不仅要有基本的硬件条件，还要有基本的师资队伍条件，要能基本全面、准确地贯彻执行《幼儿园工作规程》《幼儿园教育指导纲要（试行）》和《指南》，保证正常的教学秩序。
		小学管理：加强小学新生招生管理，严格规定适龄儿童就近入学，严禁以任何名义组织新生进行入学考试或面试。
		社会办学机构管理：加强对社会办学机构的管理，禁止以任何名义开办与小学入学挂钩的各种培训班。
	政策指导	避免"小学化"：督促各类幼儿园全面贯彻执行《幼儿园教育指导纲要（试行）》和《指南》，坚持正确的办园方向，加强教学活动管理，坚决反对各类经典诵读、英语、珠心算、知识教学等"特色教育"以及兴趣班、学前班、入学准备班等"小学化"倾向。
		科学幼小衔接：加强对幼儿园开展幼小衔接的指导，敦促幼儿园根据儿童身心发展规律和本园幼儿特点建立完整的幼小衔接活动体系，有计划地开展幼小衔接活动，为大班幼儿毕业之后进入小学做好相应准备。
	日常督导	加强对幼儿园的日常工作检查督导以及年检工作。对办园方向不正确、搞"小学化"的幼儿园，要及时给予批评教育；对"小学化"倾向比较严重的幼儿园，给予必要处分；对非法举办的幼儿园和"小学化"倾向严重且屡教不改的幼儿园，一律予以取缔。
	社会宣传	利用报刊、网络、电视等大众传播媒介，介绍幼儿园教育的基本理念、内容与方法，幼小衔接工作的意义、内容与途径，以及科学保教、科学育儿、促进儿童健康成长的科学观念，引导社会树立正确的教育观念。

三、湖南省 5～6 岁幼儿发展评价

(一)评价说明
参见"湖南省 3～4 岁幼儿发展评价"。
(二)评价注意事项
参见"湖南省 3～4 岁幼儿发展评价"。
(三)评价要点
详见"湖南省 5～6 岁幼儿学习与发展的合理期望"中的"基本理解或举例"。

附录　湖南省幼儿园学习活动支持体系结构图

湖南省幼儿园学习活动支持体系

- **《湖南省幼儿园学习活动指导方案》**
  - 湖南省幼儿学习与发展的合理期望
    - 五大领域学习与发展目标
    - 各年龄段典型表现
      - 3~4岁末
      - 4~5岁末
      - 5~6岁末
    - 各典型表现阐释
  - 湖南省幼儿学习的基本内容
    - 五大领域学习内容
    - 三个维度核心经验
      - 情感与态度的亲身体验
      - 知识与经验的直接感知
      - 技能与行为方式的实际操作
  - 湖南省幼儿园学习活动的计划
    - 园本学习活动体系建设方案
    - 班级学期工作计划
    - 班级学习活动月计划、周计划
    - 班级一日活动计划
  - 湖南省幼儿园学习活动的实施
    - 学习活动的组织架构
    - 学习活动主题遴选方法及参考案例库
    - 六大实施途径学习活动的设计与实施方法及参考案例库
      - 环境创设
      - 区域活动
      - 游戏活动
      - 集体教学活动
      - 生活活动
      - 家园共育
  - 湖南省幼儿园学习活动的评价
    - 园本学习活动体系评价
    - 六大实施途径学习活动评价
    - 幼儿发展评价

- **"湖南省幼儿园学习活动服务平台"**
  - 湖南省幼儿园教师培训平台
    - 集中培训活动
    - 跟岗培训活动
    - 专家入园指导
    - "基地园"计划
      - 打造遍布全省的400所基地园
      - 每所基地园带动10所"片区教研组"幼儿园
    - "教师专业提升"计划
  - 湖南省幼儿园教科研平台
    - "湖南省年度学前教育规划课题"
    - "湖南省年度学前教育教科研成果"评选
    - "湖南省年度学前教育学术年会"
    - 省学会直属课题研究
      - 湖南省幼儿园学习活动支持体系建设研究
      - 湖南省幼儿园区域活动研究
      - 亲子阅读与家园共育研究
    - 省学会专委会教研活动
      - 18个专（分）委会
  - 湖南省幼儿园学习活动资源共建共享平台
    - 省学会专项攻关建设重难点资源
      - 学习活动指导方案
      - 主题学习活动资源
      - 区域活动资源
      - 生活活动资源
      - 游戏活动资源
      - 家园共育活动资源
    - 全省资源共建活动与机制
      - 省学会课程研发中心专兼职研究队伍
      - 年度规划课题研究成果的转化
      - 年度评选优秀成果的推广应用
      - 地方性优质资源的征集活动
    - 全省资源共享平台及机制
      - 线上共享
        - "幼学汇"学前教育资源库
        - "幼学汇"微信公众号
      - 线下共享
        - 学术年会分享
        - 专项培训活动
        - 专项课题成果交流研讨会
      - 媒体共享
        - 《湖南学前教育》杂志
        - 《湖南日报》等媒体专题报道

- **研究、建设与运行的体制机制**
  - 研究与建设的体制机制
    - 省教育厅主导
    - 省学会负责
    - 课题推进
    - 专家引领
    - 第三方检验
  - 内部运行的体制机制
    - 课题组研发
      - 专项课题研究
      - 专题项目组设计开发
  - 外部运行的体制机制
    - 实验园实验
    - 基地园示范
    - 片区教研组辐射

参考文献

一、论文文献

[1]邓小平，孙晓娟，张向葵. 美国学前教育中课堂评估编码系统述评[J]. 外国教育研究，2013，40（6）：24-30.

[2]侯莉敏. 儿童生活与儿童教育[D]. 南京：南京师范大学，2006.

[3]姜烨瑶. 改革开放三十年学前教育政策嬗变研究[D]. 长春：东北师范大学，2013.

[4]李煜. 从陶行知"生活即教育"的内涵看当前幼儿园教育[J]. 南京晓庄学院学报，2007，23（2）：79-81.

[5]李克建，胡碧颖. 国际视野中的托幼机构教育质量评价：兼论我国托幼机构教育质量评价观的重构[J]. 比较教育研究，2012，34（7）：15-20.

[6]李敏宜，霍力岩. 透视光谱方案的设计思路[J]. 学前教育研究，2003（3）：8-11.

[7]刘焱，等. 不同办园体制幼儿园班级教育环境质量的比较[J]. 学前教育研究，2008（8）：7-11.

[8]刘丽湘. 当前我国幼儿园教育质量评价工作的误区及调整策略[J]. 学前教育研究，2006（8）：85-87.

[9]路奇. 新西兰"学习故事"经验对我国幼儿园贯彻《指南》的启示[J]. 学前教育研究，2016（9）：70-72.

[10]马灵君，李玲玲，闫晓琳. 形成性评价在幼儿园课程实践中的应用[J]. 学前教育研究，2019（9）：85-88.

[11]庞丽娟，范明丽. "省级统筹　以县为主"完善我国学前教育管理体制[J]. 教育研究，2013，34（10）：24-28.

[12]庞丽娟，熊灿灿. 我国学前教育指标体系的现状、问题及其完善[J]. 学前教育研究，2013（2）：3-7.

[13]彭世华，路奇. 幼儿园确立幼儿学习与发展"合理期望"的基本方法[J]. 学前教育研究，2013（12）：48-50.

[14]皮军功. 幼儿生活教学论[D]. 重庆：西南大学，2011.

[15]王磊. CLASS 在美国学前教育机构质量评估中的应用及启示[J]. 外国教育研究，2014，41（11）：39-46.

[16]王小英，刘思源. 幼儿深度学习的基本特质与逻辑架构[J]. 学前教育研究，2020（1）：3-10.

[17]肖远军. CIPP 教育评价模式探析[J]. 教育科学. 2003，19（3）：42-46.

[18]杨晓萍. 学前教育回归生活课程研究[D]. 重庆：西南师范大学，2002.

[19]杨晓萍，李敏. 焦点与转向：我国学前教育质量研究述评[J]. 教育研究，2016，37（4）：74-80.

[20]姚艳杰，许明．美国开端计划的发展、问题与走向[J]．学前教育研究，2008（4）：55-59.

[21]于伟，秦玉友．本土问题意识与教育理论本土化[J]．教育研究，2009，30(6)：27-31.

[22]虞永平，张斌．改革开放40年我国学前教育的成就与展望[J]．中国教育学刊，2018(12)：18-26.

[23]虞永平，张帅．从模仿借鉴到规范创新——新中国成立70年来幼儿园课程的发展[J]．南京师大学报(社会科学版)，2019(6)：34-48.

[24]于泽元．教育理论本土构建的方法论论纲[J]．教育研究，2010，31(5)：3-10.

[25]原晋霞．幼儿园班级课程个案的人类发展生态学研究[D]．南京：南京师范大学，2005.

[26]原晋霞．幼儿园集体教学活动研究：幼儿参与的视角[D]．南京：南京师范大学，2008.

[27]朱家雄．超越儿童认知发展的普遍性——从"光谱方案"看当今学前教育发展的新动向[J]．学前教育研究，2002(5)：5-7.

[28]钟燕．幼儿园教师情绪劳动和师幼互动的关系研究[D]．上海：华东师范大学，2020.

[29]ALETTA G，LARS M．The quality of education in developing countries：a review of some research studies and policy documents[J]．Issues and methodologies in educational development：an IIEP series for orientation and training，1991，3：2-3.

[30] DAVID H J，LUCIA R-M．Activity theory as a framework for designing constructivist learning environment[J]．Educational technology research and development，1999，47(1)：61-79.

[31]ROBERT C P，KAREN M L P，BRIDGET K H．Classroom assessment scoring system（CLASS）manual：Pre-K[M]．Baltimore：Paul H. Brookes Publishing Co. ，Inc，2014.

二、图书文献

[1]爱泼斯坦．学前教育中的主动学习精要——认识高宽课程模式[M]．霍力岩，等译．北京：教育科学出版社，2011.

[2]奥恩斯坦，汉金斯．课程论：基础、原理和问题[M]．5版．北京：中国人民大学出版社，2010.

[3]贝克．儿童发展[M]．5版．南京：江苏教育出版社，2002.

[4]高敬．幼儿园课程[M]．杭州：浙江教育出版社，2010.

[5]哈蒂，耶茨．可见的学习与学习科学[M]．彭正梅，等译．北京：教育科学出版社，2018.

[6]华爱华．幼儿园室内区域活动整体方案[M]．武汉：武汉出版社，2016.

[7]贾珀尔．学前教育课程[M]．上海：华东师范大学出版社，2011.

[8]经济合作与发展组织．理解脑：新的学习科学的诞生[M]．周加仙，等译．北京：教育科学出版社，2014.

[9]凯兹，查德．开启孩子的心灵世界：项目教学法[M]．胡美华，译．南京：南京

师范大学出版社，2007.

[10]李卓. 改革与发展：学前教育若干热点问题研究[M]. 沈阳：辽宁人民出版社，2018.

[11]李季湄. 回到基本元素去——走进新《纲要》[M]. 北京：北京师范大学出版社，2006.

[12]李季湄.《3—6岁儿童学习与发展指南》实施问答[M]. 北京：北京师范大学出版社，2014.

[13]李季湄，冯晓霞.《3—6岁儿童学习与发展指南》解读[M]. 北京：人民教育出版社，2013.

[14]尼尔森. 一周又一周：儿童发展记录[M]. 叶平枝，等译. 北京：人民教育出版社，2011.

[15]庞丽娟. 政府主导 创新体制：我国地方学前教育改革探索与政策启示[M].北京：北京师范大学出版社，2012.

[16]普莱文. 建立以学习共同体为导向的师生关系[M]. 北京：中国青年出版社，2019.

[17]上海市教委教研室. 幼儿园课程园本化理论与实践的研究[M]. 上海：上海教育出版社，2004.

[18]史晓燕. 教育测量与评价[M]. 北京：北京师范大学出版社，2016.

[19]王承绪，顾明远. 比较教育[M]. 北京：人民教育出版社，2015.

[20]王春燕，王秀萍，秦元东，等. 幼儿园课程论[M]. 北京：新时代出版社，2009.

[21]魏宏森，曾国屏. 系统论——系统科学哲学[M]. 北京：清华大学出版社，1995.

[22]吴文侃. 比较教学论[M]. 北京：人民教育出版社，1996.

[23]虞永平. 幼儿教育观新论[M]. 北京：人民教育出版社，2006.

[24]虞永平，张斌，等. 中国教育改革40年：学前教育[M]. 北京：科学出版社，2018.

[25]袁爱玲. 幼儿园课程[M]. 北京：北京师范大学出版社，2015.

[26]袁振国. 教育政策学[M]. 南京：江苏教育出版社，2005.

[27]张华. 课程与教学论[M]. 上海：上海教育出版社，2000.

[28]中央教育科学研究所学前教育研究室. 幼儿园教育质量评价手册[M]. 北京：教育科学出版社，2009.

[29]周淑惠. 游戏VS课程：幼儿游戏定位与实施[M]. 台北：心理出版社，2013.

[30]CELESTE M B，NEIL D. Professional development for cooperative learning[M]. Albany：State University of New York Press，1998.

[31]DAVID W J，ROGER T J. Cooperation and competition：theory and research[M]. MN：Interaction Book Company，1989.

[32]HOWARD G. Building on children's strengths：the experience of project spectrum[M]. New York：Teachers College Press，1998.

[33]MARY H，DAVID P W. Educating young children：active learning practices for preschool and child care programs[M]. Ypsilanti：High/Scope Education Research,1995:16.

后 记

一、关于"湖南省幼儿园学习活动支持体系建设研究"及其课题组

"湖南省幼儿园学习活动支持体系建设研究"实际启动于 2012 年，最终结题于 2021 年，是湖南省贯彻《指南》实验的核心任务。2012 年教育部颁布《指南》，并要求全国开展贯彻《指南》实验。湖南省教育厅随即部署在全省开展实验，并安排湖南省学前教育学会（以下简称省学会）具体组织和指导实验，确定核心任务是落实教育部负责人关于探索《指南》"在幼儿园教育实践层面的具体实施方法"，即研究、建设和实施帮助湖南省幼儿园全面、深入落实《指南》精神的"湖南省幼儿园学习活动支持体系"。因此，也可以将"湖南省贯彻《指南》实验"称为"湖南省贯彻《指南》幼儿园学习活动支持体系建设研究"，简称"省支持体系"研究。

为切实做好"省支持体系"研究的具体组织工作，省学会于 2013 年 5 月成立了"湖南省幼儿园学习活动支持体系建设研究（湖南省贯彻《指南》实验）课题组"，全面负责课题研究。课题主持人：彭世华；成员：杨莉君、路奇、皮军功、曹中平、张建国、崔玉芹、刘娟、徐惠。实际参加的还有孙琦兰、张洁、罗晓红、周粮平、肖晓敏、陈浩军、邓益云，以及前期的陈幸军、张晓辉、荣丽娇、陈萍，后期的江来登、朱玉红、周圆、何湘宁。

彭世华主持课题组的工作，具体负责课题研究的策划设计、组织实施、重点项目推进；杨莉君协助主持人负责课题研究的组织实施，以及课程资源研制、入园指导、总检验设计与实施等重点项目；路奇协助主持人负责课题研究的组织实施，以及主体成果《湖南省幼儿园学习活动指导方案》及其配套的"湖南省幼儿园学习活动服务平台"和相关资源的研究与建设规划、具体组织，区域活动研究，总检验设计等；皮军功参与重点项目的推进与研究，主持区域活动研究；曹中平负责湖南省幼儿学习与发展的合理期望和湖南省幼儿学习与发展的评价的研究，以及部分培训和入园指导工作；张建国参与课题研究前期和中期的组织实施，以及部分项目的研究；崔玉芹负责课题研究的前期和中期联络、资料收集整理和部分项目的研究；孙琦兰负责培训；刘娟、徐惠、张洁、邓益云、罗晓红、周粮平、肖晓敏、陈浩军等负责本园（核心园）的专题研究；陈幸军、张晓辉等参与部分重点项目研究和入园指导；荣丽娇负责《湖南省幼儿园学习活动指导方案》的前期和中期研究；江来登负责"湖南省幼儿园区域活动研究基地"和"幼学汇"资源库建设等；朱玉红负责论文征集；周圆负责区域活动专题研究的具体组织工作；何湘宁负责课题研究的总检验和

专著出版的具体组织工作。

二、关于"湖南省幼儿园学习活动支持体系建设研究"的附件材料

在长达十年的研究过程中，形成了大量的过程性的研究成果及相关文件。主要包括：课题（实验）的管理文件和行政、学术指导资料，操作性工具，过程性资料，阶段性成果，等等。它们从不同角度反映了课题研究的进度、深度与广度，是检验研究成果的重要佐证材料。为此，我们将它们编辑为《〈湖南省幼儿园学习活动支持体系建设研究报告〉附件材料》，以供读者审阅和指正。如有需要，可进入"幼学汇"资源库（www.06yxh.com）查看附件材料全文。附件材料目录如下。

第一部分　"幼儿园学习活动支持体系研究"的背景与意义、理论依据、过程与措施的附件材料

第二部分　"幼儿园学习活动支持体系"的定位、研究依据与方法、过程与结论的附件材料

第三部分　"幼儿园学习活动服务平台"的研究与建设的附件资料

第四部分　"幼儿园学习活动支持体系研究"检验的附件材料

第五部分　"幼儿园学习活动支持体系研究"的主要收获、创新与社会反响的附件材料

第六部分　提交论证和送审的《"湖南省幼儿园学习活动支持体系建设"研究报告》实物性附件

三、关于"湖南省幼儿园学习活动支持体系建设研究"成果署名的说明

鉴于名额有限，"湖南省幼儿园学习活动支持体系建设研究"主体成果的署名均为实际参与了该项课题研究的主要人员（以实际承担研究任务的比重及贡献大小为序）。系列成果的署名人数原则上不超过三人，以实际承担研究的情况为准。附件材料的署名人为当时的主要牵头人。

"湖南省幼儿园学习活动支持体系建设研究"（湖南省贯彻《指南》实验）意义重大、牵涉面广、难度较大、时间较长，参与指导和研究、管理和服务的人员很多。除了已经署名的主要人员之外，在某一阶段或某个项目做出比较突出贡献的还有如下人员，现特予以说明。

中国学前教育学会相关顶级专家给予了十分重要的指导，他们是：原理事长、南京师范大学虞永平教授，原理事长、学术委员会主任、北京师范大学冯晓霞教授，理事长、广西师范大学侯莉敏教授，原副理事长、华东师范大学朱家雄教授，以及北京师范大学霍力岩教授，华东师范大学李季湄教授、周兢教授、周念丽教授，首都师范大学余珍有教授，西南大学杨晓萍教授，浙江师范大学王春燕教授、秦元东副教授，福建师范大学丁海东教授，华南师范大学杨宁教授，西北师范大学郑名教授，中国教育科学研究院易凌云研究员、刘占兰研究员，浙江省安吉幼儿教

育研究中心主任程学琴，上海市教育委员会教研室学前教育与特殊教育部主任黄琼研究员等。还有美国哈佛大学凯瑟琳·斯诺（Catherine Snow）教授、挪威奥斯陆大学终身教授维贝克·格罗弗（Vibeke Grover）等外国专家也给予了指导。参与部分研究的主要人员有：长沙师范学院郭咏梅教授、湖南第一师范学院万湘桂副教授；长沙市岳麓幼儿教育集团第二幼儿园原园长向松梅；长沙师范学院附属第二幼儿园执行园长郑岚；长沙师范学院附属第一幼儿园原园长李斌、袁新梅；常德市第一幼儿园原园长郑琴；郴州市直机关幼儿园园长彭武；湘南幼儿师范高等专科学校附属幼儿园园长黄文云；株洲市幼儿园原园长刘亮辉；长沙市雨花区绿城幼儿园原园长高伟；湖南省文化和旅游厅艺术幼儿园园长詹霞；湘西自治州幼儿园书记樊竹筠；怀化市幼儿园园长罗荣辉；等等。

参与指导的主要领导有：湖南省人民政府相关领导；湖南省教育厅及基础教育处、教师工作与师范教育处、财务建设处、职业教育与成人教育处、民办教育处等相关领导；湖南省教育科学研究院相关领导；长沙市教育局、常德市教育局、郴州市教育局相关领导；长沙师范学院、湖南幼儿师范高等专科学校相关领导；等等。

以上人员从不同角度、在不同时段和地方，为"湖南省幼儿园学习活动支持体系建设研究"（湖南省贯彻《指南》实验）做出了贡献，在此，谨致衷心感谢！

"湖南省幼儿园学习活动支持体系建设研究"

（湖南省贯彻《指南》实验）课题组

2021 年 10 月